숲유치원에서
쏙쏙 뽑은 누리과정

숲유치원에서
쏙쏙 뽑은 누리과정

처음 펴낸 날 | 2014년 2월 10일
네번 째 찍은 날 | 2020년 9월 15일

지은이 | 장희정·박인기

책임편집 | 박지웅

펴낸이 | 홍현숙
펴낸곳 | 도서출판 호미
등록 | 1997년 6월 13일(제1-1454호)
주소 | 서울시 서대문구 성산로 312
영업 | 02-322-1845
전자우편 | homipub@naver.com

디자인 | (주)끄레 어소시에이츠

제작 | 수이북스

ISBN 978-89-97322-15-2 13370
값 | 20,000원

호미) 생명을 섬깁니다. 마음밭을 일굽니다.

숲유치원에서
쏙쏙 뽑은 누리과정

장희정·박인기 지음

호미

누리과정과 숲유치원의 연결고리를
머리가 아닌 실천을 통해 찾아낸 노력의 결과

'한국'이라고 하면 따라오는 수식어가 여러 가지 있다. 'IT 강국', '한반도 평화', '피겨 여왕 김연아', '글로벌 가수 싸이의 나라' 그리고 미국 오바마 대통령도 여러 차례 언급한 '교육열'. 오바마 대통령이 언급한 대로 우리나라의 교육열이 전쟁의 폐허를 뒤로 하고 지금의 눈부신 경제적 성장과 세계 스포츠와 대중문화 분야에 한 획을 그은 인물들을 배출하는 데 결정적 역할을 한 것은 분명하다.

그러나, 최근 한 텔레비전 프로그램에서 시청자들을 향해 던졌던 질문은 우리로 하여금 우리 교육이 진정 모두를 위한 최선이었는지를 생각하게 한다. '당신은 부모입니까? 학부모입니까?' 부모는 자녀가 살아가고 싶은 삶이 되도록 지켜보며 안내해 주는 존재인 반면, 학부모는 자녀의 모든 것을 학교에서의 성취에 두고 과속으로 이끌어 가는 존재라고 본다. 과연 학부모의 자녀가 행복하고 유능한 삶을 살 것인가? 부모의 자녀가 그러할 것인가? 적어도 우리는 스스로 이런 질문을 수시로 되뇌며 교육에 매진해야 할 것이다.

다행히도 이런 질문을 신중하게 던지며, 어떤 내용과 방식의 교육이 진정으로 우리 아이들의 현재 삶의 행복과 미래 삶에 대한 희망을 줄 것인가에 대한 깊은 고민들이 유아 교육자들로부터 이루어져 왔다. 그 해답으로 찾은 것 중 하나가 '어린 아이들이 자연 속에서 자기 주도적으로 놀며 배우는 학교', 바로 숲유치원이다.

숲유치원이 표방하는 좋은 교육은 '교사 없는 유치원, 교육 과정이 없는 유치원'이다. 교사, 교육 과정이 없다는 것은 실제로 없다는 것이 아니라, 계획을 전하고 그대로 따라오라고 강요하는 교사가 없고, 주어지는 교육 과정이 없다는 뜻이다. 즉, 숲유치원에서는 아이들이 계획하고 아이들이 숲에서 찾은 놀이로 교육 과정이 만들어져 간다는 것이다. 그러다 보니 일반인들이 생각할 때, 숲유치원은 의미 없는 놀이터, 배움이 없는 마당이라는 오해를 사기도 하고, 3-5세를 위한 국가 수준의 교육 과정인 '누리과정'이 없는 교육기관으로 제도권 내에서 충분한 인정을 받지 못하는 어려움이 있는 것이 사실이다.

숲유치원에는 아이들을 이해하고 지원해 주는 교사가 있고, 아이들이 만들어 가는 교육 과정이 있다. 바로 훌륭한 교사와 교육 과정이 있는, 누리과정이 지향하는 '창의와 인성' 교육을 강조하는 교육 과정이 천천히 만들어져 가는 숲유치원의 실제 모습을 이 책이 잘 보여주고 있다. 이 책 「숲유치원에서 쏙쏙 뽑은 누리과정」은 그동안 숲유치원을 철학적, 교육적으로 우리나라에 정착시키고 발전시켜 나가고자 노력해 온 유아교육학자, 교사, 부모들의 가장 큰 고민이었던 누리과정과 숲유치원의 연결고리를 머리가 아닌 실천을 통해 찾아낸 저자들의 노력의 결과이다.

저자들은 숲유치원이 표방하는 바대로 누리과정을 두고 숲에서의 교육과정을 계획하고 실천한 것이 아니라, 숲유치원이 지향하는 대로 유아가 주도적으로 자연, 사람과 만나며 만들어 간 이야기 속에서 누리과정의 내용을 연결하는 작업을 한 것이다. 찾아보니 숲 곳곳에, 숲과 유아들, 유아와 유아, 그리고 유아와 교사 간의 행복한 만남 속에 누리과정이 배어 있음을 알아낸 것이다. 이를 저자들은 친절하게 정리하여 소중한 옥고를 내놓았다. 이 책을 통해 숲유치원의 교육적 의미를 보다 분명히 하고 숲 교육을 지향해 온 많은 교사, 전문가의 고민이 덜어질 것이라는 생각에 마음 한쪽이 편안해짐을 느낀다. 이 옥고를 읽으며 숲유치원 교사뿐만 아니라 부모, 유아교육 전문가들이 우리나라 숲유치원의 참 모습과 교육적 의미에 대해 또다른 발전적 고민을 함께할 것을 기대해 본다.

중앙대학교 유아교육과 조형숙

숲유치원에서 만난 누리과정을 오롯이 담다

작년 가을, 횡성 숲체원으로 가는 길에 박인기 원장과 동행하게 되었다. 그 길에서 우리는 '숲유치원 교육 안에 누리과정이 다 들어 있다'는 생각을 나누게 되었고, 두 사람은 의기투합하여 그 자리에서 이 책, 「숲유치원에서 쏙쏙 뽑은 누리과정」을 펴내기로 약속하였다.

이 책을 쓰게 된 배경에 대한 이해를 돕기 위해 먼저, 국내 숲유치원 현황을 언급해야 할 것 같다. 지난해(2013년) 황영철 국회의원이 전국 8,490개 유아교육기관을 대상으로 한 조사 자료를 기반으로 민관협의체가 낸 집계에 따르면, '숲반(숲유치원)'을 운영하는 기관이 주 1회 972곳(27퍼센트), 주 2-3회 312곳(9퍼센트), 매일 123곳(3퍼센트), 기타 2157곳(61퍼센트)로 나타났다. 근래 들어 국내외 숲유치원이 지상파와 공중파를 타고 전국으로 퍼져나가고, 언론만이 아니라 정부기관과 지자체, 학계, 학부모 모두의 관심을 받고 있지만, 사실 숲유치원이 본격적으로 국내에 알려지기 시작한 것은 불과 대여섯 해밖에 되지 않는다. 당시 국내에는 숲유치원이나 숲교육의 개념과 교육 방식에 대해 이해가 전무했다. 숲유치원을 알리기 위해 밤낮없이 동분서주하던 날들을 돌아보며 가슴이 벅차오르기도 한다.

박인기 원장은 현재 은평구에서 색동유치원을 운영하고 있고, 민간 유치원으로는 국내 최초로 '숲반' 운영을 시작하였다. (여기서 '숲반'은 기존의 유아교육기관에서 한 학급을 숲유치원으로 운영하는 형태를 통칭한다.) '숲반' 초기에는 수차례에 걸친 학부모 설명회와 숲 교사 확보, 숲반 운영에 필요한 여러 가지 제반 사항들을 갖추기 위해 열정을 쏟았고, 이제 지금은 지난 경험을 바탕으로 '숲반'을 운영하려는 유아교육기관장과 유아숲지도사 과정을 밟는 분들에게 도움을 주고 있다.

올해부터는 기존 유아교육기관에서 '숲반'을 하는 데, 국가 수준 유아교육과정으로 새롭게 고시된 누리과정이 걸림돌이 되지 않느냐는 우려의 목소리가 들려온다. 하지만 숲유치원에서 이루어지는 활동과 누리과정에서 제시하는 내용의 연계성을 살펴본다면, 그런 염려는 하지 않아도 된다.

이 책에서는 누리과정 총론과 각론을 숲유치원과 연계해 보았고, 지난 세 해 동안 '숲반'을 운영한 경험과 유아들이 주체적으로 만들어 낸 활동들이 누리과정과 어떻게 연계될 수 있는지를 보여주고 있다.

이 책은 크게 4장으로 나뉘어 있다. 1장에서는 숲유치원의 의미와 목적, 효과로 분류해 살펴보았고, 숲유치원의 교육적 가치를 간략하게 짚어보았다(상세한 내용은 2010년 발간된 「숲유치원: 설립에서 프로그램까지」에 실려 있다). 2장 '누리과정, 숲유치원에 다 있다'라는 주제로 숲유치원으로 바라 본 누리과정 총론과 각론에 대한 의견을 제시했다. 3장에서는 스토리텔링 속 누리과정과 숲활동 속 누리과정 5개 영역의 실질적인 프로그램 보여주면서 숲활동과 누리과정이 어떻게 연계되는지를 보여준다. 이 장은 숲유치원이나 숲반을 시작하거나 숲유치원(또는 숲반)에 누리과정을 접목하려는 유아교육기관에 실질적인 도움을 줄 것이다. 4장에서는 국내에서 '숲반'을 설립하고 운영하는 데 필요한 제반사항을 실제 운영 경험을 바탕으로 상세히 기록했다.

　(사)나를만나는숲이 산림청과 함께 숲유치원을 국내에 도입하던 때부터
맺어진 박인기 원장과의 인연이 이제 숲유치원이 국내에서 지속적으로 활
성화되는 데 꼭 필요한 책을 집필하는 인연으로까지 이어졌다. 색동유치원
선생님들과 '숲반'을 전담한 경험을 함께 풀어내 준 최수영 원감과 책의 완
성도를 높이기 위해 귀한 시간을 내 주신 김승희(삼성그린유치원장), 박미경
(목성유치원장), 박옥순(자연유치원장), 이미진(예성유치원장), 이혜경(고래등어린
이집원장), 전인수(고슴도치어린이집원장), 최계숙(우리곰유치원장) 님과 일일이
적지 못한 모든 분들께 고개 숙여 감사드린다. 마지막으로 언제나 기꺼이
숲유치원과 관련된 책들이 태어날 수 있도록 애써 준 '도서출판 호미' 식구
들에게 고마운 마음을 전한다.

　2014년 1월 하늘이 아름다운 날에
　장희정

차례

4 숲유치원 운영 및 실제

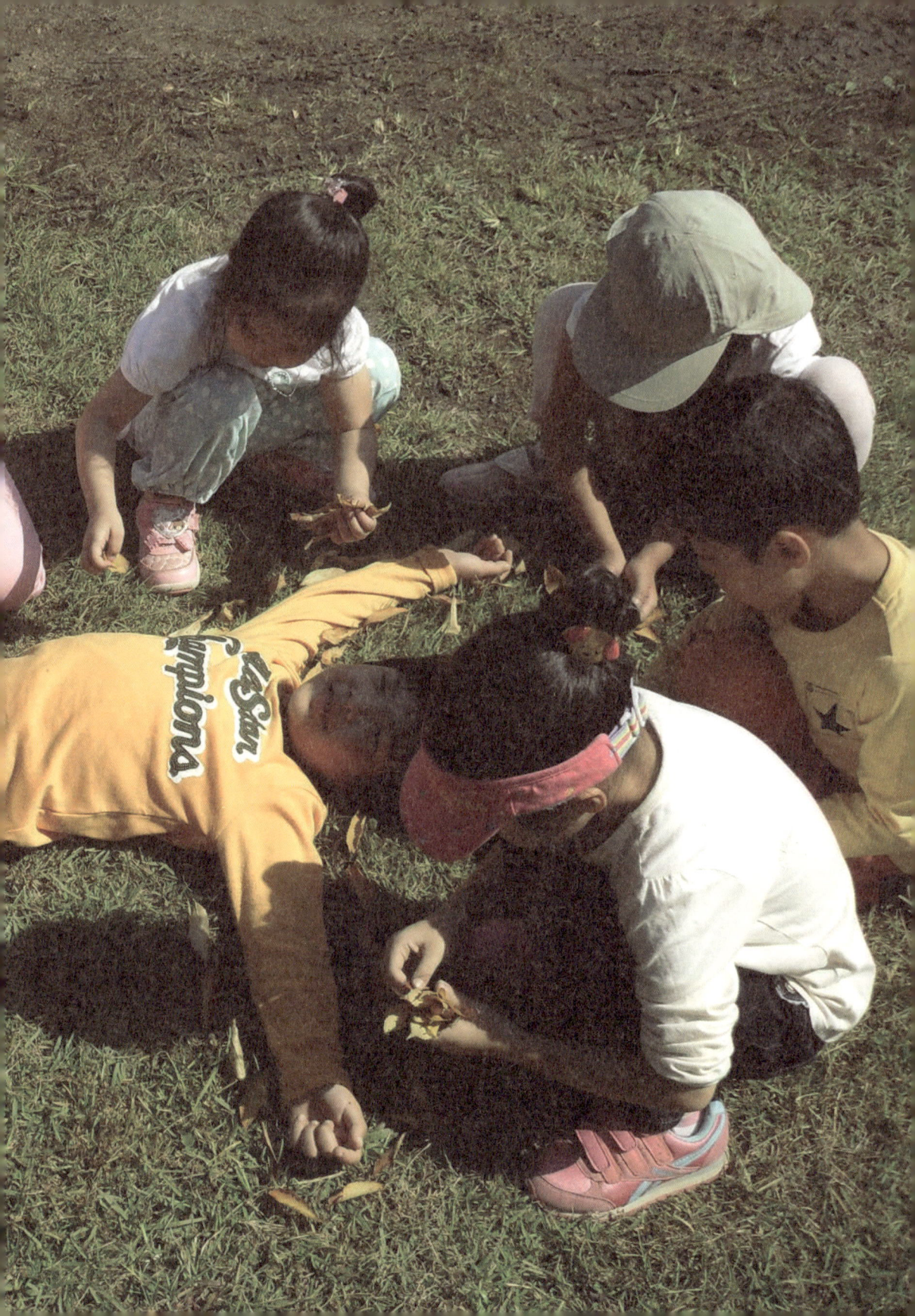

1

숲유치원 교육

숲유치원은 무엇인가?

1. 놀이가 배움이고, 배움이 놀이다

숲은 만생명이 결집한 생명의 집합체이며, 모든 환경 구성 요소 간의 관계성을 담보하고 있는 철학 근간의 통섭(統攝, Consilience)으로 인류가 완성할 수 없는 온건한 텍스트다.(2009, 장희정)

숲을 유아들의 배움터로 활용하는 숲유치원은 덴마크에서 반세기 전부터 시작하였다. 지금은 유럽에서뿐만이 아니라 아메리카, 아시아로 확장되고 있다. 국내에서는 체험형과 매일형 숲유치원이 운영되고 있는데, 매일형 숲유치원은 기존의 유아교육기관에서 '숲반'을 만들어 운영하는 형태와 비(미)인가로 운영하는 두 가지 형태가 있다.

현재 '숲반'은 나라에서 표준교육 과정으로 제시한 '누리과정'을 충족해야 한다. 비(미)인가 숲유치원은 법적 테두리 안에서 어떻게 운영할 수 있는지에 대한 방법을 마련하는 게 관건이다. 숲반을 운영하는 교육기관에서는 숲활동이 누리과정의 세부 영역과 연계됨을 입증해야 하고, 비(미)인가로 운영하는 곳은 '산림교육의 활성화에 대한 법률'(2012년에 제정)에 따라 '유아 숲체험원'을 설립 운영할 수 있다.

봄, 여름, 가을, 겨울 사계절 동안 날마다 숲에서 생활하는 아이들은 자연의 변화와 리듬을 온몸으로 느끼고 우리 삶의 바탕이 무엇인지를 배운다. 인류의 고향인 숲! 지성과 감성의 산실인 숲! 이러한 숲을 교육 공간으로 하는 숲유치원은 자연에서 멀어진 아이들에게 새로운 기회를 제공한다.

지난 시간 동안 우리 교육은 삶 속에서 일어나는 자연 변화만이 아니라 동식물의 먹이사슬 그리고 그와 더불어 일어나는 끊임없는 현상을 세분화하고 명문화한 교과서에 의존해 왔다. 하지만 숲유치원에서는 숲이 교과서가 되고, 놀이 그 자체가 배움이자 삶이다.

아이들은 읽고 외우고 따라하는 기존의 피동적이고 소극적인 학습 방식에서 벗어나, 현재 진행형인 사실을 온몸과 마음으로 보고, 만지고, 느끼는 능동적이고 적극적인 학습 방식으로 배우게 된다. 자연이라는 살아 있는 교과서에 대해 옛 성인 주희는 "모든 사물은 각각 그 사물의 리理를 지니고 있으며 그러한 개개의 리理는 하나의 보편적 리理의 발현發現이기 때문에 모든 사물은 탐구할 가치가 있다"라고 했다. 숲에서 일어나는 사실을 섭렵하는 게 배움으로 이어진다는 뜻이다.

숲유치원의 유아들은 숲에 존재하는 모든 생물과 무생물의 '사실'을 오감으로 섭렵하고, 세심한 관찰력과 함께 현현하는 사물의 참뜻을 알아가는 과정을 배워간다. 이러한 생활이 몸에 밴 유아들이 하나의 사물을 보다 직접적이고 구체적으로 관조할 수 있는 능력을 발현한다는 것에는 의심의 여지가 없다. 하나의 사물에서 일어나는 현상을 직시하고 정확하게 인식하는 과정이 배움이고 그것은 곧 지혜가 된다.

숲유치원에서 숲이 교사라고 하는 까닭은, 숲에 존재하는 무수한 생물과 무생물 그리고 그곳에서 일어나는 자연현상들이 유아의 호기심을 끊임없이 자극하는 촉매제이기 때문이다. 호기심이 곧 배움으로 이어지는 바로 이러한 과정은, 교사가 무엇인가를 늘 제시하고 가르치는 기존 교육 방식과 접근 방법과는 큰 차별성을 가진다. 교사의 권위와 편견을 버린다는 것은 쉬운 일이 아니다. 그러나 숲유치원에서는 어떠한 성과를 내려고 하는 조급한 마음보다 천심天心을 가진 유아들이 숲을 삶과 교육의 공간으로 받아들일 수 있도록 기다려 주어야 한다. 유아의 능력을 믿고 기다리는 것은 스스로의 결정에 책임을 지는 법을 배우게 하는 과정이다.

숲유치원에서는, 작게는 하루의 리듬에서 크게는 사계절의 리듬에 이르기까지 리듬이 반복되면서 사실에 입각한 교육이 이루어진다. 유아들은 아직 찬 기운이 남아 있는 이른 봄, 대지와 나뭇가지에서 솟아난 새싹이 시간이 흐르면서 꽃을 피우고 씨앗과 열매를 맺는 자연의 리듬을 오감으로 느끼고 체화한다. 아침모임-간식-자유놀이-마무리모임으로 이어지는 숲에서의 하루일과 또한 리듬에 의해 이루어지며, 각 활동에는 세부적인 규칙과 질서가 반복되는 리듬으로 이어진다.

예를 들어, 아침모임에서는 율동을 겸한 노래를 부르면서 유아들의 기분을 상쾌하게 하고 난 뒤 그날의 당번을 정하고, 당번은 숫자를 세면서 출석을 확인한다. 20명으로 구성된 그룹에서 하는 반복적인 출석 확인 활동은, 유아들이 1부터 20까지의 숫자 세기를 자연스럽게 배우는 기회가 되기도 한다. 이외에 활동 장소를 결정하거나 함께할 놀이를 결정하기도 한다.

아침모임이나 마무리모임을 할 때, 유아들은 자기 의견을 정확하게 표현하고, 상대방 의견을 잘 들어주는 '경청'하는 법을 몸에 익힌다. 그리고 간식시간 전에 손을 닦으면서도 유아들은 협동과 배려를 몸에 익힌다. 세 아이가 당번이 되는데, 줄을 서 있는 친구들에게 한 유아가 라바(거품이 작게 나는 화산재를 이용한 천연비누)를 들고 가면, 이어서 다른 유아가 뚜껑에 구멍을 낸 물병을 들고 가며 물을 부어 준다. 그리고 세 번째 유아는 수건을 들고 따라가며 손을 닦을 수 있도록 도와준다.

자유놀이 시간은 숲유치원이 내세우는 교육 방식인 '교사 없는 교육, 프로그램 없는 교육'을 설명하면서 다루도록 하겠다. '교사 없는 교육'은 유아들의 자발적이고 주체적인 동기 부여를 담보로 하는 것이며, '프로그램 없는 교육'은 본능적인 인지력으로 모든 자연환경 요소의 변화, 생태적 순환의 고리 등을 스스로 깨닫게 하는 것을 의미한다.

부가해서 설명하면, '교사 없는 교육'은, 유아가 스스로 흥미를 가지고 시작한 놀이가 어떤 식으로 진행될 때, 그것을 교사가 자의적으로 판단해 놀이에 개입하지 않는 교육 방식을 뜻한다. 유아들이 스스로 놀이를 펼치고 구성하는 가운데 내적 감성의 힘을 키울 수 있다. 또한 이러한 놀이에 친구들이 합류하고 확장되면서 사회성이나 창의력, 상상력, 언어 능력 등이 발달된다. 뇌과학에서는 유아의 사회성이 좋은 뇌를 만들기 위해 '유아들 놀이를 지켜보되 가르치지 말자', '규칙이 없는 자유놀이 시간을 준다', '상상 놀이 시간을 갖게 하고, 주도권은 아이에게!' 등을 제시하고 있다.(2012, 부모, EBS) 이것은 숲유치원의 핵심인 자유놀이의 중요성과 같은 맥락이다.

'교사가 있다, 없다 또는 프로그램이 있다, 없다'라고 단편적으로 받아들이기보다는 '교사 없는 교육, 프로그램 없는 교육'에 대한 심층적 이해가 필요하다. 분명한 것은, 유아가 창조해 낸 놀이의 힘을 능가하는 인위적인 놀이는 없다는 사실이다.

마무리 시간에는 동화책을 읽어 주는 정적인 활동과 함께 숲에서 경험한 특별한 일에 대해 이야기도 나누고, 공지사항을 알려준다. 이러한 하루 일과에서 모임을 알릴 때는 종이나 피리 등 신호를 보내는 도구를 사용한다.

이처럼 숲에서의 일상이 끊임없는 리듬의 반복으로 이루어지고 있는 숲유치원은 '삶과 배움이 분리되지 않은 교육' 그리고 '가르치는 교육이 아니라 스스로 배우고 이해하는 교육'을 추구한다.

2. 건강한 인격체로 성장·발달

숲유치원에서는 유아의 감정이 동반된 감각적인 경험과 체험이 배움으로 이어진다는 게 가장 큰 장점이다. 숲에 있는 다양한 사물과 일어나는 상황을 정확히 연결하면서 인식한다. 그리고 눈앞에서 일어나고 있는 서로 다른 현상과 상황을 보고, 느끼고, 생각하면서 어떻게 행동해야 할지 스스로 판단하는 기회를 갖게 된다. 이처럼 경험하고 체험한다는 것은 사실을 확인하고 배경을 분석하는 종합적인 개념화의 과정이라 하겠다.

숲유치원을 설립하려면 설립 목적과 목표를 제시하는 정확한 콘셉트가 있어야 한다. 그리고 설립자와 학부모 그리고 교사가 함께 논의하는 과정이 요구된다. 기본적으로 교육 콘셉트는 통합적 학습과 환경교육 및 자연교육학 그리고 실사구시를 권장하고 있다.(2007, 미클리츠Miklitz)

독일 숲유치원의 주요 콘셉트

감각과 신체 그리고 인지 등 모든 영역에 상응하는 통합 교육을 한다.

자연적이고, 즐겁고, 세분화된 움직임의 동기 및 가능성을 통한 근육운동을 한다.

사계절의 리듬과 자연의 변화를 경험한다.

경험을 통한 감각인지를 촉진한다.

자주적인 학습 공간에서의 동식물 영역을 섭렵한다.

신체 움직임의 가능성 및 한계 경험한다.

다른 사람이 하는 말에 귀를 기울인다.

생태학적 연계와 관계에 대한 관심을 갖는다.

공동체적 삶에 대한 가치에 비중을 둔다.

- 잉그리트 미클리츠

숲유치원은 유아들이 자연과 조화를 이루며 건강한 인격체로 성장, 발달하는 것을 목적으로 한다. '인격人格'이란, 사람의 됨됨이나 품격 그리고 전인全人(지知, 정情, 의意를 모두 갖춘 사람) 및 육체적 측면을 총괄하는 전체적

통일체로 규정하고 있다. 따라서 숲유치원에서 추구하는 목적인 '건강한 인격체로써의 성장, 발달'은 전인적인 성장, 발달을 포괄하는 광의적인 개념으로 보아야 한다. 숲유치원의 이러한 목적에 부합한 다양한 목표들을 살펴보면 다음과 같다.

통합적 교육 자연과 일치한다는 것은 몸, 마음, 영혼의 통합적인 조화를 말한다. 자신과 자신을 둘러싼 환경을 이해하고 깨닫기 위해서는 많이 움직이고 음미할 줄 알아야 한다. 호기심으로 가득한 시기인 유아기에 자연에서 만나는 동식물과 다양한 현상을 통한 배움이 서로 복합적으로 연관되어 있다. 새로운 것에 대한 호기심은 지적 욕구를 키운다.

미학적, 문학적 교육 자연은 신이 인간에게 부여한 선물이다. 형형색색 모양과 종류가 다른 자연과의 만남은 유아들이 다양한 형태로 표현하는 자극이 된다. 숲유치원에서는 이러한 자연과의 자연스런 만남 이외에 톱과 망치, 삽 등을 직접 사용하고 색연필, 물감, 찰흙, 털실 등을 사용한다. 모든 도구는 가능한 친환경 소재를 사용한다. 또한 그림책이나 동화책을 읽어주고 옛날이야기 시간은 아주 중요한 교육 활동 중 하나이다. 이밖에 연극 공연을 관람하고 박물관을 방문한다.

음악적 교육 숲에서의 아침모임에서는 노래를 부르면서 손뼉을 치고 발을 구르고, 춤을 추는 등 다양한 율동을 한다. 이를 통해 유아들은 음정과 박자 그리고 높고 낮은, 크고 작은 목소리를 구분할 줄 알게 된다. 문자는 시각에 의존하고, 음악은 청각에 의존한다. 따라서 자연이 들려주는 다양한 소리를 듣는 생활환경은 청각 발달에 직접적인 영향을 미친다.

언어적 교육 숲에는 놀잇감이 자연물밖에 없다. 사람이 만들어 낸 어떤 놀잇감도 없는 상태에서 전개되는 아이들의 놀이는 그야말로 다양하다. 이러한 상황에서 유아들은 혼자 놀이를 하기보다는 다른 아이들과 어울려 놀이를 하게 마련이다. 이때 아이들은, 누가 무엇을 어떻게 해야 하는지 역할을 협의하고 결정한다. 이러한 놀이를 하면서 유아들은 표현 능력과 언어 능력이 발달된다. 나뭇가지나 돌멩이로 글자 모양을 만드는 놀이는 형상적인 언어 발달에 그리고, 손가락 인형이나 손 유희 등은 어휘력 향상에 도움이 된다.

자연과학적, 수학적 교육 여러 가지 자연적 원리를 논리적으로 체계화하는 것은 과학이고, 수학적 이해의 전제조건이 논리적 사고라고 한다. 게다가 요즘은 창의적 사고력을 기르는 것이 수학적 사고력을 향상하는 것과 관련이 있다고 한다. 숲에서는 논리의 기본인 '원인과 결과'를 직접적으로 경험하고 체험할 기회가 더 많고, 유아들의 주체적 활동에서 비롯되는 창의적 사고력의 발달이 촉진된다.

윤리적, 종교적 교육 윤리倫理에서 윤倫은 무리, 또래, 질서라는 뜻이 담겨 있고, 리理는 이치, 이법, 도리를 말한다. 곧 윤리는 인간관계의 이치, 도리를 뜻한다. 숲에서 활동하면서 아이들은 자연에 고마워하는 마음을 갖게 되고, 함께하는 생명체 하나하나를 소중히 여길 줄 아는 마음을 갖게 된다. 그것은 곧 사회 일원으로 살아가는 데 필요한 기본적인 도리와 소양을 갖추는 것이다. 종교적 교육은 특정 종교의식이 아니라 종교적 배경에 의미가 있는 부활절, 성탄절, 추수감사절 축제를 말한다.

건강 교육 숲에서의 활동을 통해 유아들은 덥고, 춥고, 바람 불고, 비 오는 등 다양한 날씨 변화에 적응하며 건강하게 자란다. 신체가 건강한 아이는 질병에 대한 강한 저항력과 면역력을 갖게 되고, 활발하고 다양한 움직임으로 대근육과 소근육이 고르게 발달하며 균형 감각을 키운다. 간식이나 점심을 먹기 전에는 거품이 나지 않는 친환경비누를 이용해 손을 청결하게 한다.

3. 인간의 모든 감각기관을 깨운다

최근, 숲유치원 활동이 신체 영역과 인지 영역, 음악 영역, 창의성, 상상력, 집중력, 사회성 등에 미치는 긍정적인 효과에 대한 연구 결과들이 속속 발표되고 있다. 여기에서는 이러한 효과와 관계가 있는 인간의 감각 기능에 대해 알아보자.

숲이 교육 공간이 된다는 것은 '생활 조건'이 달라지는 것이다. 외적으로 눈에 띄는 변화는 교사와 아이의 옷차림이고, 내적인 변화는 자연에 대한 겸손의 마음이다. 이미 숲에서 유아들과 활동한 경험이 있다면, 얼마나 유아들의 움직임이 활발해지는지 알 것이다. 몸을 움직인다는 것은 마음과 생각이 움직이는 것으로 심신의 유연성이 커지는 것을 의미한다. 또한 숲에서 다양한 체험을 한다는 것은 배움의 기본 요소이자 지식의 원천인 감각을 깨우는 것을 의미한다.

감각이라고 하면 우리는 흔히 우리 몸의 밖, 즉 외부에서 내부로 입력되는 오감(시각, 청각, 미각, 후각, 촉각)을 떠올리지만, 이외에 평형감각과 내장감각이 있다. 평형감각은 우리 몸의 균형을 잡아 주는 감각이고, 내장감각은 심혈관 및 소화기관에 존재하는 감각이다. 숲유치원에서는 오감을 깨우는 교육뿐만 아니라 평형감각과 내장감각을 깨우는 활동을 한다. 평형감각은 다시 고유감각(proprioception)과 전정감각(vestibula sence)으로 분류된다. 우리가 눈을 감고서도 자신의 팔이나 다리가 어디에 있는지 알 수 있는 것은 고유 감각 기능이 있기 때문이다. 고유 감각은 신체가 공간에서 어디에 위치해 있고 어떻게 움직이는지를 알려주는 역할을 한다. 그래서 고유 감각을 '자기 수용 감각'이라고 부르기도 한다. 전정감각은 귀 안쪽에 있는 전정기관이 담당하는데 우리 몸의 움직임, 특히 머리의 움직임을 정확히 지각한다. 이외에도 내장감각은 심혈관계와 소화기관에 존재하는 감각으로 자율신경에 의해 우리가 의식하지 못한 채 자동적으로 일어나는 것이기 때문에 우리 생명과는 밀접하게 연관되어 있음에도 불구하고 일반적으로 감각기관에서는 제외한다. 그러니까 감각의 종류를 말할 때 좁게는 오감을 말하고, 좀 더 넓게는 평형감각을 포함해서 여섯 감각이 있다고 하며, 모든 감각을 말할 때는 내장감각까지 포함한다.(2009, 인간의 모든 감각, 최현석)

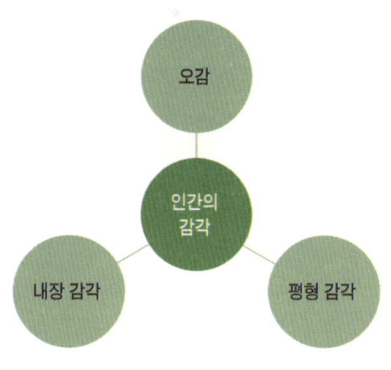

인간의 세 가지 감각

감각기관에 대해 상세히 살펴본 이유는 숲유치원이 오감만이 아니라 평형감각과 내장감각도 촉진하는 교육이기 때문이다.

초입에서 말한 것과 같이 숲에서의 활동은 주의 집중력과 관찰력, 창의력, 표현력 등을 발달시킨다고 한다. 그런데 이러한 능력들은 '즐겁다'고 하는 정서적 감정이 함께한 경험을 통해 더 오래 기억되는 것이라고 한다.(1999, Regina Michael-Hagedorn/Katharina Freiesleben) 유아가 스스로 선택한 자율적인 움직임은 일단 즐거움에서 시작된다. 그렇다면 즐거운 마음으로 얼마나 다양한 경험을 하느냐에 따라 감각을 깨우는 교육 효과의 정도가 달라질 수 있는 것이다. 유아들은 움직임의 존재이다. 자신의 신체적 능력에 따라 뛰고, 둥글고, 달리고, 기어 다니면서 주변을 알아가고 정신적, 심리적 발달을 촉진시킨다. 특히 영아에서 유아로 넘어가면서부터 유아들은 자신의 신체적 한계에 대한 새로운 도전을 하는데 인색하지 않는다.

잘 움직인다는 것은 몸을 잘 다루는 것이며, 자신을 둘러싸고 있는 모든 외부 세계와 감각으로 만나는 가장 기본적인 행동이다.

인간의 감각과 숲활동

감각		숲활동
오감	시각	나뭇가지에 돋아나는 새싹이 자라면서 변하는 초록색의 미세한 변화 과정을 보기도 하고, 계절이 변화하면서 달라지는 숲의 다양한 구조와 색을 본다. 나뭇잎, 나무의 표피, 솔방울 등
	청각	숲의 고요함을 경험하고, 여러 새들의 울음소리, 바람에 흔들리는 나뭇잎 소리, 빗방울이 나뭇잎과 바위, 흙에 떨어지는 소리 등을 듣는다.
	미각	숲에서 활발하게 뛰어논 뒤 준비해 온 간식을 먹을 때, 미각이 살아난다. 산에서 발견할 수 있는 뽕나무 열매, 산딸기 등 교사가 정확하게 알고, 확신할 수 있는 열매를 맛본다. 진달래꽃으로 화전을 만들어 먹고 쑥으로 쑥버무리를 만들어 먹는다.
	촉각	나무, 돌멩이, 바위, 나뭇잎, 흙, 열매 등 다양한 자연물을 만지고 느낀다. 동일한 자연물이라도 계절, 크기, 무게, 형태 등에 따라 다른 느낌을 받는다.
	후각	계절과 날씨에 따라 달라지는 자연의 향기를 맡는다. 신선한 공기, 여러 가지 나무, 꽃, 나뭇잎, 흙 등
	고유감각	숲에서는 균형잡기, 나무에 오르기, 뛰어내리기, 구르기 등이 주된 놀이 활동이다. 이러한 활동이 원활히 이루어지기 위해서는 숲의 다양한 주변 여건과 구조 등이 흥미를 불러일으킬 수 있어야 한다.
	전정감각	
	심혈관계	자율신경에 의해 인체 내에서 일어나기 때문에 우리가 느끼지 못한다고 한다. 하지만 숲에서의 활발한 활동으로 심장을 튼튼하게 하고, 장 운동이 활발해지는 것을 돕는다는 것은 의심의 여지가 없다. 따라서 숲유치원은 심혈관과 소화기관의 감각인 내장감각을 깨우는 교육이라고 할 수 있다.
	소화기관	

여기에서 잠시 신체의 모든 감각기관을 통해 느껴진 정보가 뇌로 전달되면서 사고와 언어, 감정 발달에 어떠한 영향을 미치는지에 대해 뇌과학자 김붕년 교수의 말을 빌면, 우리 뇌가 지닌 성질에는 마음과 지능을 구성하는 신경이 외부자극에 의해 끊임없이 변하는 신경가소성이 있다고 한다. 그래서 아이의 마음과 지능이 꾸준한 환경적 자극과 체계적인 교육에 의해 크게 바뀔 수 있다는 것이다. 이러한 이론을 근거로 볼 때, 사계절 끊임없이 변화하는 자연에서 활동하는 숲유치원 유아들은 뇌가 지니고 있는 신경가소성에 매우 긍정적인 영향을 받을 것이다.

　　많은 분이 숲유치원 유아들을 보면서 얼굴에 웃음이 가득하고 행복해 보인다고 말한다. 이것은 아이들이 스스로 선택하고 발견한 놀이를 하며 마음껏 뛰어놀기 때문이다. 뇌과학에서도 아이가 언제 행복을 느낄 수 있는가에 대해 이렇게 말한다. "자연이 시간을 갖고 천천히 변화하면서 축적된 보습을 보여주고, 유아들은 자연과 가까워지면서 그 변화를 감지할 수 있는 눈이 생기고, 작은 변화도 민감하게 느끼는 뇌를 갖게 되는데, 그럴 때 아이는 행복을 느낄 준비가 된다."

　　이 글에는 지속적으로 이루어지는 숲활동이 유아들 뇌에 어떠한 효과를 미치는지 정확하게 명시되어 있다. 작은 변화에도 민감한 뇌를 갖게 된다는 의미는 숲유치원 효과 중 영성과 감성이 풍부해진다는 것과 연계할 수도 있겠다. 영성은 사실을 보는 힘으로 자연에서 일어나는 법칙과 질서라는 절대사실을 인식할 수 있는 능력이다.

숲유치원의 교육적 가치

'지식 위주의 주입식 교육', '획일화된 교육 체계', '입시 위주의 학벌지상주의'에 인해 끝없는 경쟁으로 내몰리고 있는 유아들이 아픔을 폭력으로, 그리고 심지어는 자살로 표출하고 있다. 만성적이고 고질적인 이러한 말에 점점 무감각해지고, 교육 개혁을 부르짖는 외침이 허공을 떠도는 메아리처럼 공허해지기 전에 전반적인 교육 개혁이 이루어져야 한다. 우리 유아들이 어른들이 만들어 놓은 교육이라는 틀 속에서 더 이상 힘들어하지 않게 바꿔야 한다.

교육은 엄밀히 따지면, 정책으로 정할 수 있는 법적 사항이 아닐 수도 있다. 만 명 유아들 중 구천구백구십구 명 아이가 만족한다고 좋은 교육법이 아니라는 뜻이다. 좋은 교육이라면 마지막 한 명까지 만족할 수 있도록 외연이 아주 넓어, 마치 없는 듯, 누구라도 만족할 수 있어야 한다. 교육법으로 정해진 교육만이 존재하거나, 교육 과정이 오직 외줄 한 줄만을 따라갈 수밖에 없도록 되어 있어서, 그 외줄 교육 과정을 만족하지 못하거나 따라가지 못하면 낙오자로 치부해 버리는 현실 교육법을 우리 어른들은 직시해야 한다. 왜냐하면, 우리 유아들 한 명 한 명이 모두 소중하기 때문이다.

국내에도 새로운 교육 패러다임을 위해 대안교육법이 만들어졌지만, 이 또한 외줄 교육 과정을 기준으로 비교, 평가되는 부분이라 그렇게 자유롭지 못한 실정이다. 그래서 교육이라는 미명으로 여리기만 한 유아들의 심성이 다치지 않도록 배려하는, 특히 인간성 회복에 무게 중심을 둔, 다양한 대안학교들이 제공되고 있다. 뚜렷한 신념과 믿음 때문에 교육법과 마찰을 빚으면서도 지속적으로 새로운 교육 과정들을 제공하고 있고 꾸준한 수요가 이어지는 것은 아직도 우리 교육법의 외연이 충분히 넓지 못하다는 증거다.

국가가 제정한 교육법의 테두리를 벗어나는 것은 분명한 위법이다. 그러나, 대한민국 교육기본법 3조는 "모든 국민은 평생에 걸쳐 학습하고, 능력과 적성에 따라 교육받을 권리를 가진다"라고 규정하고 있으며, 세계인권선언 제26조는 '모든 사람은 교육받을 권리가 있다. (중략) 부모는 자기 자녀가 어떤 교육을 받을지 '우선적으로 선택할 권리'가 있다고 명시하고 있으며, 이어 제27조는 "모든 사람은 자기가 속한 사회의 문화생활에 자유롭게 참여하고, 예술을 즐기며, 학문적 진보와 혜택을 공유할 권리가 있다"라고, 모든 사람이 교육받을 기본적 권리와 그 범위의 무한성을 규정하고 있다. 즉, 교육을 법의 틀로 한정하려면 모든 사람이 만족할 수 있는 다양한 교육 과정을 인정할 수 있어야 한다.

우리나라 현 교육 상황에 대해 대다수 국민이 공유하고 있는 문제의식 중 하나는 학부모의 대단한(?) 학업 열기라고 한다. 유아들의 상태를 고려하지 않는 과도한 열기는 분명히 지양해야 한다. 그밖에도 교육적, 공동체적, 제도적, 사회적 등 다양한 문제를 안고 있다. 그러나, 이러한 혼란한 과정을 거치면서, 학부모들은 '교육 선택권'에 대한 분명한 권리를 표출할 수 있다는 것을 학습했다고 여겨진다. 그뿐만 아니라, 제공되는 교육 중에서 적당한 교육 과정을 선택하는, 단순한 교육 수혜자인 '선택자'를 넘어, 유럽 학부모들이 삼십여 년 전부터 그러고 있듯이, 필요한 교육 과정을 개발하는 '교육 과정 제공자'의 역할을 마다하지 않는 적극적인 형태를 보이고 있다.

이러한 사실에 견주어 볼 때, 새로운 대안유아교육으로 국민적 관심을 끌고 있는 '숲유치원'은 도입 단계부터 민·관·학이 함께 만들어 낸 혁명적인 교육 과정이다. 대안교육에 대한 시도들이 본격적으로 시작된 1990년대 말부터 지금까지 교육 과정의 발달사를 통틀어도 숲유치원처럼 모범적이고 대대적인 교육혁명은 없었다. 민·관·학 거버넌스가 이뤄 낸 교육 혁명에 그 누구보다도 교육 민감도가 높은 유아교육 현장의 책임자들이 적극적으로 동참하고 있는 현상은 매우 고무적인 일이다. 유럽의 숲유치원 교육이 학부모가 이뤄 낸 교육 혁명이라고 한다면, 우리나라 숲유치원은 정부(산림청)와 유아교육 현장 책임자인 원장, 교사들이 교육혁명 최전선을 이끌어 가고 있고, 학부모가 참여하고 있다. 아직도 회색빛 사각형 시멘트 건물, 플라스틱 장난감과 교재들로 가득 찬 교실에서 답답해하고 있으며, 정해진 교육 과정에 모든 유아들을 틀 지워야 하는 공허함을 느끼는 분들이 아직도 망설이고 있다. 선뜻 교육 혁명가로 함께할 수 없는 가장 큰 이유는 숲교육에 대한 확신 부재일 것이다.

교육과학기술부와 보건복지부에서 만 5세 유아들을 위한 신체 운동·건강, 의사소통, 사회관계, 예술 경험, 자연 탐구 등 누리과정 5개 영역을 발표하였다. 이 5개 영역을 구성하는 기본 방향은 '놀이 중심 통합 과정'이다. 그러니까 국가가 발표한 누리과정을 요약하면 '마음껏 뛰어 다니며 다양한 사물을 탐구하고, 자연의 아름다움을 경험하고, 보고 느낀 것을 친구들과 함께 나눌 수 있는 아이로 키우자는 것'과 다름이 없다. 그렇다면 상기 5개 영역의 누리과정이 과연 건물 안에서 가능한 교육 과정인가를 확인해 볼 필요가 있다.

- 숲에서 신선한 공기를 마시며 마음껏 뛰어 노는 유아들
- 숲에서의 다양한 체험과 경험을 언어로 구사하는 유아들

- 통합 연령이 어우러져 함께 숲에서 생활하는 유아들
- 사시사철 자연의 변화를 오감으로 느끼는 유아들
- 숲을 이루고 있는 모든 생명체와 그 조화 직접 탐구하는 유아들

이러한 유아들의 모습은 숲에서 노는 유아들에게 흔히 볼 수 있는 모습들이다. 굳이 이렇게 혹은 저렇게 '하라'는 명령형 주입식 교육이 필요하지 않다. 위에 열거한 다섯 개 현상은 유아들이 숲에서 자유롭게 뛰어놀면 저절로 나타나는 자연적인 일련의 결과일 뿐이다.

그밖에도 아이 성장에 필요한 인성과 다양한 재능이 그물코처럼 연결되어 습득되기 때문에 숲유치원은 진정한 통합적 배움이라고 하겠다. 따라서, 숲유치원은 국가가 규정하는 누리과정 5개 영역을 가장 효과적으로 수행할 수 있는 교육법이다.

2

누리과정, 숲유치원 교육에 다 있다!

이제 국내에서도 숲유치원은 낯선 용어가 아니다. 자녀가 숲유치원에 다니기를 희망하는 부모님들이 늘고 있다. 이미 학부모 주도로 설립된 숲유치원이 운영되고 있고, 사립 유아교육기관과 국공립 병설 포함 유아교육기관에서도 전형적인 숲유치원 형태인 '숲반'이 운영되고 있다. 그러나 국내 유아교육 현장에서 일어나고 있는 이러한 변화에 제도적인 뒷받침이 따르지 못하고 있다. 게다가 양질의 교육을 담보하는 차원의 '무상 교육 보육 정책이자 교육 보육 과정인 누리과정이 시작되어 연령별 연계프로그램이 숲유치원의 어떤 활동과 연계할 수 있는지에 대한 이해가 필요한 상태이다. 국가가 공정한 보육 교육의 기회를 제공한다는 것은 매우 고무적인 일이지만 교육 방법론적인 부분에서 재고할 여지가 있다. 유아를 수동적으로 움직이게 하는 즉, 누군가에 의해 제공되는 틀 지워진 놀이는 유아의 자발적인 관심에서 유발된 주도적인 놀이를 통해 일어날 수 있는 효과를 넘어설 수 없기 때문이다.

숲유치원은 주체적인 자발성과 공동체성, 영성, 인성 이외에 생명에 대한 이해와 생명에 대한 존중, 자연 체험과 자연 이해 등을 철학적 근간으로 하고 있다. 그리고 누리과정에서도 사람과 자연 존중의 가치관, 지속 가능 생태환경의 중요성 등을 강조하고 있다. 숲유치원과 누리과정이 지향하는 교육 방향과 목표는 유아가 몸과 마음이 건강한 전인적 인격체로 성장, 발달하도록 돕는, 과녁을 향하고 있는 화살이라 하겠다.

숲유치원으로 바라본 누리과정 총론

1. 누리과정 제정의 배경 및 특성과 숲유치원

1) 제정의 배경과 의미 및 특성과 숲유치원

누리과정 제정의 주된 배경은 이미 사회적 문제로 기정사실화된 저출산 고착화 현상에 대한 우려와 소득에 따른 계층 간 격차 해소이다. 그리고 그 의미는 보육료, 유아학비, 양육수당 등의 지원을 통해 출산 중단 및 기피 현상을 완화해 출산율을 높이고, 부모 소득과 관계없이 출발선상에서의 평등권 보장제도 마련 등 국가에서 양질의 교육 과정으로 영유아 시기에 기초 능력을 형성할 수 있도록 하자는 데 두고 있다. 분명한 이유로는 국가적 부담 비율이 OECD 평균 수준 이하인 국내 '무상 교육 보육' 이 개선되어야 한다는 것이다. 사회현상을 세심하게 고려한 제정의 배경은 공감대를 형성하기에 충분하다. 국가에서 제정한 누리과정의 배경과 순수한 민간 차원에서 50여년 전 한 어머니에 의해 시작된 숲유치원 배경은 '무상 교육 보육 개선'과 '양질의 교육 과정을 제공한다'는 점에서 동질성을 찾아볼 수 있다. 출산 중단이나 기피를 재고하는 것과는 상관없이 단순히 경제적인 차원에서 숲유치원은 가정 형편이 어려운 상황에서 한 어머니가 아이들을 데리고 숲에서 활동하며 자체적으로 경제적인 부분을 해결했다. 그리고 자연에서의 풍부한 경험과 체험으로 오감을 깨우며 삶의 지혜를 익히는 양질의 교육 현장을 제공했다. 숲유치원의 교육 과정에 대한 이론은 1992년 독일 플렌스부르크Flensburg에서 두 명의 유아교사가 국가에서 인정하는 유아교육기관으로 설립 운영하면서 보다 체계화되었다.

누리과정을 제정하면서 양질의 교육 보육 경험을 제공을 위해 중요하게 고려한 세 가지 특성과 숲유치원의 연계성은 다음과 같다.

첫째, 기본 생활습관과 창의 인성교육을 전통문화와 함께 모든 영역에서 고르게 다루도록 한다. 숲유치원에서도 연중 프로그램으로 축제 및 절기 문화가 이루어지고 있다.

둘째, 교과 위주의 인지적인 학습 활동보다 민주 시민으로 성장하는 데 필요한 기본 소양과 능력을 기른다. 숲유치원에서 숲은 교과서가 되고, 놀이 그 자체가 배움이고, 삶이며 교육이 된다.(「숲유치원」, 장희정) 민주 시민으로 성장하는 데 필요한 기본 소양에서 '스스로 약속을 잘 지키는 것'을 습관화하는 게 가장 중요하다고 생각한다. 아침모임, 간식, 자유놀이, 마무리모임으로 이루어지는 하루의 리듬은 모두 약속에 의해 이루어진다. 일례로, 모임을 알리는 신호가 들리면 아이들은 어떤 활동을 하다가도 멈추고 모임 장소로 간다.

셋째, 5세에게 필요한 기본 소양과 능력을 토대로 초등학교 1, 2학년 군의 창의, 인성교육 내용 등과 체계적인 연계성을 확보한다. 숲유치원에서는 초등학교 입학 전 연령에게 다양한 직업 체험과 프로젝트 활동을 하고 입학할 초등학교를 방문하고 있다.

2. 누리과정의 구성과 숲유치원

1) 누리과정 기본 구성 방향과 숲유치원

누리과정의 기본 구성 방향은 1일 3-5시간 운영을 기준으로 기본 생활 습관과 바른 인성, 사람과 자연 존중, 우리 문화의 이해, 창의적 인재 양성, 초등 교육과의 연계성, 놀이 중심 통합 과정을 골자로 하고 있다. 이 중에서도 기본 생활 습관과 바른 인성을 가장 중점적으로 고려해서 누리과정 전체에 반영했다고 한다. 인성의 상당 부분이 이미 7세 이전에 형성된다고 하는 이론과 2012년 한국교육개발원이 실시한 교육 여론 조사에서 우리 정부가 해결해야 할 가장 시급한 교육 문제가 '학생의 인성 도덕성 악화'라는 결과를 볼 때, 그 이유는 더욱 분명해진다. 기본 생활 습관과 바른 인성은 기본 구성 방향에서 제시하고 있는 다른 부분들과 그물코처럼 연결되어 상호 보존적일 때 가장 큰 효과를 얻을 수 있다. 모든 생명의 집합체인 숲이 교육 공간인 숲유치원은 놀이 중심 통합 과정을 기본으로 창의성과 상상력, 공동체성이 형성되고 자연과의 공존, 생명 존중, 전통 문화에 대한 이해, 초등교육과의 연계 등이 유기적으로 이루어지는 게 장점이다. 다음은 누리과정의 기본 구성 방향의 세부 내용을 숲유치원과 연계한 것이다.

누리과정과 숲유치원의 기본·구성 방향 연계

누리과정	숲유치원
1. 기본 생활 습관과 질서, 배려, 협력 등 바른 인성을 기르는 데 중점을 둔다.	1. 환경, 생명, 생태, 대안교육을 근간으로 다양성 존중, 영성, 인성, 뭇생명 존중 등 생태대안교육 철학에 바탕을 둔다.
2. 사람과 자연을 존중하고, 우리 문화를 이해하는 데 중점을 둔다.	2. 공동체적인 유대 관계와 자연과의 공존, 그리고 생명과 생태를 중시한다.
3. 전인 발달이 고루 이루어진 창의적인 인재를 기르는 데 중점을 둔다.	3. 자연에서 주체적이고 자발적인 움직임이며 오감을 깨우고 그를 통해 창의성과 상상력을 기른다.
4. 초등학교 교육 과정과의 연계성을 고려한다.	4. 취학 전 연령은 초등학교를 위한 준비 및 연계성을 고려한 프로그램을 한다.
5. 5개 영역을 중심으로 주도적인 경험을 강조하고, 놀이 중심의 통합 과정으로 구성한다.	5. 숲은 교실, 자연물은 교재 교구 및 놀잇감으로 한 체험과 경험 교육에 따른 통합교육이 이루어진다.
6. 1일 3-5시간 운영을 기준으로 한다.	6. 사계절 반일제 및 전일제 숲활동을 기준으로 한다.

이어서 누리과정에서 가장 중점적으로 고려한 기본 생활 습관과 바른 인성에 대해 구체적으로 알아보고 숲유치원과의 연계성을 살펴보도록 하겠다.

유아의 기본 생활 습관

예절	
식사 예절 • 식사 전후에 손 씻기, 식사 후 이 닦기 • 식사 전후에 준비해 주신 분께 '잘 먹겠습니다', '잘 먹었습니다'라고 인사하기 • 음식을 입에 넣은 채 이야기하지 않기 • 한자리에 앉아 흘리지 않고 먹기 • 음식은 꼭꼭 씹어 골고루 먹기	■ 숲에서 간식이나 점심을 먹을 때 통에 담아간 물이나 준비해 온 물수건을 이용해 손 닦기를 의무화하고 있다.
인사 예절 • 어른에게 존댓말 사용하기 • 친구나 아는 사람을 만났을 때 반갑게 인사하기 • 도움을 받았을 때 '고맙습니다', '고마워' 말하기 • 실수하거나 남에게 피해를 주었을 때 '미안합니다', '죄송합니다'라고 말하기	■ 숲을 찾는 어르신들과의 자연스런 만남을 통해 반갑게 인사하기, 존댓말로 인사 나누기를 몸에 익힌다.
공공예절 • 공공장소에서 시끄럽게 말하거나 고함치지 않기 • 공공장소에서 함부로 뛰어다니지 않기 • 휴지나 쓰레기를 함부로 버리지 않기 • 음식은 정해진 곳에서만 먹기	■ 숲유치원에서도 박물관이나 미술관, 식물원 등 기관 방문을 하고 있다. 공공예절에 대해 배운다.

질서	
• 계단이나 실내에서 뛰지 않기 • 물건을 사용한 후 제자리에 놓기 • 차가 완전히 멈춰선 후에 타고 내리기 • 승하차할 때 차례로 타고 내리기 • 옷, 모자, 가방, 신발 등을 제자리에 바르게 두기	■ 국내는 대부분 통원버스를 운영하고 있기 때문에 차량 관련 질서를 습관화가 가능하다. 숲에서 필요한 물건이나 옷, 모자는 배낭에 잘 챙긴다.

청결	
• 몸을 깨끗이 하기 • 화장실 사용 후, 식사 전에 손 씻기 • 이를 깨끗이 하기 • 식사 후 먹은 그릇과 식탁을 치우기 • 자기 물건을 잘 정리 정돈하기 • 주변 깨끗이 하기 • 청소 잘하기 • 환경 보전하기 • 쓰레기 줍기 • 쓰레기를 정해진 곳에 분류하여 버리기	■ 숲유치원에서는 흙이 더러운 게 아니라는 인식을 분명히 하고 있다. 귀가 후에는 꼭 몸을 씻고 진드기나 여타 벌레가 몸에 붙어 있는지 확인한다. 사계절을 숲에서 활동하면서 유아는 자연을 경험하고 자연을 대하는 방법을 터득한다. 숲활동 후 주변 쓰레기를 정리하는 것도 그 일환이다.

절약	
• 물, 전기 아껴 쓰기 • 남의 물건을 가져가지 않기 • 물건을 소중히 다루기 • 음식은 먹을 만큼만 가져가기 • 종이나 물건 아껴 쓰기	■ 숲활동에서 물을 아껴 사용해야 하는 것에 대해 유아들은 분명히 알게 된다. 먹을 때와 손 씻을 때 사용할 물을 직접 챙겨 가면서 물을 아껴 사용해야 하는 이유를 알게 된다.

예절 교육은 식사, 인사, 공공으로 크게 구분되고 다른 사람과의 관계 형성에서 주로 일어나며 상대에 대한 이해와 존중이 선행됨을 바탕으로 하고 있다. 식사 예절은 숲활동에서의 간식과 점심을 먹는 활동과 연계할 수 있다. 숲쇼파나 쉼터 등 약속된 장소에서 준비해 온 물수건(혹은 물)으로 손을 닦고, 음식을 준비해 주신 분께 감사 인사를 하고 먹는다. 숲에서 점심을 먹을 때에는 어쩔 수 없지만, 대피소에서 식사할 때는 이를 닦을 수 있다. 인사 예절도 충분히 숲유치원에서 이루어지고 있다. 매일 숲을 오고가면서 마주치는 사람들과 정겹게 인사를 나누며 자연스럽게 예절을 익힌다. 모방을 통한 교육 또한 가능하다. '공공장소에서 함부로 뛰거나 시끄럽게 떠들지 않기'는 박물관이나 미술관을 방문할 때 실행할 수 있다. 그밖에도 직업 탐방과 관련해서는 공공기관을 방문하는 프로젝트로 진행하기도 한다. '휴지나 쓰레기를 함부로 버리지 않기'는 숲활동을 마치고 대피소나 원으로 돌아올 때, 커다란 봉지에 쓰레기를 담아 오는 것과 연계할 수 있다.

질서는 바른 사회를 만드는 기본으로 특히 집단생활에서 지켜야 할 중요한 덕목이다. 숲에서의 생활은 조그만 위험성까지 고려하고 배제한 일반 교실과는 환경이 다르기 때문에 더욱 그러하다. 여러 세부항목 중 '계단이나 실내에서 뛰지 않기'가 안전을 위한 약속이라고 하는 공간적 개념으로 해석할 경우, 숲유치원에서는 안전한 숲활동을 위해 지켜야 하는 '교사의 시야를 벗어나지 않는다', '혼자 낯선 장소에 가지 않는다', '나뭇가지를 손에 들고 뛰지 않는다' 등과 비교 가능하다. 또 한 가지 세부항목인 '옷, 모자, 가방을 제자리에 두기'는 숲유치원 활동 장소에 설치된 가방걸이를 사용하는 과정에서 배울 수 있다. '차가 완전히 멈춰선 뒤에 타고 내리기'는 차를 이용해 숲을 오가는 과정에서 실행할 수 있다.

청결과 관련된 세부 내용에 '환경 보전하기'는 '주변을 깨끗이' 하고, '손과 발을 깨끗이 씻어요', '정해진 장소에 쓰레기 버리기' 등과 같은 세부 활동이 들어 있다. 숲활동을 마치고 내려오면서 유아들이 직접 커다란 봉지를 들고 주변에 떨어져 있는 휴지나 빈병 등을 줍는 것 그리고 기관이나 집으로 돌아가 손과 발을 청결하게 씻는 것과 연계할 수 있다. 그러나 숲활동을 하다 보면 이상기온으로 고사한 나무를 보기도 하고, 이상기온으로 병충해가 극심해지는 현상을 목격하고, 폭우로 빚어진 다양한 피해를 접하게 된다. 이처럼 자연환경에서 일어나는 여러 가지 현상을 직접 보고 느끼는 체험과 경험을 통해 유아들은 자연 생태계를 이해하면서 자연과 환경의 중요성을 배운다.

절약의 목적은 유아들이 물건을 소중히 다루고, 꼭 필요한 데 사용하고 아끼는 습관을 길러 건실한 소비자가 되도록 하는 데 있다. '물, 전기 아껴 쓰기'도 숲활동을 통해 배울 수 있다. 식사 예절에서 보듯이 숲유치원에서는 손을 씻을 때, 미리 준비해 온 물수건이나 플라스틱 병이나 야외 캠핑용 물통에 담아 온 물을 사용하고 있다. 전기를 이용해 수도꼭지에서 흘러나오는 물을 쓰는 것과는 달리 힘들게 숲에 들고 온 물을 여럿이 쓰려면 당연히 아껴 써야만 한다. 게다가 사용한 물을 나무에 뿌려 주는 실천을 통해 물을 아껴 쓰는 습관을 몸에 익힐 수 있다. 가정에서는 전기가 들어오지 않으면 물을 사용할 수 없다. 물을 아껴 쓰는 게 몸에 배고, 물과 전기의 관계를 이해된다면 전기를 아껴 쓰는 것도 배울 수 있다. 그밖에 '음식은 먹을 만큼 가져가기' 항목은 일반 어린이 교육기관에서처럼 대피소(숲교실)에서 급식을 하는 숲유치원에서 실천하고 있다. 그러나 개별적으로 도시락을 준비해 오는 경우에는 남기지 않고 먹는 것을 원칙으로 하고 있다.

누리과정은 질서, 배려, 협력 등 인성교육의 실천을 강조하고 있다. 시대에 따라 사회 구성원들에게 요구하는 역량은 다르지만, 인성교육은 예나 지금이나 교육 목표의 중요한 핵심이다. 2012년 교육부의 인성교육 실태 조사에 따르면 교사, 학부모, 학생 54~80퍼센트가 인성에 문제가 있다고 했다. 향후 인성의 중요성은 더욱 커질 것으로 인식되고 있으며, 더불어 사는 능력은 낮은 편이라고 생각한다(교육과학기술부 보도자료 2012년 9월 3일). 입시 중심의 지식교과 위주의 교육과 팽배한 개인주의 등이 인성교육의 어려운 요인이 되고 있다.

2012년에는 한국교육개발원 주관으로 개최된 포럼에서는 인성교육 개념이 새롭게 정의되어야 하고, 가르쳐야 할 핵심 요소들도 새롭게 설정해야 한다는 발표가 있었다. 기존의 인성교육이 지식 위주로 이루어졌다면, 새로운 인성교육은 '더불어 조화롭게 사는 능력'이라는 개념 즉, 사회성과 감성 능력 향상에 비중을 두어야 한다고 강조하고 있다. 사회성, 감성, 도덕성 차원에서 공감, 소통, 긍정, 자율, 정직, 책임이라는 핵심 가치 인식을 위해 사회적 인식 능력, 대인관계 능력, 자기 관리 능력, 핵심 윤리 인식 능력, 의사 결정 능력이 있는 역량을 키우는 교육이 필요하다는 것이다.

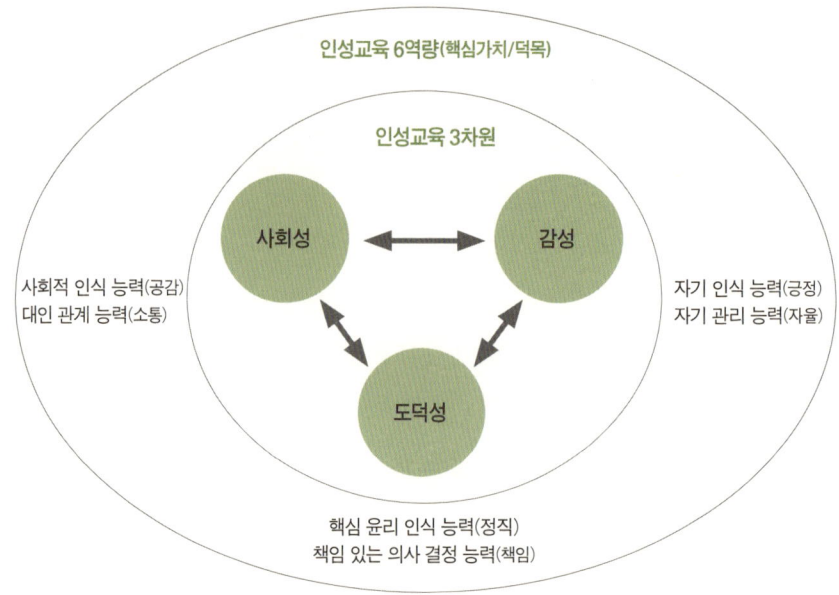

새로운 인성교육 개념(2012, 청람교육포럼, 차성현)

위의 도표를 참고로 새로운 인성교육에서의 인성교육 3차원을 요약해 보면 첫째, 사회성 차원은 사회적 인식 능력과 대인 관계 능력으로 타인의 생각과 감정을 이해하고 배려하는 것을 말한다. 둘째, 감성 차원은 자신의 생각과 감정을 정확히 표현하고 이해하는 자기 인식 능력과 자신의 생각과 행동을 조절 실행하는 자기 관리 능력을 의미한다. 셋째, 도덕성 차원은 다양한 윤리적 상황에서 중요한 핵심 가치가 무엇인지를 인식하고 판단하는 능력과 책임 있는 의사 결정 능력을 말한다. 그러니까 사회성과 감성, 도덕성을 아우른 인식 능력은 정직, 성실, 존중 등 학급, 가정, 사회에서 요구되는 윤리적 가치와 행동 원리를 실제 상황 속에서 이해하고, 느끼고, 실천하는 능력에 핵심 가치를 두고 있다.(2012, 청람교육포럼, 차성현) 새로운 인성교육에서 언급된 인성의 핵심인 '더불어 조화롭게 사는 능력'은 누리과정에서 올바른 인성교육으로 꼽고 있는 '타인 및 공동체와 바람직한 관계를 맺기' 그리고 숲유치원에서 추구하고 있는 '공동체적인 유대관계와 자연과의 공존'(2010, 숲유치원 장희정)과 모두 일맥상통한다는 것을 알 수 있다. 이에 대해 다음과 같이 정리해 보았다.

인성교육 개념

종류	새로운 인성교육	숲활동	숲유치원 인성교육
정의	더불어 조화롭게 사는 능력	타인 및 공동체와 바람직한 관계 맺기	공동체적인 유대관계와 자연과의 공존
역량	• 사회적 인식 능력 • 대인 관계 능력 • 자기 인식 능력 • 자기 관리 능력 • 핵심 윤리 인식 능력 • 책임 있는 의사 결정 능력	• 자신의 일을 스스로 한다. • 다른 사람에게 피해를 주지 않도록 배려한다. • 정해진 규칙을 준수한다. • 공동체 구성원이 공유하는 행위 기준과 도덕적 가치를 내면화한다.	• 열악한 환경에서 서로 도우며 공동체성을 키운다. • 자신에 대한 믿음과 자아의식을 갖는다. • 자기 감정을 조절하는 능력을 키운다. • 스스로가 행동을 결정하는 주체임을 인식한다.

2) 누리과정 목적, 목표와 숲유치원

누리과정은 유아에게 필요한 기본 능력과 바른 인성을 기르고, 민주 시민의 기초 형성에 목적을 두고 있다. 이러한 목적을 이루기 위한 세부 목표로 누리과정 5개 영역인 신체 운동·건강, 의사소통, 사회관계, 예술 경험, 자연 탐구를 국가 수준 공통 과제로 제시하고 있다. 이에 비해, 숲유치원은 생태대안 교육철학을 근간으로 인간이 자연의 일부임을 인식하고, 자연과의 조화로운 관계 속에서 오감을 깨우는 유아의 전인적 성장 발달을 목적으로 한다. 세부 목표가 이루어지기 위한 영역은 통합적 교육과 미학적, 형상적, 문학적 교육, 음악적 교육, 언어적 교육, 자연과학적·수학적 교육, 윤리적·종교적 교육, 건강 교육으로 분류 가능하다. 다만, 숲유치원의 세부 목표는 숲활동을 통해 나타난 자연 발생적인 효과의 결과를 분류한 것으로 누리과정의 세부 목표와는 차이가 있다.

누리과정과 숲유치원, 두 교육의 세부 내용은 결국 전인교육(全人敎育, all-round education)을 하자는 것으로 귀결된다. 전인교육은 '신체적 성장, 지적 성장, 정서적 발달, 사회성의 발달 등을 조화롭게 하여 넓은 교양과 건전한 인격을 갖춘 인간을 육성하려는 교육'이다.

여기서 주목해야 할 부분은 전인교육이 이루어지기 위한 교육 환경이다. 누리과정 5개 영역 중 다른 영역은 차치하고 단순한 언어적 표현만으로도 신체 운동, 예술 경험, 자연 탐구 영역의 실행은 숲이라는 공간이 적합하다.

다음은 누리과정에서 목적 달성을 위해 제시한 다섯 가지 기본 목표와 숲유치원을 연계한 도표이다.

누리과정 기본 목표와 숲유치원 연계

누리과정	숲유치원
기본 운동 능력과 건강하고 안전한 생활습관을 기른다.(신체 운동, 건강)	숲에서의 활발한 활동으로 건강한 육체와 강한 정신력, 창의력을 키운다.
자신의 생각과 느낌을 자유롭고 창의적으로 표현하는 경험을 가진다.(의사소통)	직접적인 경험과 체험에 따른 통합적 사고력, 상상력, 창의력이 커진다.
자신을 존중하고 다른 사람과 더불어 생활하는 태도를 기른다.(사회관계)	자신에 대한 믿음과 자아의식을 형성한다. 한 그룹의 일원으로 친구들을 수용하고 공감하며 사회성을 기른다.
아름다움에 관심을 가지고 예술 경험을 즐기며, 창의적으로 표현하는 능력을 기른다.(예술 경험)	자연의 아름다움을 느끼며 영성과 감성이 풍부해지고, 생명과 생태의 중요성을 인식하게 된다.
호기심을 가지고 주변 세계를 탐구하며, 일상 생활에서 수학적 과학적 문제 해결 능력을 기른다.(자연 탐구)	자유롭게 뛰어놀면서 유연한 사고와 감각능력을 기르고, 논리적인 사고력과, 이해력, 분별 능력을 갖춘다.

숲유치원으로 바라본 누리과정 각론

누리과정의 신체 운동·건강, 의사소통, 사회관계, 예술 경험, 자연 탐구에는 각각의 목표를 이루기 위한 내용 범주를 제시하고 있다. 주관적인 시각으로 숲유치원에서 이루어지고 있는 활동이나 이론 등을 누리과정 세부 내용과 연계해 보도록 하겠다. 누리과정 세부 내용을 숲유치원 활동이나 이론의 예를 들어보았고, 연계성의 배경에 대한 이해를 돕기 위해서 누리과정 세부 내용의 일부분을 발췌했다.

1. 신체 운동·건강

목표: 기본 운동 능력과 건강하고 안전한 생활 습관을 기른다.
누리과정에서 신체 운동·건강의 목표는 일상생활에서 자신의 신체를 긍정적으로 인식하고 즐겁게 신체 활동에 참여함으로써 기초 체력과 기본 운동 능력을 기르고 건강하고 안전하게 생활할 수 있는 태도를 기르는 것이다. (누리과정에서 발췌)

잉태되면서부터 끝없이 움직이며 성장 발달하는 우리 인간은 움직임을 통해 기쁨과 슬픔, 배고픔과 아픔 등의 감정을 표현하고, 주변 사물을 인지하고, 스스로의 신체 능력을 알아 간다. 그리고 움직임을 통해 모든 감각기관의 발달을 촉진시키고, 규칙과 원칙을 배우고, 호기심과 욕구가 일어나도록 동기 등을 부여하며 자신의 존재를 깨닫고 자아를 형성한다.

누리과정 신체 운동·건강에서는 기본 운동 능력만이 아니라 몸에 대한 긍정적인 인식은 신체 활동의 유능감의 반복적으로 경험할 때 향상될 수 있기 때문에 짧은 시간이라도 정기적이고 지속적으로 신체 활동에 참여하는 게 중요하다고 언급하고 있다. 숲유치원은 숲을 유아들이 매일 대소근육을 마음껏 움직이며 활동할 수 있는 놀이와 배움의 공간으로 활용하고 있기 때문에 움직임을 통한 이러한 능력을 발현하기에는 최적의 조건을 갖추고 있다.

1) 신체 인식하기

유아가 자기 신체를 긍정적으로 인식하기 위한 기본 조건은 움직임을 통한 성취감에서 출발한다. 이 움직임이 타인의 권유나 지도에 의해서가 아니라 자발적일 때 성취감은 배가 된다. 숲유치원 유아들은 한정된 실내공간에서의 억압과 규제에서 벗어나 움직임의 욕구를 마음껏 분출한다. 각기 다른 여러 상황에서의 움직임을 통해 자기의 신체 능력과 한계를 직접 느끼고 수용하는데, 자기 자신의 움직임을 관찰과 느낌을 통해 인식해야 가능하다.

누리과정: 유아가 만 5세가 되면 신체의 명칭뿐 아니라 신체의 구조와 기능에 대해 관심을 가질 수 있는데, 이때 말로 설명해 주기보다는 자신의 움직임을 관찰하면서 스스로 느껴보는 게 중요하고, 신체 각 부분의 특성을 이해하고 원활한 움직임 구현을 위해 시간적 공간적으로 조화롭게 실현시킬 수 있어야 한다.

움직임의 욕구를 마음껏 분출한다는 것은 행동에 대한 절제력과 책임이 없음을 의미하는 게 아니다. 숲활동에서 유아들은 흔히 나무에 오르거나 줄을 이용해 높은 언덕을 오르내리는 활동을 한다. 물론, 자신의 신체적 능력이나 조건에 따라 오르는 나무를 선택하는 것도 각자 다르기도 하고, 같은 나무라도 오르는 높낮이가 다르다. 나무에 오를 때는 '자신이 내려올 수 있을 만큼만 올라간다'는 규칙이 있다. 활동 범위도 정해진 지역을 벗어나면 안 된다는 약속이 있다. 이러한 활동이 다소 위험해 보이고 사고 확률도 높을 것 같지만 의외로 사고가 일어나지 않는다. 그 이유는 억압되지 않은 자유로운 움직임을 통해 유아들은 자율적으로 선택한 행동 실천의 결과 범위를 분명히 인식하고 자신의 한계를 알기 때문이다.(「숲유치원」, 장희정)

그밖에 누리과정에서 언급된 '유아가 다양한 활동 속에서 사물을 만지고, 보고, 듣고, 맛보는 등의 다양한 감각적 경험과 신체 움직임을 통한 즐거움을 느끼고 유능감을 경험하도록 해야 한다'는 부분을 숲유치원 활동으로 연계해 살펴보자.

숲에는 나무, 풀, 바위, 개미, 새 등 수많은 생물종과 무생물이 공존하고 있다. 이러한 숲의 사계절 변화는 숲에서 활동하는 유아들의 오감을 깨우는 외부적 자극이 된다.

사물을 만지고(촉각) 피부는 우리 신체를 둘러싸고 있는 가장 큰 감각 기관이다. 자기 주변 환경을 알고 이해하기 위해서 유아는 끊임없이 만지고 확인한다. 그리고 피부에 와 닿는 감촉으로 느낀다. 숲에 있는 흙, 바윗돌, 이끼, 나뭇잎, 나무열매 등을 만지며 서로 다른 촉감을 느끼며 인식한다. 손등 위에 올려놓은 작은 달팽이의 움직임을 느끼고, 진흙을 만지고 놀며 수분 함량에 따라 묽기 정도가 다르다는 것을 안다. 한겨울 차가운 바람이 봄이 되면 온기를 머금고 불어오는 변화를 느낀다.

보고(시각) 우리는 눈을 통해 어둠과 밝음, 색깔, 형태 등 주변 환경을 인식한다. 본다는 것은 단순히 보이는 사실 그 자체를 받아들이는 게 아니다. 보는 상황과 상태, 기분 등에 따라 사물이 다르게 보이기 때문이다. 그래서 아이들은 스스로 관심 있고 호기심이 가는 장소와 사물을 본다. 숲에 스며드는 빛은 항상 다르다. 유아들은 빛과 그림자의 상호작용을 의식하고, 동물이나 곤충들의 흔적을 살피고 따라가며 서식지를 발견한다. 천천히 기어

가는 달팽이, 줄지어 움직이는 개미, 들쥐 구멍, 거미와 거미줄, 비 내린 뒤 햇살에 빛나는 물방울의 신비로움을 발견한다. 이외에도 수없이 많은 자연 현상들이 아이들의 시각 발달을 촉진시킨다.

듣고(청각) 귀는 우리 신체의 가장 복잡한 감각기관 중 하나로 매우 민감하다. 서로 다른 음색과 소리를 감지하는 청각은 언어 발달에도 영향을 미친다. 의사소통의 기본 기능이 듣기인 이유이기도 하다. 숲에서 유아들은 기계음이 아닌 자연의 소리를 듣는다. 물소리, 바람 소리, 발에 밟히며 부서지는 마른 나뭇잎 소리, 딱따구리, 물총새, 뻐꾸기 같은 새소리. 고요하고 평온한 숲에서 유아들은 조그만 소리에 귀를 기울이고 집중할 줄 안다.

맛보고(미각) 숲유치원 유아들은 숲활동을 한 뒤에 간식을 먹는다. 유기농 채소와 음식을 먹고, 단 성분이 들어 있는 과자나 청량음료를 먹지 않는다. 자연 숲의 신선한 공기를 마시며 신 나게 뛰어놀고 난 뒤에 먹는 유기농 음식을 맛보며, 유아들은 자연 그대로의 순수한 맛이 무엇인지를 알게 된다.

냄새 맡고(후각) 냄새는 우리 기억에 아주 오랫동안 저장된다. 강하게 남은 어떤 특정한 냄새는 수십 년 지나도 잊히지 않는다. 후각은 지난 기억과 함께 그 순간에 느꼈던 감정까지도 되살릴 수 있는 강력한 감각이다. 그러니 유아기 때, 좋은 냄새를 맡을 수 있게 하고 또 그런 환경에서 지낼 수 있도록 하는 것이 매우 중요하다. 숲에는 다양한 자연의 냄새가 존재한다. 유아들은 숲에서 활동하며 자연스럽게 여러 종류의 풀과 꽃 냄새를 맡고, 비 내린 땅 냄새, 가을날의 낙엽 냄새를 맡는다.

2) 신체 조절과 기본 운동하기
숲에는 경사가 심해 자칫 잘못하면 미끄러지기 쉬운 길이 있게 마련이다.

바닥은 울퉁불퉁하고 땅 위에는 나무뿌리와 돌부리가 드러나 있다. 자연숲은 돌바닥, 흙바닥, 수풀지대, 바위지대 등 다양한 환경이 있는데, 이러한 자연에서는 신체의 움직임이 매우 다양해질 수밖에 없다.

신체 활동과 관련된 숲활동은 참으로 무궁무진하다. 유아들은 길에 쓰러져 있는 나무를 위로 아래로 넘어가고, 올라가 균형을 잡으며 걷고, 길게 뻗은 나무에 매달려 철봉 놀이를 하기도 하고, 계곡 사이에 놓인 징검다리를 건너기 위해 팔과 다리를 길게 뻗기도 한다. 조그만 물웅덩이 이쪽저쪽을 번갈아 뛰어넘기도 하고, 한 발로 누가 오래 서 있나 혹은 누가 앙감질을 오래 하나 내기를 한다. 심신을 건강하게 하고 고르게 발달하는 기본적인 움직임이 이루어진다.

누리과정: 신체 균형을 유지하면서 다양한 자세를 취한다.

그리고 숲유치원에서는 가위, 칼을 포함해서 삽, 톱, 칼, 망치, 못, 등 어른들이 사용하는 도구를 직접 활용하는 연장 다루기 프로그램을 한다.

누리과정: 가위나 칼 등 도구를 활용하여 소근육 운동 능력 등 여러 가지 조작 활동을 한다.

3) 신체 활동에 참여하기

자발적으로 신체 활동에 참여하기 숲유치원 유아들이 매우 즐겨하는 신체 활동으로는 쓰러져 있는 통나무 위에서 균형 잡으며 건너기, 크고 작은 나무에 오르기, 경사진 언덕이나 비탈진 길에서 구르기, 미끄럼타기 등이 있다. 유아들은 높은 나무에 거뜬히 오르거나 균형을 잡지 못하고 뒤뚱거리는 친구들을 보면서 자신과 친구의 신체 발달 상태와 조건이 다름을 인식하게 된다. 이러한 활동은 개별적으로 할 때도 있지만, 집단적으로 하는 경향이 크다.

누리과정: 개인 또는 집단으로 하는 다양한 신체 활동에 자발적으로 적극적으로 참여함으로써, 유아가 신체 활동을 생활 속에서 즐기도록 하고 사람마다 운동 능력의 차이가 있음을 인지하며, 이를 이해하고 존중하는 태도를 길러 주는 내용이다.

바깥에서 신체 활동하기 숲유치원은 사계절 동안 악천후를 제외하고 숲에서 활동하는 것을 기본으로 한다.

기구를 이용하여 신체 활동하기 누리과정에서 제시된 것처럼 놀이기구에는 작은 공, 풍선, 후프, 스카프 등의 도구와 미끄럼틀, 그네, 평균대, 매트 등의 놀이 기구가 모두 포함된다. 숲유치원에서 유아들은 마른 솔잎으로 만든 크고 작은 둥근 원에 작은 공을 대신해 솔방울, 도토리, 나무열매 등을 던져 넣는 놀이를 하고, 칡넝쿨로 줄넘기를 한다. 그리고 숲의 경사면을 이용한 미끄럼틀, 나무에 줄을 매달아 만든 그네, 쓰러진 통나무 평균대, 낙엽 매트를 놀이도구로 활용한다. 정형화되지 않은 자연의 도구들 속에서 아이들은 온몸의 근육을 다양하게 활용하며 운동 능력을 발달시킨다.

4) 건강하게 생활하기

몸과 주변을 깨끗이 하기 숲유치원에서는 식사 전 손을 닦기 위해 물통을 준비해 가기도 하고, 유아들이 개별적으로 젖은 수건을 준비해 오기도 한다. 숲에서 간식이나 점심을 먹기 전에 손 씻기를 하는데, 그 예를 들어보자. 식사 전 손 씻기 모임을 알리는 종이 울리면, 유아들은 한 줄로 서서 팔소매를 걷고 양손을 앞으로 내민다. 그러고 나면 천연 소재로 만든 비누를 든 유아는 친구들의 손에 조금씩 비누를 주며 지나간다. 그 뒤를 이어 다른 유아가 뚜껑에 구멍을 낸 물병을 기울여 손을 씻을 수 있게 하고, 이어서 커다란 수건을 든 친구가 지나가며 손을 닦을 수 있게 한다. 손 씻기와 같은 작은 활동을 통해서도 건강과 규칙을 지키고 협동심을 기른다. 밥을 먹은 뒤에는 숲활동을 하기 때문에 별도로 손을 씻지는 않는다. 하지만 대피소에서 밥을 먹거나, 실내 활동을 하는 경우에는 식사 전후에 손 씻기, 이 닦기, 대피소 주변 정리하기 같은 활동을 한다.

누리과정: 유아가 손과 몸, 이를 항상 청결하게 유지하기 위한 습관을 갖도록 하는 내용이다.

바른 식생활하기 숲에서의 충분한 활동은 유아의 식욕을 돋아 준다. 오이, 당근, 삶은 고구마와 감자, 견과류와 멸치 등 자연식으로 준비된 간식을 맛있게 먹는다. 그리고 유아들이 직접 점심을 만들어 먹는 활동도 하게 되는데, 유아들은 음식이 완성되기까지의 과정에 참여하며 지금까지 몰랐던 사실들을 알게 된다. 음식이 만들어지기까지 수많은 정성이 들어가야 한다는 것을 직접 체험한 아이들은 음식을 함부로 버리거나 남겨서는 안 된다는 마음을 절로 갖게 된다. 간식을 먹을 때는 전체가 모여 먹지만, 일주일에 한 번은 함께하고 싶은 친구들과 삼삼오오 모여 먹기도 한다.

누리과정: 유아가 우리 몸의 건강과 영양 간의 관계를 알고 몸에 좋은 음식을 섭취하게 하고, 좋은 식습관을 길러 주기 위한 내용이다. / 간식이나 급식 시간을 통해 유아가 다른 친구들과 자연스럽게 교류할 수 있도록 지도한다.

건강한 일상 생활하기 날마다 신선한 공기를 마시며 숲에서 생활하는 유아가 일찍 잠자리에 들고 숙면을 한다는 것은 의심할 여지가 없다. 유아들은 숲으로 이동하기 전에 화장실을 다녀오고, 숲에서는 일정한 지역을 정해 대소변을 본다. 유아가 대변을 보게 될 경우, 교사는 부삽과 종이를 준비해서 도움을 준다. 재래식 화장실 모양을 본떠 친환경 화장실을 만들어 사용하기도 한다.

누리과정: 유아가 건강을 유지하기 위해 필요한 기초적인 생활습관과 태도를 기르기 위한 내용이다. / 배설의 욕구를 느꼈을 때, 빠른 시간 내에 화장실에 가서 배설하고 놀이에 참석하도록 지도한다.

질병 예방하기 숲활동과 날씨는 아주 밀접한 관계가 있기 때문에 교사와 학부모는 일기예보에 주의를 기울여야 한다. 학부모께는 날씨에 적합한 옷차림을 해 주실 것과 각종 감염 질환과 파상풍, 광견병 예방 접종을 당부한다. 겨울철에는 특히, 체온 조절을 잘할 수 있도록 옷을 양파 껍질처럼 여러 겹 입는다.

누리과정: 규칙적인 생활습관을 형성하고, 날씨에 맞는 옷차림을 하고, 전염병에 걸리지 않도록 예방주사를 맞거나 모기에 물리지 않도록 몸을 청결히 하는 등의 내용을 포함한다.

5) 안전하게 생활하기

안전하게 놀이하기 숲유치원에서는 유아들이 놀이 기구나 놀잇감에 스스로 의미를 부여하며 만들어 사용하기 때문에 사용법이나 규칙을 이미 숙지하고 있다. 유아에게 적용되는 놀이와 놀이 공간에 대한 일반적인 안전 기준을 적용하면, 숲을 안전한 놀이 공간으로 보기에는 어려움이 있다. 하지만 이러한 우려의 시선에도 불구하고, 국내외 숲유치원에서 유아들이 다치는 확률은 실내 활동을 하는 유아교육기관보다 낮다. 숲에서 유아들은 자율적으로 활동한다. 이러한 자율성은 사고 발생의 가능성을 현저히 낮춘다. 유아들이 무리한 활동을 하는 것은 오히려 통제받는 환경에서다. 놀이의 자율성, 곧 자기 행동에 대한 결정권과 결과에 대한 책임감을 심어 주면, 유아들은 스스로 한계를 인식하고 자기 능력만큼 안전한 활동을 선택한다.

누리과정: '놀이 기구나 놀잇감을 안전하게 사용한다'는 놀이 기구나 놀잇감, 도구, 시설물, 그리고 미디어 등의 안전한 사용을 위해서 반드시 안전한 사용법, 규칙 등을 먼저 알려 준 후 놀이나 활동을 할 수 있도록 하는 내용이다. / 안전한 놀이를 위해 가장 중요한 점은 교사나 성인이 안전한 놀이 공간과 시설을 마련해 주는 것이다.

교통안전 규칙 지키기 경우에 따라 다르겠지만, 숲에 가려면 횡단보도를 건너기도 하고 대중교통을 이용하기도 한다. 이때 교사는 유아들에게 교통안전 규칙을 알려주고 그 규칙을 날마다 반복하여 실천하게 한다. 박물관이나 식물원, 동물원 등을 방문할 때도 마찬가지다.

누리과정: 유아가 교통안전 규칙의 중요성과 자동차 사고의 위험을 이해하고 사고의 위험으로 부터 자신을 보호하기 위해 필요한 지식, 기능, 태도를 기르기 위한 내용이다.

비상시 적절히 대처하기 아침모임 시간에 교사는 유아들에게 자연에서 활동할 때, 일어날 수 있는 여러 가지 위급 상황을 알려준다. 산사태, 화재, 홍수 같은 재해가 일어나는 원인에 대해 쉽게 설명해 주고, 그러한 상황에 처했을 때 행동 요령에 대해서 일러준다. 또 유괴나 성폭력 같은 위험한 상황에 잘 대처한 실제 사례를 말해 주고 대처 요령을 알려준다. 그밖에 숲활동을 하면서 만나는 동물, 식물, 곤충에 대한 충분한 정보를 주어 혹시 일어날지도 모를 위험 상황을 미리 막을 수 있도록 한다.

누리과정: 유아는 위험한 행동이나 상황을 쉽게 판단하지 못하므로 교사는 생활 주변에서 발생할 수 있는 위험한 상황을 유아에게 알려주어야 한다. / '학대, 성폭력, 유괴 상황을 알고 도움을 요청하는 방법을 안다'는 유괴나 미아 사고 및 성폭력 가능성을 알려주고, 만약의 경우 이를 대처하는 방법을 알게 하는 내용이다.

신체 운동·건강			숲유치원
주된 활동			연계 가능성 혹은 활동
범주	내용		
신체 인식하기	감각 능력 기르기	• 미세한 감각적 차이를 구분한다.	숲유치원은 다양한 움직임과 오감을 통해 자연환경을 접하는 교육이다. 예: 진달래꽃에 관심이 있는 아이는 자세히 들여다 보고(시각), 만지고(촉각), 냄새를 맡고(후각), 따서 먹기도 한다(미각)
	감각기관 활용하기	• 여러 감각기관을 협응하여 활용한다. • 감각으로 대상이나 사물의 특성과 차이를 구분한다.	
	신체를 인식하고 움직이기	• 신체 각 부분의 특징을 이해하고 활용하여 움직인다. • 자신의 신체를 긍정적으로 인식하고 움직인다.	
신체 조절과 기본 운동하기	신체 조절하기	• 신체 균형을 유지하면서 다양한 자세를 취한다. • 신체 각 부분의 움직임을 조절한다. • 공간, 힘, 시간 등의 움직임 요소를 활용하여 운동한다. • 도구를 활용하여 여러 가지 조작 운동을 한다.	숲에서 활동하다 보면 자연스럽게 대근육은 물론이고 소근육을 사용하는 신체 운동을 하게 된다. 예: 쓰러져 있는 나무 위를 걸으며 균형을 잡고, 언덕길을 오르내리며 달리고 뛴다. 나무에 오르면서 팔다리를 길게 혹은 높이 뻗는 제자리 운동도 가능하다.
	이동하며 운동하기	• 걷기, 달리기, 뛰기 등 다양한 이동 운동을 한다.	
	제자리에서 운동하기	• 제자리에서 다양한 운동을 한다.	
신체 활동에 참여하기	자발적으로 신체 활동에 참여하기	• 신체 활동에 자발적이고 지속적으로 참여한다. • 자신과 다른 사람의 운동 능력의 차이를 존중한다.	사계절을 숲에서 활동하면서 마음껏 뛰고, 소리치고, 노래하면서 움직임의 욕구를 분출한다. 예: 통나무를 이용한 시소와 뜀틀, 언덕을 이용한 미끄럼틀, 밧줄을 이용한 그네 등은 기구를 이용한 신체 활동과 직접적인 연계성이 있다.
	바깥에서 신체 활동하기	• 바깥에서 규칙적으로 바깥에서 신체 활동을 한다.	
	기구를 이용하여 신체 활동하기	• 여러 가지 기구를 이용하여 신체 활동을 한다.	

건강하게 생활하기	몸과 주변을 깨끗이 하기	• 손과 몸과 이를 깨끗이 하 는 습관을 기른다. • 주변을 깨끗이 하는 습관을 기른다.	숲유치원에서 손과 옷이 깨끗하다는 것은 적극적 으로 활동하지 않았다는 것과 같다. 하지만 음식을 먹을 때는 항상 손을 닦는 다. 간식은 가능한 유기농 으로 준비하고 청량음료 나 단 음식은 가져오지 않 는다. 거친 음식의 섭취 와 활발한 운동은 배변활 동을 도와주고, 숙면을 할 수 있다. 전염병 대비 예 방 주사를 맞고 특히 파상 풍과 독감 예방 접종을 한 다. 날씨에 따른 옷 조절 은 아주 탁월하다.
	바른 식생활하기	• 적당량의 음식을 골고루 먹 는다. • 몸에 좋은 음식을 선택할 수 있다. • 감사하는 마음으로 음식을 소중히 여긴다. • 식사 예절을 지킨다.	
	건강한 일상생활하기	• 규칙적으로 잠을 자고, 적 당한 휴식을 취한다. • 하루 일과에 즐겁게 참여한 다. • 바른 배변 습관을 가진다.	
	질병 예방하기	• 건강의 중요성을 알고 실천 한다. • 질병을 예방하는 방법을 알 고 실천한다. • 날씨와 상황에 알맞게 옷을 입는다.	
안전하게 생활하기	안전하게 놀이하기	• 놀이 기구나 놀잇감을 안전 하게 사용한다. • 안전한 장소에서 놀이한다.	숲유치원에서는 기능과 놀 이법이 인위적으로 정해진 놀이 기구나 놀잇감보다 유아가 직접 놀이의 기능 과 역할을 부여한 자연물 을 사용한다. 교통안전과 규칙은 날마다 숲을 오고 가면서 익힌다. 유괴, 학 대, 성폭력 대처 방법에 대 해서는 아침모임과 마무 리모임 시간에 알려준다.
	교통안전 규칙 지키기	• 교통 규칙을 지켜서 안전하 게 다닌다. • 교통수단을 안전하게 사용 한다.	
	비상시 적절히 대처하기	• 재난 및 사고 등 비상시 안 전하게 대처하는 방법을 배 운다. • 학대, 성폭력, 유과 상황을 알고 도움을 요청하는 방법 을 배운다.	

2. 의사소통

목표: 일상생활에 필요한 의사소통 능력과 바른 언어 사용 습관을 기른다.
의사소통 영역의 목표는 일상생활에서 말과 글의 의미 있는 경험을 통해 기초적인 수준의 말과 글을 즐겁고 바르게 사용할 수 있는 능력과 태도를 기르는 데 있다. (누리과정에서 발췌)

의사소통은 우리가 살아가는 데 필요한 기본 능력이며, 대인 관계를 원활하게 해 나가는데 갖추어야 할 중요한 요소이다. 원활한 의사소통은 또한 언어적 요소인 어휘와 어조 그리고 비언어적인 요소인 몸짓, 표정, 목소리 등의 조화롭게 결합되고 작용해야 가능하다. 누리과정 의사소통에서는 유아가 유능한 사회구성원으로 성장하기 위해 자기 의사를 표현하고 타인의 의사를 수용할 줄 아는 의사소통 능력을 갖추도록 지도하는 게 중요하다고 언급한다. 또한 의사소통은 사회적 관계 속에서 실제 상호작용 경험을 통해서 형성되는 것이기 때문에 또래만이 아니라 성인과도 활발한 관계를 맺어갈 수 있도록 다양한 지원을 해야 한다고 말한다.

이러한 누리과정에서의 의사소통이 숲유치원에서는 이렇게 이루어진다. 먼저 숲유치원은 통합 연령으로 운영하기 때문에 여러 연령대 아이들이 함께 지낸다. 아이들은 상황에 따라 어떤 말과 행동을 해야 원활한 대인관계를 맺을 수 있는지를 경험으로 익힌다. 자연물을 이용한 놀이 활동은 '어울림', 즉 원활한 의사소통의 기본인 '협동과 배려'가 조화롭게 이루어지면서 완성되어 간다. 놀이가 확장되는 과정에서 유아들은 자신이 지닌 최대한의 언어 구사력과 신체적 표현력을 동원해 친구들과 의사소통을 한다.

1) 듣기

듣기의 사전적 의미는 '남의 말을 올바르게 알아듣고 이해하는 일'이다. 따라서 '올바른 듣기'는 남의 말에 귀를 기울이는 '경청'이 기본이다. 누리과정에서의 듣기는 '낱말과 문장을 듣고 이해하기'를 기초로 '이야기를 듣고 이해하기', '동요, 동시, 동화 듣고 이해하기', '바른 태도로 듣기'를 교육 과정으로 두고 있다. 숲유치원에서는 '듣기'에 대한 교육이 주로 아침모임과 마무리모임에서 이루어진다. 확장 순서에 따라 단편적인 예를 들어 연계해 보도록 하겠다.

낱말과 문장을 듣고 이해하기 이름을 부르거나 숫자를 세면서 출석을 확인한 뒤, 전날 귀가 후 가장 기억에 남은 일을 말하는 시간을 갖는다.
누리과정: 여러 친구들로부터 자신의 일상생활과 직접적으로 관련된 낱말과 문장을 들을 때 그 의미에 대해 보다 실제적인 이해가 가능하다.

이야기를 듣고 이해하기 아이들은 친구가 하는 이야기를 들으면서 자신이 겪은 일과 공통된 부분을 발견하면 흥분하기도 하고 질문을 던지기도 한다.
누리과정: 다양한 상황에서 다른 사람의 이야기를 듣고 이야기하는 사람의 생각, 의도, 감정을 이야기할 수 있도록 한다.

동요, 동시, 동화 듣고 이해하기 아침모임에는 '숲속의 아침', '흰구름(전래동요)'과 같은 동요를 부르며 율동을 하고, 시나 동화를 몸으로 표현하는 라이겐을 한다. 마무리모임에는 교사가 동화책을 읽어 준다.
누리과정: 유아에게 흥미로움을 줄 수 있는 다양한 장르의 질 높은 문학 작품을 여러 가지 방법으로 듣도록 함으로써 즐거움을 느낄 수 있도록 하는 내용이다.

바른 태도로 듣기 그날의 숲활동 장소를 정하거나 당번을 정할 때, 의견을 말하고 싶은 아이는 손을 높이 든다. 교사가 지목한 아이는 일어나서 자기 생각을 말하고 나머지 아이들은 조용히 귀 기울여 듣는다.
누리과정: 다른 사람의 눈을 주시하면서 이야기를 주의 깊게 듣고, 다른 사람이 말하는 동안 방해하거나 끼어들지 않고 다른 사람의 말을 끝까지 들을 수 있도록 한다.

2) 말하기

말하기는 의사소통에 있어서 가장 중요한 수단이다. 화자의 감정과 느낌 그리고 생각을 청자에게 음성과 신체 언어로 표현하는 것이다. 누리과정에서의 말하기는, 자기 생각과 느낌을 바르게 말하는 태도와 능력을 기르는 데 목표를 두고 있다. 그리고 이러한 능력은 생활 속에서 이루어지는 자연스러운 대화를 통해 향상되므로, '낱말과 문장으로 말하기', '느낌, 생각, 경험 말하기', '상황에 맞게 바른 태도로 말하기'를 자유롭게 말할 수 있는 기회와 분위기를 유아에게 제공하라고 한다. 이 내용들을 숲유치원의 다람쥐를 주제로 한 가을 활동과 연계하면 다음과 같다.

낱말과 문장으로 말하기 도토리나 밤이 많이 떨어지는 가을에는 다람쥐들이 활발하게 활동한다. 여러 종류의 다람쥐 사진을 아이들에게 보여주고 이름과 생김새와 습성에 대해 편하게 대화할 수 있도록 한다. 그러면서 내용이나 발음을 보완해 주고 수정해 준다.

누리과정: 개방적인 분위기를 조성하여, 아이들이 자유롭게 말할 수 있는 기회를 제공한다. / 적합하지 않은 낱말을 사용한 유아의 말은 전후 맥락을 살펴 문맥에 맞게 고쳐준다.

느낌, 생각, 경험 말하기 가을 숲에서는 다람쥐가 앞발로 밤을 쥐고 이빨로 껍질을 벗기는 장면을 자주 볼 수 있다. 이 모습을 관찰한 뒤, 아이들은 자기 생각과 느낌, 궁금증에 대해 자유롭게 말하고 묻고 대답한다.

누리과정: 대화 시간에 유아가 주제에 대하여 자유롭게 말할 수 있도록 격려하고, 이유, 원인, 결과 등을 생각해 볼 수 있는 효과적인 발문을 통해 언어 표현 능력을 키운다.

상황에 맞게 바른 태도로 말하기 다람쥐를 그림으로 표현하거나 찰흙이나 기타 자연물을 이용해 다람쥐 조형을 만든다. 결과물은 친구, 교사, 부모님에게 보여드리고 경험한 것을 이야기한다.

누리과정: 듣는 사람의 생각과 느낌을 고려하여 말한다. 때와 장소를 가려 말한다.

3) 읽기

누리과정 읽기의 지도 목표는 첫째, 읽는 방법을 가르치는 것, 그다음은 읽기를 즐기도록 하는 것이다. 숲유치원에서는 읽는 방법을 가르치기보다는, 유아들이 활동하면서 자연스럽게 글씨에 관심을 갖게 하여 읽기를 터득하도록 이끈다.

읽기에 흥미 가지기 숲유치원에 다니는 한 유아가 읽기를 터득한 사례이다. 어느 날 아이가 엄마에게 물었다. '엄마! 다른 아이들은 다 글을 읽을 줄 아는데 왜 나는 읽을 줄 몰라?' 그러면서 엄마를 조르다시피 해서 글을 배웠다. 또래 친구들로부터 자극받아 글 읽기를 배운 것이다. 또 숲이나 공원에 있는 나무나 꽃 이름 푯말이 읽기를 터득하는 데 도움을 주기도 한다. 푯말에 적힌 글씨 형태를 반복해서 보고 읽는 가운데 자연스럽게 글을 익히는 경우이다. 이때 확장된 활동으로 자연도감을 찾아 함께 읽기도 한다.

누리과정: 유아의 발달 수준에 적합한 소재나 내용을 다룬 이야기책, 편지, 배움터에서 지켜야 하는 규칙을 적은 글, 안내문, 전단지 등 다양한 글을 선택하여 읽어 준다.

책 읽기에 관심 가지기 숲유치원의 하루 일과는 책 읽기로 마무리한다. 동화책이나 그림책 등 다양한 종류의 책을 읽어 주는데, 때로는 유아들이 원하는 책을 선택해 읽어 준다. 대피소에는 통합 연령 유아들이 볼 수 있는 그림책이나 동화책, 자연 도감 등 다양한 책을 구비하고 있다.

누리과정: 책은 유아의 읽기 발달에 중요한 역할을 한다. 유아는 자연스럽게 책을 만나면서, 글자가 정해진 소리를 가지고 있음을 알게 되고 말과 글의 관계를 인식하게 된다. / 다양하고 재미있는 책들을 비치하고, 이를 정기적으로 바꿔 준다.

4) 쓰기

읽기나 쓰기와 같은 문자 교육의 적정 연령에 대한 의견은 분분하다. 나라마다 초등교육이 시작되는 시점에 유아가 갖추어야 하는 기준도 다르다.

독일은 1부터 20까지 숫자를 세고 자기 이름을 쓰는 정도이고, 영재 교육으로 유명한 이스라엘은 1부터 6까지의 숫자와 이름을 쓰는 정도라고 한다. 숲유치원에서는 쓰기도 읽기처럼 가르치는 게 아니라 유아 스스로 관심을 가지고 터득해 나가도록 이끈다.

쓰기에 관심 가지기 숲유치원은 통합 연령으로 운영하는데, 서로 다른 연령대의 아이들이 어울리면서 자연스럽게 자기가 아는 것을 다른 아이에게 알려주는 교육 효과가 끊임없이 일어난다. 취학 전 연령의 유아가 나뭇가지를 길고 짧게 잘라가며 흙바닥에 글자를 만들면 동생들이 신기해하며 따라한다. 이쪽저쪽으로 휘어진 나뭇가지와 다양한 자연물을 보며 'ㄴ', 'ㅅ', 'ㅏ' 같은 자음과 모음을 발견하고 즐거워하기도 한다. 도화지나 크레파스, 색연필 등을 이용해 유아들이 그림을 그리고 자기 이름을 서투르지만 쓰기도 한다.

누리과정: 유아에게 이름이나 친숙한 글자를 써 보는 활동뿐 아니라 놀이나 다른 활동과의 연계를 통한 유의미한 쓰기 경험을 제공하여 자연스럽게 쓰기에 흥미를 가지도록 한다.

쓰기 도구 사용하기 숲유치원에서는 나뭇가지, 솔방울, 나무열매, 풀 등을 쓰기 도구로 이용하고, 대피소에 실내 활동을 할 때에는 미리 비치해 둔 색연필과 파스텔, 연필, 크레파스를 이용한다.

누리과정의 의사소통에서 특히 읽기, 쓰기와 관련해 숲유치원에서는 유아의 관심 정도와 자발적 요구에 따라 이루어지기 때문에 연계하는 것은 무리가 있다.

의사소통			숲유치원
주된 활동			연계 가능성 혹은 활동
범주	내용		
듣기	낱말과 문장 듣고 이해하기	• 낱말의 발음에 관심을 가지고 비슷한 발음을 듣고 구별한다. • 일상생활과 관련된 낱말과 문장을 듣고 뜻을 이해한다.	등원하지 않은 유아에 대한 이유를 알고 유아가 전달하고 다른 친구들을 조용히 듣는다. 생일을 맞이한 유아를 위해 교사가 손 인형극을 해준다.
	이야기 듣고 이해하기	• 다른 사람의 이야기를 듣고 이해한다. • 이야기를 듣고 궁금한 것에 대해 질문한다.	
	바른 태도로 듣기	• 다른 사람의 이야기를 끝까지 주의 깊게 듣는다.	
말하기	낱말과 문장으로 말하기	• 정확한 발음으로 말한다. • 다양한 단어를 사용하여 상황에 맞게 말한다. • 일상에서 일어나는 일들을 다양한 형태의 문장으로 말한다.	숲활동 공간 소꿉놀이터에 마련된 찌그러진 냄비, 주걱, 후라이팬은 흙, 풀, 달팽이, 개미, 달개비 꽃 등 모든 자연물과 함께 놀이 천국이 된다. 교사가 주제를 정해 주지 않아도 자연스럽게 활동 주제가 생기고 이야기가 이어진다. 순식간에 숲은 음식점이 되고, 아이들은 주방장과 손님이 된다. 그러면서 역할 놀이가 펼쳐진다.
	느낌, 생각, 경험 말하기	• 자신의 느낌, 생각, 경험을 적절한 단어와 문장으로 말한다. • 주제를 정하여 함께 이야기를 나눈다. • 이야기 지어 말하기를 즐긴다.	
	상황에 맞게 바른 태도로 말하기	• 듣는 사람의 생각과 느낌을 고려하여 말한다. • 때와 장소, 대상에 알맞게 말한다. • 바르고 고운 말을 사용한다.	

의사소통			숲유치원
읽기	읽기에 흥미 가지기	• 읽어 주는 글의 내용에 관심을 가진다. • 주변에서 친숙한 글자를 찾아 읽어 본다.	숲유치원에서는 마무리모임을 할 때에 그림책, 동화책을 읽어 주는 게 정례화 되어 있다. 책은 보통 아이들의 의견에 따라 선택한다.
	책 읽기에 관심 가지기	• 책 읽는 것을 즐기고 소중하게 다룬다. • 궁금한 것을 책에서 찾아본다.	
쓰기	쓰기에 관심 가지기	• 말이나 생각을 글로 옮길 수 있음을 안다. • 자신의 이름과 주변의 친숙한 글자를 써 본다. • 자신의 느낌, 생각, 경험을 글자와 비슷한 형태나 글자로 표현한다.	글씨 쓰기에 관심을 보이는 유아가 땅을 평평하게 고르고 가늘고 긴 나뭇가지를 길고 짧게 잘라 이름자를 만든다. 가령, 'O'자는 유연한 긴 나무줄기를 구부리고 잘라 만든다. 이런 활동을 통해 유아들은 손끝 놀림의 유연성을 기르고 쓰기 도구를 쉽게 익힐 수 있다.
	쓰기 도구 사용하기	• 여러 가지 쓰기 도구에 관심을 가진다. • 쓰기 도구의 올바른 사용법을 익힌다.	

3. 사회관계

목표: 자신을 존중하고 다른 사람과 더불어 생활하는 태도를 기른다.
사회관계 영역의 목표는 유아 자신에 대한 긍정적인 자아 존중감을 형성하고, 자신 및 다른 사람의 정서가 나와 다를 수 있음을 느끼거나 이해하여 자신의 감정을 조절하고 적절한 방법으로 표현함으로써 더불어 살아가는 능력과 바른 인성을 기르는 데 있다. 또한 지역사회와 우리나라 및 세계 여러 나라에 대한 관심을 갖고 공동체 의식을 갖춘 유능한 시민의식을 유아기부터 기르는 데 목표를 둔다. (누리과정에서 발췌)

우리는 관계와 관계가 연결된 그물망 속에서 살아간다. 개인과 개인, 개인과 집단, 집단과 사회, 사회와 국가, 국가와 국가 등이 복합적으로 연결되어 있는 이 그물망은 규칙, 예의, 도리 등과 같은 기본 질서를 지킴으로써 보다 건강하게 유지된다. 유아기에 기본 질서를 지킬 줄 아는 시민의식과 바른 인성을 함양하는 교육은 밝은 사회와 미래를 보장하기에 더욱 중요하다.

누리과정에서 밝히는 사회관계란, 유아가 자신을 알고 소중하게 생각하며, 가족 또는 또래와 함께 지내는 방법뿐만 아니라 주변 세계에 관심을 가지고 적응해 나갈 수 있는 기초 능력과 인성을 기르기 위한 영역이다. 누리과정에서 추구하는 사회관계를 숲유치원에 연계하면 이러하다. 숲유치원은 공동체적인 유대관계와 인간과 자연의 공존 그리고 생명과 생태를 중시하는 교육이념을 바탕으로 이루지고 있다. 자연과 공존하는 생활 속에서 유아는 뭇생명에 대한 경외감을 갖게 되고, 유아들은 자기 자신도 자연의 일부임을 느끼게 된다. 또한, 숲유치원은 미래를 이끌어갈 유아들에게 필요한, 삶의 변화에 적응할 수 있는 능력을 키우는 미래지향적인 교육을 제공한다.

1) 나를 알고 존중하기

누리과정에서 '나를 알고 존중하기'는 유아들이 자기 자신에 대한 인식에서부터 시작하여 자기 몸과 마음을 소중히 여기는 태도를 갖게 하며, 이러한 자아 존중감을 바탕으로 자기 일을 스스로 계획하고 실천하는 자기 주도성을 형성하는 경험을 하는 것으로 구성되어 있다.

나를 알기 자신의 존재가치, 즉 나를 아는 방법에는 여러 가지가 있다. 누리과정에서처럼 부모님으로부터 출생과 가족관계에 대해 들어보며 자신의 존재에 대한 근원을 알 수 있다. 반면, 숲유치원에서는 유아가 신체적 경험을 통해 자신의 존재 가치를 인식한다. 신체 활동을 통해 유아들이 느끼는 '나는 무엇을 할 수 있고, 어떤 것에 영향력을 행사할 수 있다'는 것은 특히, 능력을 요구하는 상황에서 자신감을 가지는 데 기본이 된다.(2010, 레나

테 침머Renate Zimmer)

숲유치원은 신체 활동을 통한 움직임의 교육이라고 말할 수 있다. 활발한 움직임으로 함께 생활하는 다른 나라에서 온 친구, 다문화 가정의 친구들의 신체적 문화적 차이를 이해하고 인정할 줄 알게 된다.

누리과정: 나에 대해 알아보고, 나와 다른 사람의 신체적, 사회적, 문화적 차이를 인정한다.

나를 소중히 여기기 숲유치원에 다니는 유아들은 활동하기 좋은 복장에 모자를 쓰고, 배낭을 메고 등원한다. '나는 매일 숲으로 놀러간다'라고 아주 자랑스럽게 말한다. 기관이나 주 1회나 한 달에 몇 차례 숲활동을 하는 유아들은 숲에 가는 날을 기다리고, 그런 날에는 평소보다 일찍 일어나는 현상을 보인다고 한다. 가고 싶은 곳에 가고, 놀고 싶은 것을 하며 주변을 이해하고, 감성을 키우고, 자립심을 키우는데 긍정적인 사고와 자아 존중감이 형성되는 것은 당연한 결과이다.

누리과정: 자신에 대한 긍정적인 자아 존중감은 자신의 외모, 성, 행동, 정서, 능력, 흥미 등을 소중히 여기는 마음에서부터 출발한다.

나의 일 스스로 하기 외부로부터의 도움을 최소화하고 숲활동 공간에서 스스로를 보호하며 활동한다는 것은 엄청난 주의를 요구한다. 게다가 유아들은 행동에 대한 결정과 책임을 고스란히 자신에게 돌아온다는 것을 알고 있다. 날씨 변화에 따라 옷을 벗고 입는 것은 기본이며, 드넓은 숲에서 자칫 잃어버리기 쉬운 가방이며 모자, 윗도리를 챙기는 것도 유아 자신의 몫이다. 누리과정에서 요구하는 '내가 할 수 있는 일은 스스로 한다'의 세부 사항인 식사 후 양치질, 손 씻기, 세수하기 등도 이루어지고 있다. 그러나 서두에서 언급한 내용들은 누리과정 '나의 일 스스로 하기'의 계획-실천-평가라고 하는 일련의 과정이 이루어지며 성취감을 느끼는 활동이다.

2) 나와 다른 사람의 감정 알고 조절하기

자신의 감정을 알고 표현한다 숲유치원의 하루일과 진행은 조그마한 징이나 리코더, 트라이앵글, 오카리나를 이용해 알린다. 유아가 간단히 사용할 수 있는 악기일 경우에는 당번을 정해 번갈아 가며 알림 역할을 맡는다. 가끔 유아들끼리 서로 그 역할을 하겠다고 시비가 일어나기도 한다. 이때 교사는 바로 개입해 상황을 수습하기보다는 유아들 스스로 해결할 수 있도록 시간을 두고 지켜본다. 물론, 다른 유아들도 자연스럽게 이러한 광경을 목격하게 된다. 당사자들은 울기도 하고 화도 내면서 감정이 격앙되지만 결국, 당번은 자기 역할에 대한 정당성을 명확히 표현하고, 애초 정한 약속을 어기고 역할을 뺏으려 한 유아는 사과를 한다.

누리과정: 유아는 자기가 가지고 있는 다양한 감정을 상황에 맞게 적절하게 표현하며, 사회적으로 수용될 수 있는 올바른 감정표현 방식을 익히게 된다.

다른 사람의 감정을 알고 공감한다 숲소파 한가운데 잘려진 나무둥지 위에 화난 얼굴을 한 자연물 인형과 웃는 얼굴을 한 자연물 인형, 슬픈 표정을 한 자연물 인형을 각각 올려놓는다. 아이들은 둥글게 앉아 현재 자기감정을 표현하고 있는 인형을 골라 자리로 돌아가 앉은 뒤, 자기감정이 왜 화나고, 기쁘고, 슬픈지 그 까닭이나 자기 바람을 이야기한다.

누리과정: 여러 가지 표정과 감정이 담긴 사진을 보고 느껴지는 기분을 이야기해 보면서 다른 사람의 감정을 읽어 볼 수도 있다. 또는 다른 사람의 감정을 공감해 볼 수 있는 역할극, 토의 등을 해 본다.

3) 가족을 소중히 여기기

친구의 가족 구성원에 대해 알아본다 둥글고 넓적한, 네모나거나 세모난, 크고 작은 돌멩이를 이용해 땅바닥에 가족 구성원을 표현하는 가족사진을 만든다. 그리고 자기 가족을 소개하는 시간을 갖는다. 유아들은 여러 친구들의 다양한 가족 구성원에 대해 알게 된다.

누리과정: 교사는 유아들이 한쪽 부모나 또는 할머니, 할아버지와 사는 친구도 있음을 이해하고 바람직한 관계를 맺을 수 있도록 해야 한다.

가족은 서로 도우며 살아야 하는 것을 알고 실천하다 흙 위에 자연물로 가족사진을 만든 뒤에는 가족과 관련된 그림책을 읽거나 그림 그리기를 한다. 완성된 그림은 나무와 나무 사이를 연결한 긴 줄에 집게를 이용해 전시한다.

누리과정: 기관의 벽에 다양한 가족사진과 유아들이 그린 그림을 걸고, 가족 이야기도 함께 붙여 준다.

4) 다른 사람과 더불어 생활하기

친구와 사이좋게 지내기 낙엽으로 뒤덮인 숲에서 활동하던 유아들이 나무 막대기를 들고 낙엽을 모으기 시작한다. 한두 명이 시작한 활동이지만, 순식간에 많은 유아들이 참여한다. 눈 깜짝할 사이에 모인 낙엽은 푹신한 침대가 된다. 유아들은 그 '낙엽침대'에 몸을 내던지며 신 나게 논다.

누리과정: 혼자 놀이를 하는 것도 필요하지만, 친구들과 함께 생각하고 행동하면서, 협동의 효과와 즐거움을 느끼도록 한다.

공동체에서 화목하게 지내기 전형적인 숲유치원은 학부모들이 조합을 구성해 운영하고, 한 그룹 만 3세-5세 통합 연령 20명을 기본으로 한다. 사무적인 일이나 운영의 회계 부분 그리고 교사 부재시 인력 충원까지 역할을 분담해 모두 하나의 가족 공동체가 된다. 유아는 내 부모와 가족 구성원의 존재를 정확히 인식하기도 하지만, 이웃 간의 관계에서 이루어지는 공동체의 의미와 소중함을 생활 속에서 배운다. 그리고 통합 연령이 함께 어우러지며 서로 협동하고 양보하는 미덕을 배운다. 숲활동 경험이 있는 유아가 숲활동을 막 시작한 유아를 이끌어주며 우애를 다지기도 한다. 일례로 경사진 언덕 미끄럼틀을 내려오지 못하는 동생을 형이 양팔로 감싸 앉고 용기를 주며 내려오기도 한다. 한번 두려움을 이겨 낸 어린 동생은 도움을 준 형에게 고마운 마음을 갖게 된다. 그리고 숲유치원 활동 중에는 어머니 혹은 할머니가 동화를 읽어 주는 날이 있다. 할아버지가 주 3-4일 숲에서 함께 활동하며 연장을 다룬다든가 수리하는 부분을 도와주고 아이들과 함께 놀아 주기도 한다. 조부모가 안 계시거나 멀리 떨어져 사는 유아들에게 긍정적인 영향을 준다.

누리과정: 원장과 교사, 교사와 보모, 기타 직원 등이 서로 화목하게 지내며, 기관 안팎의 모든 사람들이 서로 돕고 배려하는 분위기를 조성해야 한다.

5) 사회에 관심 갖기

지역사회에 관심 갖고 이해하기 여건이 되는 숲유치원에서는 일주일에 한 번은 점심을 직접 만들어 먹는다. 먼저 어떤 음식을 만들지를 결정하고 필요한 재료가 무엇인지 알아본다. 그러고 나서 장보기, 요리하기, 상 차리기 등 역할을 나눈다. 장보기를 선택한 친구들은 교사와 함께 돈을 주고 물건을 직접 구입해 본다. 그러면서 지역의 특산물에 대한 지식을 얻게 되고 은행, 우체국을 비롯한 여러 형태의 건축물들을 보게 된다. 취학을 준비하는 유아를 대상으로 직업 탐방 프로젝트가 이루어진다.

누리과정: 동네 이름과 특징, 지역사회 주요 기관과 위치, 최근 변화 등에 관심을 가지면서 지역사회 일원으로서 유대감과 소속감을 느끼게 하며, 공간적, 사회적으로 내가 속한 지역사회를 알 수 있도록 한다.

우리나라에 관심 갖고 이해하기 숲유치원의 연간 프로그램에는 절기와 명절 등 사계절에 걸쳐 진행되는 전통문화와 축제가 포함된다. 이른 봄에 진달래꽃 화전 부치기를 시작으로 쑥버무리, 개떡과 같은 전통 음식을 만들기도 한다. 그밖에 짚풀박물관, 민속박물관과 같은 전통문화 박물관을 방문한다.

누리과정: 전래동화나 전래동요를 감상하거나 전통음식을 만들어서 먹어 보거나 전통놀이를 해 보면서 우리나라의 전통과 역사, 문화에 관심을 가질 수 있다.

세계 여러 문화에 관심 가지기 숲유치원 활동을 하면서 만나는 외국인을 기회로 해당 국가를 프로젝트로 연계한다. 지구본을 이용해 나라 위치를 찾아보고 그곳의 기후, 주거생활, 전통 옷과 음식, 언어 등에 대해 알아본다. 간단한 인사말을 배워 본다.

누리과정: 세계 여러 나라의 의상, 집 등은 그 나라의 날씨와 생활환경에 따라 어떻게 다른지 알아보기, 세계 여러 나라의 집 만들어 보기, 여러 나라의 전통 놀이 해 보기, 여러 나라의 음식 맛보기 등의 활동을 하고 비슷한 점과 다른 점을 비교하거나 각 나라별 문화의 특성과 장점을 이야기해 볼 수 있다.

사회적 가치를 알고 지키기 숲은 몸이 불편한 유아에게도 적합한 교육 공간이다. 국내에서도 장애통합 숲유치원이 운영되고 있고, 긍정적인 효과에 대해 관심이 모아지고 있다. 일례로, 목을 제대로 가누지 못하던 장애 유아가 휠체어에 몸을 의지하고 울퉁불퉁한 산길을 오르내리는 활동이 목을 곧게 가누는 신체적 변화로 나타났다고 한다.(용인 세움특수어린이집) 유아기 때부터 장애우와 함께 생활하면서 서로 다른 우리의 몸에 대한 이해와 배려를 익혀, 어울림이 지속적으로 이루어진다.

누리과정: 누군가의 약점과 특징을 놀리거나 특정 유아를 따돌리는 것에 대해 이야기를 나누며 놀림을 당하거나 따돌림을 받아 소외되는 친구의 마음을 헤아려 보는 경험을 갖는다.

누리과정의 사회관계 영역에서는 무엇보다도 유아의 자존감과 공동체성에 대해 강조하고 있고, 유치원은 활발한 신체적 움직임을 통한 자존감 형성 그리고 공동체적 운영 구조를 갖추고 있기 때문에 연계성이 높다. 숲유치원 출신 유아를 대상으로 한 여러 연구에서는 특히 사회성이 우수하다는 결과가 도출되었다.

사회 관계			숲유치원
주된 활동			연계 가능성 혹은 활동
범주	내용		
나를 알고 존중하기	나를 알기	• 나에 대해 알아본다. • 나와 다른 사람의 신체적, 사회적, 문화적 차이를 인정한다.	간식 시간 배낭에 챙겨 온 음식을 꺼내는 일부터 다시 정리하는 일까지 유아들이 스스로 하도록 지켜봐 주고 기다려 준다.
	나를 소중히 여기기	• 나에 대해 긍정적으로 생각하고 나를 소중하게 여긴다.	
	나의 일 스스로 하기	• 내가 할 수 있는 일을 스스로 한다. • 하고 싶은 일을 계획하고 해 본다.	
나와 다른 사람의 감정 알고 조절하기	나와 다른 사람의 감정 알고 조절하기	• 자신의 감정을 알고 표현한다. • 다른 사람의 감정을 알고 공감한다.	숲에서 이동 중 발견한 죽은 곤충의 무덤을 만든 후 계속 간다는 의견을 모으는 과정은 감정 조절을 요한다.
	나의 감정 조절하기	• 자신의 감정을 긍정적으로 조절한다.	
가족을 소중히 여기기	가족과 화목하게 지내기	• 가족의 의미와 소중함을 안다. • 가족과 사이좋게 지낸다.	찰흙과 자연물을 이용해 나무기둥에 가족 얼굴 만들기를 한다.
	가족과 협력하기	• 다양한 가족 구조에 대해 알아본다. • 가족은 서로 도우며 살아야 하는 것을 알고 실천한다.	
다른 사람과 더불어 생활하기	친구와 사이좋게 지내기	• 친구와 협동하여 놀이한다. • 친구와의 갈등을 긍정적인 방법으로 해결한다.	친구들과 함께 숲속 집짓기를 하며 무거운 나무는 협동해서 나른다.
	공동체에서 화목하게 지내기	• 다른 사람과 도움을 주고받고, 서로 협력한다. • 교사 및 주변 사람과 화목하게 지낸다.	

의사소통			숲유치원
사회에 관심 갖기	지역사회에 관심 갖고 이해하기	• 우리가 사는 동네에 대해 알아본다. • 다양한 직업에 관심을 갖는다.	주 1회 긴 산책 날, 숲을 벗어나 동네를 걷고, 지역 관공서나 병원 등을 방문한다.

4. 예술 경험

목표: 아름다움에 관심을 가지고 예술 경험을 즐기며, 창의적으로 표현하는 능력을 기른다.
예술 경험 영역의 목표는 유아가 자연과 사물을 대하면서 느낄 수 있는 예술적 감각을 창의적으로 표현하고, 심미적 태도를 지님으로써 아름다움을 즐기고 추구할 수 있는 소양을 기르는 데 있다. (누리과정에서 발췌)

우리 인간은 본능적으로 아름다움을 추구하는 존재이다. 좁게는 자기 자신을 가꾸고, 넓게는 미술, 음악, 건축, 요리, 무용 같은 예술을 통해 아름다움을 추구한다.

유아기에 형성된 미적 감각은 성인이 되어서도 삶에 지속적인 영향을 준다. 누리과정 예술 경험에서는 유아가 자연에서 아름다운 대상을 찾고, 또 스스로 아름다움을 표현하고 감상하는 능동적 태도를 가질 수 있도록 하는 것에 중점을 둔다. 숲유치원 유아들은 사계절을 숲에서 활동하는 덕분에 누구보다도 자연에서 다양한 아름다움을 만난다. 숲유치원 활동을 예술 경험의 세부 내용과 연계해 보자.

1) 아름다움 찾아보기
음악적 요소 탐색하기 도시에서 자라나는 유아들은 자연의 소리보다 기계음에 노출된 생활을 한다. 이에 견주어 숲유치원 유아들은 자연의 다양한 소리를 들으며 생활한다. 유아들은 새 종류마다 멜로디와 음색, 소리의 크기, 속도 등이 다름을 체험한다.

누리과정: 다양한 소리, 악기 등으로 강약, 속도, 리듬 등을 탐색한다.

움직임과 춤 탐색하기 유아들은 숲에서 몸을 다양하게 움직임이게 마련이다. 그러면서 숲에서 만나는 여러 자연현상이나 동식물들의 움직임을 보고 느끼고 경험하게 된다. 바람결을 타고 날아다니는 나뭇잎이며 꽃잎의 움직임, 선을 긋는 듯이 빠르게, 높고, 낮게 날아가는 새나 곤충들의 움직임 등을 직접 보고 느끼는 체험을 한다. 숲유치원에서는 '인디언 놀이' 같은 춤 활동을 한다. 인디언의 생활에 대해 유아들과 함께 알아본다. 그러고는 교사와 유아들이 함께 인디언 복장을 하고 노래하고 춤추며 숲속을 돌아다닌다.

누리과정: 유아가 주변의 다양한 움직임과 춤에 관심을 갖고 그 아름다움을 인식할 수 있도록 하기 위해서 교사는 스스로가 일상적인 자연의 변화에 민감해야 하며, 유아와 이를 소재로 한 대화를 즐길 수 있어야 한다. 이때 움직임의 요소인 모양, 힘, 세기, 바르기 등의 요소에 따라 각 움직임이 어떻게 같고 다른지 인식할 수 있도록 도와준다.

미술적 요소 탐색하기 비탈진 언덕길을 오르기 전에 나무 막대기 요술봉을 든 교사는 마술사가 되어 유아들의 양쪽 어깨를 치며 왕자와 공주로 변신시킨다. 그러고는 숲에서 잃어버린 왕관을 찾는 놀이로 이어간다. 형형색색 자연물을 살피며 누리과정에 언급된 미술적 요소 색, 질감, 모양, 공간 등을 접하는 기회가 된다.

누리과정: 유아는 성인에게는 당연하게 여겨지는 사물의 특성을 새로운 시작으로 바라보며 의문을 가지기도 하는데, 이러한 탐색적 시도는 대상에 대한 인식과 지각력을 높여 주는 동시에 감수성을 풍부하게 해 주므로 매우 중요하다.

초록빛 나뭇잎을 찧어 만든 자연염료를 사용하고, 붓 대신에 나무 막대로 그림을 그린다.

누리과정: 교사는 가급적 다양한 종류와 재질의 도구를 준비함과 동시에 유아에게 충분한 시간을 주고 직접 사용할 수 있는 공간을 마련해 준다.

2) 예술적 표현하기

음악으로 표현하기 아침모임에는 누리과정에서 요구하는 다양한 장르의 노래, 전래 동요, 외국 동요와 율동이 이루어지고 있다. 통나무를 이용해 리듬치기를 하고, 길이가 다른 나무를 엮어 만든 실로폰을 친다. 그러면서 즉흥적으로 만든 리듬에 노랫말을 붙여 노래를 부르기도 한다.

누리과정: '두껍아 두껍아', '우리 집에 왜 왔니?' 등의 놀이를 주의 집중 활동, 바깥놀이 활동, 게임 활동 등의 다양한 형태로 자주 경험하여 전래 동요에 익숙해지도록 한다. / 교사와 유아들이 함께 생활용품이나 자연물을 활용하여 리듬 악기를 만들어서 연주하는 즐거움을 느낄 수 있도록 한다.

움직임과 춤으로 표현하기 마무리모임에는 숲활동을 하면서 마주친 동물이나 곤충을 몸으로 표현해 본다. 커다란 나뭇잎으로 동물의 귀를 표현하기도 하고, 곤충의 날개를 표현하기도 한다.

누리과정: 간단한 율동이 포함된 집단 놀이를 한다. / 도구를 활용한 동작들은 움직임을 만드는 범위를 확장시키며, 유아가 표현 활동을 더 자연스럽고 흥미롭게 전개하도록 돕는다.

미술 활동으로 표현하기 생일을 맞이한 친구에게는 덩굴에 갖가지 꽃잎, 풀잎을 꽂아 만든 화관을 씌워 준다. 그리고 둥근 모양, 하트 모양, 별 모양으로 만든 흙 위에 밀가루를 살짝 뿌리고 꽃, 풀잎, 나뭇가지, 돌멩이 등으로 '흙케이크'를 준비한다.

누리과정: 유아는 또래와 공동의 작품을 구성하는 과정에서 각자의 미적 감각과 취향을 나누는 경험을 하게 된다.

극놀이로 표현하기 그리고 통합적으로 표현하기 극놀이를 할 대본을 유아들과 교사가 함께 결정하고, 교사는 대본을 몇 차례 반복해서 읽어 준다. 그런 다음 역할자의 의상과 소품을 어떻게 할 것인지 의논한다. 생일을 맞이한 유아는 친구들이 미리 만들어 놓은 종이왕관을 쓰고, 노란색 보자기를 어깨에 두른다. 그리고 왕비가 되었으면 하는 친구를 지목한다. 교사는 문지기 두 명, 신하 한 명을 선정한다. 그리고 나머지 유아들은 모두 숲속 요정이 된다. 교사가 대본을 읽으면, 역할자들은 내용에 따라 움직인다. 다른 교사는 중간에 피리 같은 악기를 이용해 효과음을 내는 것도 좋다.

누리과정 극놀이로 표현하기: 소품, 배경, 의상 등을 사용하여 다함께 극놀이를 한다.

누리과정 통합적으로 표현하기: 다양한 에술 경험을 극놀이로 표현함으로써 음악에는 관심이 있으나 미술에 관심을 보이지 않는 유아의 흥미를 확장할 수 있다.

3) 예술 감상하기

다양한 예술 감상하기 그리고 전통 예술 감상하기 이 두 가지 누리과정 예술 경험 영역은 주로 예술 공연이나 전시장을 방문해서 유아들이 예술의 다양성을 인식하는 기회를 통해 이루어질 수 있다. 우리나라 전통 예술 또한 미술이나 음악 공예 등 다양한 분야에서 경험 및 체험 활동을 하도록 한다.

예술 경험			숲유치원
주된 활동			연계 가능성 혹은 활동
범주	내용		
아름다움 찾아보기	음악적 요소 탐색하기	• 다양한 소리, 악기 등으로 강약, 속도, 리듬을 탐색한다.	나무와 나무 사이에 광목 천을 팽팽하게 이어서 캔버스처럼 해 준다. 주변에 있는 나뭇잎을 갈아서 천연 색소를 만들어 그림을 그려 볼 수 있게 한다.
	움직임과 춤 탐색하기	• 움직임과 춤의 모양, 힘, 세기, 바르기, 흐름 등을 탐색한다.	
아름다움 찾아보기	미술적 요소 탐색하기	• 자연과 사물에서 색, 질감, 모양, 공간 등을 탐색한다. • 여러 가지 재료와 도구를 자유롭게 탐색한다.	흙도 물감이 되고 초록색 잎은 초록색 물감이 되고 붉은 열매를 주스처럼 갈아서 아름다운 붉은 빛깔을 낸다. 화폭 가득 아이들의 그림이 환상적인 분위기를 자아낸다.
예술적 표현하기	음악으로 표현하기	• 노래로 자신의 생각과 느낌을 표현한다. • 전래 동요를 즐겨 부른다. • 리듬과 노래 등을 즉흥적으로 만들어 본다.	• 두 갈래로 된 나뭇가지의 양쪽 끝 같은 높이에 작은 홈을 판다. 철사에 못으로 구멍을 낸 양철 병뚜껑 꿴 다음 나뭇가지 양쪽에 묶는 다. • 양손에 나무 막대기, 커다란 나뭇잎 등을 잡고 '즐겁게 춤을 추다가'를 부르며 놀이를 한다. • 나무 양쪽을 버팀목으로 옥양목 천을 메달아 자연물로 그림 그리기를 가리개로 사용한다.
	움직임과 춤으로 표현하기	• 신체를 이용하여 주변의 움직임을 다양하게 표현한다. • 춤으로 자신의 생각과 느낌을 표현한다. • 다양한 도구를 활용하여 창의적으로 움직인다.	
	미술 활동으로 표현하기	• 미술 활동으로 다양한 미술 활동으로 자신의 생각과 느낌을 표현한다. • 협동적인 미술 활동에 참여하여 즐긴다. • 미술 활동에 필요한 재료와 도구를 다양하게 사용한다.	

예술 경험			숲유치원
예술적 표현하기	극놀이로 표현하기	• 경험이나 이야기를 극놀이로 표현한다. • 소품, 배경, 의상 등을 사용하여 협동적으로 극놀이를 한다.	
	통합적으로 표현하기	• 음악, 움직임, 미술, 극놀이를 통합적으로 표현한다. • 예술 활동에 참여하여 창의적인 표현 과정을 즐긴다.	
예술 감상하기	다양한 예술 감상하기	• 다양한 음악, 춤, 미술 작품, 극놀이 등을 듣거나 보고 즐긴다. • 나와 다른 사람의 예술 표현을 소중히 여긴다. • 다른 문화의 예술 작품에 관심을 가진다.	숲활동을 하기 어려운 더운 여름에는 지역의 문화 시설을 방문하여 사물놀이를 체험하거나 한국 무용을 관람하고 따라 해 본다. 그리고 문화 시설에 방문하였을 때는 질서와 예절을 지켜서 다른 사람에게 방해가 되지 않아야 함을 알게 한다.
	전통 예술 감상하기	• 우리나라의 전통 예술에 관심을 갖고 친숙해진다.	

5. 자연 탐구

목표: 호기심을 가지고 주변 세계를 탐구하며, 일상생활에서 수학적, 과학적 문제 해결 능력을 기른다.

자연 탐구 영역은 궁극적으로 사회 구성원 모두가 급변하는 사회 속에서 합리적으로 사고하고 창의적으로 탐구하면서 문제를 해결함과 동시에 자연과 조화로운 삶을 이룰 수 있도록 한다. 또한 유아가 생활 속에서 부딪치는 문제를 논리 수학적으로 해결하고, 관심 있는 사물과 생명체 및 자연현상에 대해 탐구하면서 자연에 대해 존중하는 마음과 기초 지식을 구성하는 데 중점을 둔다. (누리과정에서 발췌)

자연은 그리스어로 피시스physis라고 하는데 '태어나다'라는 동사에서 유래하여, 본래 '생성生成'이라는 뜻이 있다. 자연의 섭리와 질서 속에서, 숲은 끝없이 변화하고 있다. 숲유치원은 이러한 숲을 교육 공간으로 활용하고 있다. 인류의 환경 역사를 바꾼 책으로 잘 알려진 「침묵의 봄」을 쓴 레이첼 카슨은 "자연을 느끼는 것이 자연을 아는 것보다 중요하다"고 했다. 누리과정 자연 탐구에서도, 유아기 때에는 숫자나 과학 지식을 아는 것보다 자기 주변에 있는 사물과 자연 현상에 대해 궁금증을 가지고 끊임없이 탐구하는 태도를 형성하는 게 중요하다고 언급하고 있다.

숲유치원에서 유아들은 늘 변화하는 숲을 자기 눈높이에서 바라본다. 유아들은 자발적이며 능동적으로 활동하며 오감을 통해 자연을 느낀다. 그런 활동을 하면서 일어나는 자연스러운 호기심은, 유아가 자기 주변에 있는 자연을 탐구하는 활동으로 이어진다. 이러한 체험을 한 유아는 자연에 대한 느낌과 생각을 표현하는 능력이 남다르다. 또한 숲유치원에서 이루어지고 있는 실제적인 사물과 사실에 근거한 자연 체험은 누리과정 자연 탐구 영역의 활동에서 언급된 '유아에게 다양한 실물 자료와 자연 체험의 기회를 풍부하게 제공하여 자발적인 경험, 비경험적 경험, 그리고 형식적 경험을 모두 가능하게 한다'는 내용과의 연계성이 매우 크다.

1) 탐구하는 태도 기르기

호기심을 유지하고 확장하기 숲에는 유아들의 놀잇감이나 지적 호기심을 불러일으킬 수 있는 소재가 무수히 많다. 유아들은 숲에서 만나는 여러 가지 자연현상이나 동식물의 생태를 그냥 넘기지 않고, 그 변화를 인식하고 심미적 언어로 표현하기도 한다. 아울러 '왜'라는 질문을 던진다. 일례로, 어느 날 아침 한 유아가 비에 젖어 있는 바위를 보았는데, 낮에 해가 나서 바위에 있던 물기가 사라진 것을 보았다. 그 유아가 "어! 바위에 물이 어디 갔지?"라고 질문하자, 다른 친구들이 저마다 생각을 말했다. "바위가 목이 말라 마셨나 봐.", "아니야! 하늘로 날아갔어."

누리과정: 유아가 자신과 주변 세계에 대해 호기심을 나타내는 것은 지속적인 탐구의 출발점이 될 뿐만 아니라 창의성의 원천이 되기도 한다.

탐구 과정 즐기기 숲유치원에서의 자연 탐구는 사계절의 연속성 상에서 이루어지는 게 큰 장점이다. 한겨울을 이겨 낸 앙상한 나뭇가지에서 움이 트고, 그 움 속에서 꽃이나 연두빛 새싹이 자라는 과정을 보고, 냄새를 맡아 보고, 만지며, 느끼고 예측한다. 화사하게 피었던 꽃잎이 떨어지고, 모양과 색이 변하고 썩어 흙이 되는 사실적 현상을 목격한다. 유아들은 애기똥풀에서 나온 노란색 액체를 손톱에 발라 보고, 나뭇잎이나 나무 기둥에 문질러 보고, 도화지에 그림을 그려 본다. 그리고 교사와 함께 애기똥풀을 이용해 천연염색을 해 본다.

누리과정: 유아는 또래 및 교사와 함께 궁금증을 해결하기 위해 여러 가지 방법을 사용하여 탐구하는 과정을 통해 자신이 관찰한 사건이나 상황에 대해 점차 깊이 있게 받아들이고, 이를 올바르게 인식할 수 있는 능력과 태도를 기르게 된다.

탐구 기술 활용하기 유아들은 썩은 나무껍질 밑이나 흙바닥에 오래도록 놓여 있던 돌 밑에 사는 작은 곤충들을 만나게 된다. 유아들은 습기가 많거나 어두운 환경에서 사는 생물에 호기심을 보이며, 돋보기를 들고 관찰한다. 그러고는 생물을 그림으로 표현해 본다. 민들레 꽃대 아래쪽에서부터 위쪽으로 길게 열십자 모양을 낸 뒤, 물에 담가 두면 도르르 말리는 현상을 관찰한다. 꽃대를 잘라 피리처럼 소리를 내 보기도 한다. 꽃이 지고 난 뒤에 생기는 홀씨를 불며 바람 세기에 따라 이리저리 다른 모양으로 흩어지며 날아가는 모양을 주의 깊게 살펴본다. 또 비가 올 때의 솔방울 모양과 햇볕이 날 때의 솔방울 모양이 다른데, 유아들은 그 솔방울의 변화를 살펴본다. 다양한 시도로 솔방울을 변화시켜 보며, 변화의 원인을 알아본다. 다음에 숲에 갈 때 날씨에 따라 솔방울이 어떻게 달라졌을지 예측해 본다.

누리과정: 유아로 하여금 주변의 자연물과 자연 환경을 지각하고 인식하며 반복적으로 탐색하는 과정을 통해 문제를 탐구하는 방법을 익힐 수 있도록 하는 내용이다.

2) 수학적 탐구하기

수와 연산의 기초 개념 형성하기 숲활동을 하는 유아들은 자연물이나 뭇생명을 통해 수를 배운다. 곧, 나무에 날아드는 새나 다람쥐, 풀잎, 낙엽, 잠자리 등 그 수를 더하거나 빼면서 연산에 대한 기초 개념을 익힌다.

누리과정 생활 속에서 사용되는 수의 여러 가지 의미를 안다: 수가 물체를 헤아려 수량을 알아보기 위해서 사용될 뿐 아니라, 순서를 나타내기 위해서 또는 이름 대신 사용되는 것을 생활 속에서 경험해 보는 내용이다.

아카시아 잎 개수가 같은지 확인한 후, 가위바위보를 해서 진 사람이 잎을 하나씩 따는 놀이는 부분이 모여 전체를 그리고 전체가 부분임을 아는 수학적 탐구와 연계된다. 아카시아 잎 따기 놀이는 더 많은 잎을 달고 있는 가지를 찾기 위해 어림수로 셈을 해 보기도 하고, 누구 것이 더 많은지 서로 비교하게 된다.

누리과정 수량의 부분과 전체 관계를 안다: 유아는 수 세기를 통해 '몇 개'라는 수량적 의미를 알게 되며, 이에 기초하여 점차 수들 간의 관계를 이해하게 된다.

숲유치원에서는 아침모임이나 이동하면서 인원을 파악하는데, 그날의 당번은 인원을 파악하면서 자연스럽게 수 세기를 익힌다.

누리과정 스무 개 가량의 구체물을 세고 수량을 안다: 유아는 수를 세면서 수의 수량적 의미를 알게 된다.

솔잎으로 만든 원에 솔방울을 던져 넣는 놀이를 한다. 원 안에 들어간 솔방울과 원 바깥에 있는 솔방울 수를 알아보고 처음 개수와 대조해 본다.

누리과정 구체물을 가지고 더하고 빼는 경험을 해 본다: 유아가 일상생활이나 놀이에서 구체물을 사용하여 수량을 더해 보거나 빼 보는 경험은 이후 덧셈과 뺄셈의 기초를 형성하게 된다.

공간과 도형의 기초 개념 형성하기 숲유치원의 기본적인 공간은 대피소와 숲 소파 그리고 놀이 활동 장소이다. 놀이 활동 장소는 보통 두세 군데가 있는

데, 자연환경 특징에 따라 유아들이 의견을 모아 이름을 붙인다. 유아들은 숲활동을 하면서 '가깝다'거나 '멀다'라는 거리 감각을 자연스럽게 익히게 된다. 숲유치원 대피소나 숲소파 같은 시설의 위치에 대한 방향 감각 등 자신들의 교육 공간이자 생활 공간인 숲을 입체적으로 파악하게 된다.

누리과정 위치와 방향을 여러 가지 방법으로 나타내 본다: 유아가 자신을 중심으로 방향과 위치, 거리에 대해 지각하고 탐색하면서 점차 공간 내에서의 물체의 위치, 방향, 거리를 인식하고 설명하게 되는 내용이다.

숲에서 유아들은 수많은 형태의 자연물을 오감으로 만난다. 숲에 널브러져 있는 자연물들은 유아들이 수학적 개념의 네모, 세모, 동그라미와 같은 평면도형과 원 기둥, 사각 기둥, 공 모양과 같은 기본 입체 도형의 성질과 특성을 인식하는 도구이다. 간단한 예로, 비 오는 날 약간 경사진 길을 따라 흘러내려 가는 물줄기를 보고 있던 유아들이 돌로 '물길과 댐을 만들기 시작했다. 삐뚤빼뚤하지만 사각 기둥 모양, 둥근 공 모양, 넙적한 모양의 크고 작은 돌들을 촘촘히 늘어놓거나 쌓아올린다. 모양에 따라 형태가 유지되기도 하고 무너지기도 하는 사실을 유아들은 직접 경험한다. 서로 다른 도형의 공통점과 차이점을 시각과 손 감각을 통한 촉각으로 인식한다.

누리과정 다양한 기본 도형의 공통점과 차이점을 인식한다: 유아가 알고 있는 다양한 기본 입체 및 평면 도형의 특성을 알고 공통점과 차이점을 구분하는 내용이다.

숲놀이 중 나뭇잎이나 풀을 여러 각도로 잘라서 흩어 놓은 다음 도형을 맞추는 놀이는 도형을 나누고 합하는 칠교놀이와 연계 가능하다.

누리과정 기본 도형을 사용하여 여러 가지 모양을 구성해 본다: 유아가 기본 도형을 나누고 합하여 여러 가지 모양으로 구성하고, 이를 통해 부분과 전체의 관계를 탐색하는 내용이다.

기초적인 측정하기 숲에서 유아들은 다양한 크기와 무게의 나무토막, 나무뿌리, 돌멩이, 흙, 열매 등 무수한 자연물을 이쪽 저쪽으로 나르고, 쌓고, 굴러 내리고, 끌어당기는 활동을 한다. 오감과 직감까지 사용하는 이러한 놀이는 길이, 무게, 공간에 대한 측정 활동을 포함한다.

누리과정 일상에서 길이, 크기, 무게, 들이, 시간 등의 속성에 따라 비교하고, 순서를 지어 본다: 유아가 일상생활에서 사물의 측정 가능한 속성을 인식하면서 눈으로 가늠하고 만져 보는 등 감각적 방법으로 비교하고 순서 지어 보도록 하는 내용이다.

숲에서 흔히 볼 수 있는 지렁이, 나뭇잎, 나뭇가지 들은 유아가 길이에 대한 궁금증을 감각적으로 측정하는 대상이 된다. 손바닥을 기본 측정 단위로, 크고 작은 나뭇잎 길이를 재어 보고, 비에 젖은 길 위에서 발견한 길고 짧은 지렁이를 발견하고는 손가락을 가지런히 모은 손바닥으로 길이를 재 본다.

누리과정 임의 측정 단위를 사용하여 길이, 면적, 들이, 무게 등을 재 본다: 유아가 측정을 위해 자신의 신체나 연필, 블록 같은 주변의 측정 단위를 사용할 수 있도록 하는 내용이다.

규칙성 이해하기 누리과정에서는 유아가 경험하게 되는 규칙성은 그 규칙이 지닌 감각 자극을 중심으로 시각적, 청각적, 운동적 규칙성으로 구분할 수 있다고 언급한다. 숲에서 일어나는 현상과 관련해서 대표적으로 사계절의 계절 변화는 시각적 규칙성으로 그리고 딱따구리와 부엉이 등과 같은 새소리는 청각적 규칙성, 피보나치 수열이 적용된다고 하는 꽃잎의 개수는 운동적 규칙성과 연계된다.

누리과정 생활 주변에서 반복되는 규칙성을 알고 다음에 올 것을 예측해 본다: 유아가 일상생활에서 다양한 규칙성을 찾고 그것을 토대로 다음 상황을 예측할 수 있음을 의미한다.

하얀 눈이 쌓여 있는 숲길을 걸으며 일정한 간격으로 남는 발자국에서 그리고, 걷는 속도에 따라 친구의 배낭에 매달린 작은 인형이 일정하게 움직이는 것에서도 규칙성을 발견한다. 스스로 규칙성을 형성하기는 서로 다른 모양과 크기의 열매로 패턴을 만드는 놀이와 연계된다.

누리과정 스스로 규칙성을 만들어 본다: 유아가 단순한 규칙성을 이해하는 것에서 더 나아가 이를 응용하며, 스스로 규칙성을 형성할 수 있도록 하는 내용이다.

기초적인 자료 수집과 결과 내기: 숲에 있는 버섯들의 모양과 특성을 관찰하고, 도감에서 버섯의 이름과 종류를 찾아본다.

누리과정 필요한 정보나 자료를 수집한다: 유아가 일상생활에서 만나는 수많은 정보나 자료 중에서 필요한 정보를 선별하여 수집할 수 있도록 하는 내용이다.

비 내린 뒷날에는 새로 돋아난 버섯을 찾아본다. 미리 도감을 준비하여 버섯의 이름과 종류, 특징 등을 살펴본다. 교사는 버섯을 함부로 따거나 먹어서는 안 된다는 것을 유아들에게 미리 알려준다. 유아들이 버섯을 발견하면, 교사는 장갑을 끼고 버섯을 채취한다. 그렇게 채취한, 모양이 서로 다른 버섯들을 모은 뒤, 각각의 모양과 크기가 다름을 살펴본다. 유아들은 도감을 뒤져 보면서 채취한 버섯의 이름을 알아본다. 그런 뒤, 식용버섯과 독버섯을 분류해 본다. 또한, 우리가 먹는 버섯을 재배하고 있음도 알려 준다.

만다라 만들기는 유아들이 분류와 재분류와 연계한 놀이가 가능하다. 가을 숲속에서 동심원이 세 개로 이루어진 만다라 만들기를 하기로 하였다. 아이들은 나뭇잎과 솔방울을 주워 와 채우기로 하였는데 주워 온 종류는 두 가지이고 채울 공간은 세 곳이었다. 아이들은 두 가지를 세 가지로 나눌 궁리를 한다. 그리고 나뭇잎을 노랗게 변한 나뭇잎과 빨간색으로 변한 나뭇잎을 다시 분류하기 시작한다. 교사는 서로 다른 자연물을 다섯 가지(모양이나 색이 서로 다른 풀, 돌멩이, 나뭇가지, 꽃, 열매 등)를 보여주고 유아들이 찾아오게 한다. 그런 다음 한 군데 장소에 모아 놓게 한다. 나뭇가지로 둥글게 원을 만들고 그 안을 다섯 개 자연물로 채울 수 있도록 구분한다. 교사는 각 칸에 서로 다른 자연물 한 가지를 놓아 주고 유아들은 옆에 쌓여 있는 자연물에서 같은 자연물을 찾아 빈 공간을 채워 만다라를 완성한다.

누리과정 한 가지 기준으로 분류한 자료를 다른 기준으로 재분류해 본다: 수집한 정보와 자료를 어떤 기준과 속성에 따라 분류하고 조직하는 것이 적절한지 결정하는 것이다.

아이들은 활동하는 공간에 있는 나무의 종류에 따른 수 세기를 해 볼수 있다. 소나무는 몇 그루이고, 산딸나무는 몇 그루이며 왕벚나무는 몇 그루인지, 숲 교실에 가장 많은 나무는 어떤 것인지를 찾아볼 수 있다. 아이들은 나무의 숫자를 세어 가며 솔방울로 개수를 표시해 보기도 한다

누리과정 그림, 사진, 기호나 숫자를 사용해 그래프로 나타내 본다: 결과 나타내기의 과정으로 수집된 정보와 자료의 분류를 토대로 그 결과를 그림, 사진, 기호나 숫자를 사용해 그래프로 나타내는 것을 의미한다.

자주 가는 숲에 있는 나뭇잎을 주워 오게 한 뒤 긴 마끈을 줄로 친 후 집게로 전시해 준다. 전시된 나뭇잎을 보며 도감을 통해 정확한 이름을 알아본다. 7세 친구들에게 벚나무, 소나무, 참나무, 아까시나무, 밤나무라고 나무의 이름을 종이에 적게 한 뒤, 동그란 원을 나무 이름마다 땅바닥에 그리게 한다. 동그란 원 위에 나무 이름표를 놓아 주고 소나무의 수를 세어서 숫자만큼 솔방울을 원에 넣게 한다. 이렇게 하여 숲에 어느 나무가 많이 있는지 알아보며 자연스럽게 수와 대소 관계를 함께 알게 된다. 더불어 문자에 관심을 가지며 동생들도 글자를 인식하게 된다.

3) 과학적 탐구하기

물체와 물질 알아보기 숲활동에서 유아들은 '흙'이라는 재료 하나만으로도 물체와 물질에 관련한 질감, 냄새, 모양 등을 경험할 수 있다. 젖어 있던 땅이 얼어서 딱딱해지거나 날이 풀려 질척해지는 현상을 보면서, 딱딱함과 질척거림 따위를 알 수 있다. 흙의 종류에 따라 부드러움, 거침 따위의 질감을 인지할 수 있다. 또한 흙에 함유되어 있는 성분에 따라 색과 냄새가 다름을 알게 된다.

누리과정 주변의 여러 가지 물체와 물질의 기본 특성을 알아본다: 유아가 자신의 주변에서 경험하게 되는 물체나 물질에 대해 자연스럽게 그것의 크기, 모양, 색, 냄새, 소리, 무게, 질감, 점성 등 여러 가지 기본적인 특성을 파악해 보도록 하는 내용이다.

숲에서 활동하면서 유아들은 쉽게 부서지는 성질의 돌을 문질러 가루로 만들고, 초록빛 나뭇잎이나 꽃잎을 돌로 으깨어 조그만 통에 번갈아 넣어서 약이라며 만들 줄 안다. 놀이를 통한 탐색이 자연스럽게 일어나는 사례

이다.

누리과정 물체와 물질을 여러 가지 방법으로 변화시켜 본다: 유아로 하여금 물체와 물질의 기본 속성을 보다 적극적인 방식으로 탐색해 볼 수 있도록 하는 내용이다.

생명체와 자연환경 알아보기 애벌레 성장 과정을 살펴본 사례이다. 제비꽃잎에 앉아 있는 암끝검은표범나비애벌레를 발견한 뒤 잎과 함께 관찰통에 넣었다. 일주일이 지난 뒤에 은빛 점이 있는 번데기가 되고, 다시 이주일이 지난 어느 날 아름다운 나비가 되었다.

누리과정 관심 있는 동식물의 특징과 성장 과정을 알아본다: 여러 가지 동물이나 식물에 대한 단편적인 지식을 다루는 것이 아니라 유아 자신이 관심 있는 동식물을 기르거나 관찰하면서 필요한 지식을 알아 가는 것에 중점을 두는 내용이다.

징검다리를 건너고, 나무에 오르고, 균형을 잡으며 통나무를 건너는 활동을 하면서, 유아들은 자기의 신체 능력이 몇 달 전에 견주어 부쩍 성장했음을 알게 된다. 출생과 성장을 연계한 놀이로는, 흙바닥에 자연물을 이용해 애기 때 모습과 현재의 모습을 표현하는 활동을 한다.

누리과정 나와 다른 사람의 출생과 성장에 대해 알아본다: 우리의 몸은 시간에 따라 변한다는 사실에 중점을 두어 과거와 현재를 비교하고 미래를 예측한다.

마치 집안 구석구석을 꿰고 있듯이, 숲유치원 유아들은 숲 어디에 낙엽이 많이 쌓여 있고, 웅덩이가 있고, 쓰러진 나무가 있고, 가파른 길이 있는지 잘 알고 있다. 유아들은 각기 다른 숲의 다양한 환경을 경험하면서 수많은 벌레와 곤충을 만나게 된다. 징그럽다거나 두렵다는 선입관에서 벗어나게 된다. 그리고 숲이라는 삶의 공간에 인간과 뭇생명이 공존하고 있음을 알게 된다. 숲길을 걷다가 죽어 있는 곤충을 발견한 유아들은 무덤을 만들어 주기도 하는데, 이것은 바로, 뭇생명에 대한 깊은 애정에서 발현되는 행동이다.

누리과정 생명체의 소중함을 알고, 생명체가 살아가기에 좋은 환경에 대해 알아본다: 유아기부터 모든 생명체는 상호 영향을 주고받는 존재임을 인식하고, 소중히 여기는 태도를 가지며, 적절한 환경에 대한 이해를 도모한다.

자연 현상 알아보기 숲유치원 유아들이 자연물에 호기심을 갖고 탐색하는 것은 일상이다. 시냇가에서 놀면서 물, 흙, 돌, 물고기 등에 관심을 가지고, 그 특성과 변화를 체험한다. 나뭇잎, 나무껍질, 긴 풀과 나뭇가지를 엮어 만든 여러 종류의 배를 띄워 보며, 물의 흐름에 따른 다양한 움직임을 경험한다. 물속에 있는 돌을 들추다가 그곳에 사는 가재 같은 생명체들을 발견하고 깜짝 놀라기도 하지만, 곧 가재의 모습과 작은 움직임에 호기심을 갖는다.

누리과정 물, 돌, 흙 등 자연물의 특성과 변화를 알아본다: 유아로 하여금 자연 속에서 돌, 물, 흙과 같은 자연물을 접함으로써 자연물의 상태와 변화를 느끼고, 자연물의 상태를 탐색하게 하는 내용이다.

숲은 사계절의 순환과 규칙을 오감으로 느끼는 최적의 교육 공간임을 여러 차례 언급했다. 계절에 따라 접할 수 있는 식물과 곤충, 동물들로도 유아들은 자연현상의 순환과 규칙을 인식한다. 나비(봄), 매미(여름), 개구리(여름), 잠자리(가을), 메뚜기(가을) 등 계절이 변하면서 숲의 일상에서 함께하는 뭇생명들이 달라지는 현상을 반복적인 경험을 통해 알게 된다. 숲은 계절에 따라 나뭇잎의 색과 양이 변하고, 날씨에 따라 습도가 달라지는 것을 아이들은 오감으로 느낀다. 비가 오는 날의 나무껍질에 붙은 이끼의 변화와 느낌, 햇볕이 잘 드는 곳에 자라는 식물과 햇볕이 잘 들지 않아도 잘 자라는 식물들을 생활로 보고 느낀다.

누리과정 낮과 밤, 계절의 변화와 규칙성을 알아본다: 낮과 밤, 계절의 변화와 같은 자연현상은 순환적이며, 일련의 규칙에 따라 일어난다는 것을 경험하는 내용이다.

간단한 도구와 기계 활용하기 숲유치원에서는 주 1회 연장 다루기를 한다. 감자를 깎는 작은 칼에서부터 도끼, 톱, 망치, 삽, 드라이버 등 유아들은 다양한 기계를 다루며 논다. 망치를 두드려 식물 탁본을 뜨기도 하고, 손절구를 이용해 식물 즙을 짜서 천연염료를 만들기도 한다, 감자 칼을 이용해 나무껍질을 벗기고, 톱으로 나무를 원하는 길이만큼 자르기도 한다. 나뭇가지를 나뭇잎에 꿰어 만들기를 하기도 한다. 아이들이 필요한 것을 만들기 위해 도구를 직접 다루면서 특징과 용도를 알아가고 안전하게 다루는 방법을 익힌다.

누리과정 생활 속에서 간단한 도구와 기계를 사용한다: 유아기부터 생활 속에서 간단한 도구와 기계를 직접 활용해 보는 경험을 통해 도구와 기계의 활용 능력을 기르게 하는 내용이다.

숲 가꾸기 현장에 참여할 수 있는 기회를 마련한다. 평소에 사용해 보던 조그만 톱과는 달리 커다란 전기톱으로 크고 두꺼운 나무가 순간에 베어지는 것을 경험하고, 크레인을 이용해 나무를 옮기는 모습을 본다. 그밖에도 숲 가꾸기에 사용되는 장비들을 직접 보고 사용 용도를 묻기도 한다.

누리과정 변화하는 새로운 도구와 기계에 관심을 갖는다: 유아에게 첨단 기술 발달에 따른 도구와 기계의 변화 및 이로 인해 달라지는 생활의 변화에 관심을 가지게 하는 내용이다.

숲 가꾸기 참여 수업에 이어서 지구의 허파 역할을 하는 아마존, 아프리카, 인도네시아 숲이 마구잡이 벌목으로 훼손되는 점과 그로 인한 환경파괴에 대해 이야기를 나눈다.

누리과정 편리한 물건이 때로는 해가 될 수 있음을 안다: 도구와 기계를 올바르게 사용하지 못하면 오히려 해가 될 수 있음을 알고, 도구와 기계의 양면성을 인식하도록 하는 내용이다.

자연 탐구			숲유치원
주된 활동			연계성
범주	내용		
탐구하는 태도 기르기	호기심을 유지하고 확장하기	• 주변 사물과 자연 세계에 대해 지속적으로 관심을 갖고 궁금해한다.	산책길에 거품처럼 생긴 알집을 발견하고 관찰통에 놓고 살펴보기로 했다. 2주 정도 시간이 지나자 작은 벌레가 거미줄 같은 실을 타고 구불구불 나오기 시작했다. 날이 갈수록 자라는 사마귀를 보고 유아들은 곤충의 일생을 배운다. 글을 잘 모르는 어린 친구들에게도 곤충의 일생에 대해서도 설명할 수 있게 된다. 경험을 통해 배운 지식이라 유아의 기억에 오랫동안 남아 있을 것이다.
	탐구 과정 즐기기	• 궁금한 점을 알기 위해 비교하기, 예측하기 등 다양한 방법을 활용한다.	
	탐구 기술 활용하기	• 나타난 결과에 기초하여 예측하고 적용한다.	
수학적 탐구하기	수와 연산의 기초개념	• 생활 속에서 사용되는 여러 가지 의미를 안다. 수량의 부분과 전체 관계를 안다. • 스무 개 가량의 구체물을 세고 수량을 안다. • 구체물을 가지고 더하고 빼는 경험을 해 본다.	숲에서 한 가지 열매를 수집하게 한다. -모아온 열매를 솔방울, 도토리, 밤, 편백나무 열매로 같은 종류끼리 분류해 본다. -각기 종류별로 몇 개인지 세어 본다. -모두 합하여 몇 개인지 함께 세어 보며 20까지의 수를 세어 본다. -솔방울의 개수와 도토리의 개수를 비교해 보며 수의 대소를 알아본다. -밧줄에 옷걸이 저울을 만든 후 밤 1개와 도토리 1개의 무게를 비교해 본다.
	공간과 도형의 기초 개념 형성하기	• 위치와 방향을 여러 가지 방법으로 나타내 본다. • 다양한 기본 도형의 공통점과 차이점을 인식한다. • 형성하기 기본 도형을 사용하여 여러 가지 모형을 구성해 본다.	-나뭇가지를 모아 오게 한다. 여러 가지 모양의 도형을 만들어 보게 한 후 이 도형들을 사용하여 집 모형과 자동차 모형 등을 만들어 보게 한다. -여러 가지 도형이 만나서 물체의 모형이 완성됨을 안다.
	기초적인 측정하기	• 일상에서 길이, 크기, 무게, 시간 등의 속성에 따라 비교하고, 순서를 지어 본다. • 임의 측정 단위를 사용하여 길이, 면적, 들이, 무게 등을 재 본다.	나뭇가지의 길이를 비교해 본다. 커다란 나무를 친구들이 빙 둘러서 안아 보고 어떤 나무가 더 굵은지 알아본다.

자연 탐구			숲유치원
수학적 탐구하기	규칙성 이해하기	• 생활 주변에서 반복되는 규칙성을 알고 다음에 올 것을 예측해 본다. • 스스로 규칙성을 만들어 본다.	다양한 나뭇잎을 모아온다. 잎이 뾰족한 나뭇잎과 잎이 넓은 나뭇잎을 분류한다. 활엽수와 침엽수를 분류하고 침엽수는 겨울이 되어도 늘 푸른 나무임을 안다. 집 주변에 잎이 뾰족한 나무를 찾아본다.
	탐구하기	• 필요한 정보나 자료를 수집한다. • 한 가지 기준으로 분류한 자료를 다른 기준으로 재분류해 본다.	
과학적 탐구하기	물체와 물질 알아보기	• 주변의 여러 가지 물체와 물질의 기본 특성을 알아본다. • 물체와 물질을 여러 가지 방법으로 변화시켜 본다.	봄이면 산에 가서 친구들이 땅에 엎드린다. 곤충이나 나뭇잎이 많지 않으니 자연스럽게 흙이 아이들의 놀잇감이 된다. 물통의 물을 섞어서 반죽을 하여 정성껏 쿠키를 만들고 마른 나뭇잎을 빻아서 가루를 뿌려 준다. 어떤 친구는 쇠똥구리가 되어 동그랗게 빚은 경단을 굴리며 산을 오르고 내리기도 한다.
	생명체와 자연환경 알아보기	• 관심 있는 동식물의 특성과 성장 과정을 알아본다. • 나와 다른 사람의 출생과 성장에 대해 알아본다. • 생명체의 소중함을 알고, 생명체가 살아가기에 좋은 환경에 대해 알아본다.	여름에 냇가에서 가재를 발견했다. 작은 돌맹이 아래 숨어 있던 가재를 발견한 후 아이들은 물가에도 생물이 있음을 알고 조용히 살금살금 바위를 들추고 가재를 찾는다. 잡아서 헤엄치는 모습도 살펴보고 먹이는 무엇인지 알아본다. 너무나 신기한 가재 집에 가져가겠다는 친구에게 다음날 냇가에 놓아 주기로 하고 가져갔으나 수돗물을 견디지 못하고 죽고 말았다. 아이들은 이후로 자연스럽게 서로 사는 곳이 다름을 알고 생명의 소중함을 알게 되었다. 아이들은 가재를 잡아서 모양도 살펴보고 크기도 비교해 보고 몇 마리인지 세어도 보고 충분히 관찰한 후 냇가에 놓아 주며 '안녕'이라고 말해 주었다. 생명 존중과 나와 다름을 인정하는 유아들의 모습을 통해 자연에서 서로 함께 공존한다는 것을 배우는 귀한 시간이 되었다.

| 과학적
탐구하기 | 자연 현상
알아보기 | • 돌, 물, 흙 자연물의 특성
과 변화를 알아본다.
• 낮과 밤, 계절의 변화와
규칙성을 알아본다. | 유아들에게 지루하지 않은 놀잇감은 흙과
물이다. 물장구 치고 모래와 흙에 물을 섞으
면 점성이 생김을 알고 물을 섞어 찰흙놀이
를 한다. 가장 많이 만드는 것은 동그란 경
단과 여러 가지 음식 모형이다. 열매를 예쁘
게 장식하여 쿠키도 만들고 동그란 사과 모
양에 나뭇잎을 꽂아 사과라고 자랑하는 유
아도 있다. 흙이 물과 만나 다양한 놀잇감이
되고 이 놀이를 통하여 자연스럽게 적절한
물의 농도를 가늠하여 넘치지 않는 물의 양
을 알아 사용하는 것을 보며 자연은 과학적
사고와 창의성을 동시에 배우게 함을 알게
된다. |
| | 간단한
도구와
기계
활용하기 | • 생활 속에서 간단한 도
구와 기계를 활용한다.
• 변화하는 새로운 도구와
기계에 관심을 가진다.
• 편리한 물건이 때로는
해가 될 수 있음을 안다. | 톱, 망치 못 등 어른들이 사용하는 도구를
사용하여 나무를 잘라 보고 나무에 못을 박
아 보게 한다. 힘을 잘 조절하고 시선을 집
중하여 못을 박는 유아들은 손목의 힘을 조
절하며 못이 원하는 자리에 들어가는지 확
인하고 기뻐한다.
톱질을 하는 친구는 나무가 움직이지 못하
도록 발로 꼭 밟고 30분 동안 자리를 뜨지
못하고 땀을 흘리며 나무를 자른다. 잠시도
눈을 돌리지 않고 나무 자르기에 몰두한다.
교실에서 어떤 놀이가 이만한 집중력을 보
여 줄 수 있을까
이렇게 자른 나뭇가지를 이용해 못을 막고
끈으로 묶어 티피와 움막을 완성하였다. 연
장놀이를 할 때에는, 연장을 안전하게 사용
할 수 있도록 방법을 정확하게 알려주고, 가
까이에서 지켜보아야 한다. |

3

숲유치원은 누리과정을 넘어선
창조교육이다

스토리텔링 속 누리과정

계절과 함께 지은 놀이집

집을 지어야겠어요

무더위가 시작될 쯤 아이들이 갑자기 집을 짓겠다고 합니다. 남자 집과 여자 집, 이렇게 두 채를 짓겠답니다. 아이들이 하는 이야기를 듣고 한번 지켜보기로 했습니다.

"나무를 찾아요. 차곡차곡 쌓아야 만들 수 있어요."

"큰 나무는 둘이 힘을 합쳐서 들어요."

"키가 큰 나무여야 해. 그래야 우리가 그 안에 들어가지."

아이들이 큰 나무를 들고 와 이리도 놓아 보고 저리도 놓아 보며 나무 집을 만들어 봅니다. 하지만 나무를 어떻게 세워야 하는지 아무래도 모르겠다는 표정입니다. 교사가 말없이 큰 나무를 기둥 삼아 나무 하나를 살짝 걸쳐 놓습니다. 아이들이 그 모습을 놓칠 리가 없지요. 아이들은 금방 그

큰 나무는 힘을 합치면
들고 올 수 있어.

얼기설기 나무를 놓아서 만든 집.

옆에 나무를 놓고 또 놓습니다.

그러니 금세 그럴듯한 집 모양이 나옵니다. 아이들이 저마다 나무집 안에 들어갔다가 나옵니다. 스스로 무언가를 만들었다는 성취감에 아이들 얼굴이 밝아집니다.

태풍이 진짜 센가 봐!

숲길을 오르던 아이들이 나무집 앞에 갑자기 멈추어 서서 웅성거립니다.

"여자 친구들 집이 부서져 버렸어."

"태풍이 진짜 센가 봐."

"아이, 몰라. 어떻게 해."

여자 친구들 눈에 눈물이 그렁그렁 맺혔습니다.

"야, 울지 마. 울면 울보 되는 거야. 우린(남자) 힘이 세니까 우리가 다시 고쳐 줄게."

"여자들이 힘이 약하니까, 우리가 도와줘야 해."

약간 비탈진 곳에 세운 나무집이 태풍을 견디지 못하고 그만 무너져 버렸습니다. 나무집이 왜 넘어졌는지에 대한 이야기하던 중 기둥에 대해 이야기하기 시작합니다. 기둥이 무엇인지 그리고 기둥이 하는 역할을 하는지는 자세히 모르지만, 그래도 집이 넘어지지 않고 튼튼하게 서 있으려면 기둥이 필요하다고 이야기합니다.

"지금 망치로 박고 있는 것이 뭐니?"

"이 나무가 쓰러지지 않게 받쳐주는 거예요."

"맞아, 이렇게 바치는 것을 안 해 주면

금방 무너지거든요. 그래서 큰 나무 아래에 작은 나무를 받쳐줘야 해요."

지난번에 지은 집보다는 나무를 적게 놓아 엉성해 보였지만, 그래도 아이들은 앞서 만든 집보다 튼튼하게 집을 지었다며 만족합니다. 하지만 평평하지 않은 땅에 지은 집이 아무래도 불안해 보입니다.

평평한 곳에 튼튼한 집을 짓자

그 사이 숲에는 가을이 왔습니다. 하지만 집에 대한 열정은 아직도 아이들에게 남아 있었습니다. 평지에 집을 지어야 튼튼하다는 것을 경험으로 배운 아이들은 평평한 곳에 집을 짓기로 했습니다.

"놀이집을 만들기 위해서는 나무 높이가 같아야 할 것 같아. 어떤 건 길고 어떤 건 짧으며 무너져."

"약한 나뭇가지로 집을 만들면 금방 무너져."

"그러면 단단한 나뭇가지가 필요하겠다."

어린 동생들은 단단한 나뭇가지를 모아 오고, 큰 아이들은 그 나뭇가지를 같은 길이로 자릅니다. 아이들은 땀을 흘리며 놀이집을 만들기도 하고, 또 다른 놀이에 빠져 놀이집 만들기는 뒷전으로 두기 일쑤입니다. 그렇게 해서 며칠 만에 놀이집 형태가 잡혔습니다.

더 튼튼하게 만들어야 해

아이들은 집을 만들기 시작하면서 잘 넘어지는 나뭇가지와 넘어지지 않는 나뭇가지들을 알게 되었고, 또 튼튼한 집을 짓기 위해서 어떤 나뭇가지를 구하고 어떻게 세워야 할지를 알게 되었습니다.

아무런 장치도 없이 세워둔 나뭇가지는 옆에서 조금만 충격을 줘도 쉽게 넘어진다는 것을 아이들은 알고 있습니다. 태풍에 나무집이 무너진 것을 경험으로 배웠기 때문입니다. 놀이집을 튼튼하게 지으려는 아이들의 의지가 대단합니다. 아이들은 만나는 사람들마다 튼튼한 집을 만들려면 어떻게 해야 하는지 물어 봅니다.

안과 밖에 차곡차곡 돌멩이를 쌓아요.

"기사 아저씨, 집이 부서지지 않게 튼튼하게 지으려면 어떻게 해야 해요?"

"돌멩이로 받쳐서 나뭇가지가 넘어지지 않게 해야 한단다."

아저씨의 조언을 들은 아이들은 돌멩이를 모아 와서 나뭇가지를 세워둔 자리 안쪽과 바깥쪽에 쌓았습니다.

흙과 지푸라기로 뭉쳐서 만들었대

며칠 뒤, 한 아이가 이런 이야기를 합니다.

"내가 책에서 봤는데 초가집은 흙하고 지푸라기를 뭉쳐서 만들었는데 우리 놀이집도 그렇게 하면 튼튼할 것 같아."

지푸라기와 흙이라는 말을 들은 아이들은 다시금 놀이집에 관심을 두게 되었습니다.

"하하하. 말랑말랑한 게 꼭 찰흙 같다."

"처음에는 딱딱한데 자꾸 만지니까, 말랑해지는 것 같은데."

흙과 지푸라기와 물을 섞어서 말랑말랑해진 흙을 엮어 둔 나무에다가 붙이기 시작했습니다. 그랬더니 제법 그럴듯한 집 모양이 나왔습니다.

며칠 뒤에 흙이 제법 잘 말랐나 싶었는데, 비가 내렸습니다. 가을비치고 는 꽤 많은 양이 내렸고, 아이들은 모두 집이 부서졌을 거라고 생각했습니다. 하지만 아이들 예상과는 달리 빗물에 흙이 떠내려가긴 했지만, 집 형태 는 그대로였습니다. 아이들은 모두 기뻐하며 나뭇가지를 더 구해서 더 튼 튼한 집을 만들겠다고 합니다.

가을을 닮은 우리의 노란 방

숲에 가을이 한 걸음 성큼 다가왔습니다. 한 친구가 놀이집에 가을빛으 로 물든 고운 나뭇잎을 깔기 시작합니다.

"노란 방이 되었어. 색깔이 참 아름답다."

노란 잎으로 꾸며진 아이들표 집이 오늘따라 더 근사해 보입니다.

놀이집이 추워 어떡하지

낙엽이 수북이 떨어진 어느 초겨울 날입니다. 아이들은 차가운 바람을 막아 줄 집을 짓고 싶어 합니다. 그 뒷날, 아이들은 긴 비닐을 가져왔습니다.

"나무를 똑같게 하려면, 먼저 길이를 재어야 해."

"우리는 나무가 여섯 개 필요해. 기둥이 여섯 개여야 튼튼해."

"그럼, 네가 잡아. 내가 똑같게 자를 거니까."

"하하하. 정말 바람이 잘 안 들어오는 것 같아."

"비닐 씌울 때는 힘들었는데, 정말 따뜻한 것 같아."

"우리 강아지도 따뜻한가 봐."

여름 그리고 가을 겨울까지 늘 함께했던 놀이집의 추억이 아이들의 가슴 속에 오래도록 아름다운 추억으로 남아 있기를 바래봅니다.

🌿 **소곤소곤 선생님의 이야기**

숲에서 맞이하게 되는 여러 날씨는 우리 아이들에게 재미있는 놀이를 선물해 줍니다. 뜻하지 않게 온 태풍에 쓰러진 나무와 열매는 아이들의 호기심을 자극시키는 요소가 되어 또 다른 새로운 놀이를 예고하기도 합니다. 놀이를 며칠간 이어가다가 또 잊어버리고 지내기도 하다가 또 어느새인가 놀이에 적극적으로 관심을 가지며 활동을 확장해 가는 모습을 볼 수 있습니다.

끊임없이 관심을 가지고 겨울까지 놀이집을 만든 이유는 아마도 계절이 바뀌는 덕분일 것입니다. 계절의 변화에 따라 새롭게 나타나는 자연물을 이용하여 놀이집을 꾸미는 모습을 보면서 자연은 우리 아이들에게 가장 좋고 훌륭한 놀잇감이라는 사실을 다시 한 번 실감하게 되었습니다.

숲아 놀자

지금부터 자연과 함께 지낸 우리 아이들의 이야기를 시작하려고 합니다. 일 년의 시간을 보내면서 사계절을 함께 보냈고, 새로운 놀이들도 아이들과 함께 만들었습니다. 숲은 날마다 아이들에게 새로운 모습을 보여주었고, 그런 숲에게 화답이라도 하듯 아침이면 아이들은 숲에게 달려가 안겼습니다.

날마다 곁에 두고 함께하는 우리 친구 숲!

고목나무 모자걸이

나뭇가지를 구해 온 아이들이 땅을 파기 시작합니다. 나무를 심겠다고 합니다. 교사가 보기에는 분명 죽은 나무인데, 아이들은 싹이 나리라는 희망을 품고 땅에 나무를 심습니다. 처음에는 한 아이 혼자서 시작했지만, 시간이 갈수록 아이들이 모여들어 나무 심는 일을 돕습니다. 그런데 생각처럼 나무가 잘 세워지지 않습니다.

"발로 꾹꾹 눌러 봐."

"그래도 넘어지는데…."

"왜 그럴까? 땅을 더 파야 하나 봐."

아이들은 나무를 바닥에 내려놓고 땅을 더 깊이 팝니다. 그러고는 다시 나무를 심습니다. 드디어 나무 심기에 성공했습니다. 조금 기울어져 서 있지만, 아이들은 그래도 무척 행복해합니다.

"와! 세웠다. 빨리 새싹이 나오면 좋겠다."

아이들은 나무를 쓰다듬어 줍니다. 다음 날도 그 다음날도 아이들은 싹이 나길 기다 립니다. 싹이 나길 바라는 아이들의 마음은 무척 진지합니다. 그렇게 며칠 이 지났습니다. 나무에서 싹이 나지 않는다는 걸 아이들도 알게 되었습니다. 하지만 애써 심은 나무를 그냥 두기엔 뭔가 아쉬웠나 봅니다. 한 아이가 그 나무에 자기 모자를 걸어 둡니다. 그러자 마치 약속이라도 한 것처럼, 아이들이 한 명씩 와서 자기 모자를 걸어 둡니다. 그 누구도 말하지 않았지만, 분명 아이들은 죽은 나무에도 의미를 주고 싶었던 모양입니다.

🍃 소곤소곤 선생님의 이야기

숲을 처음 만난 아이들의 모습은 조금씩 달랐습니다. 넘어질 까 겁내며 한발 한발 조심스럽게 내딛는 아이들도 있었고, 아무런 꺼리낌없이 뛰어다니는 아이들도 있었습니다. 처음 만난 숲에 두려움을 느낀 아이들도 다른 친구들이 노는 것을 보면서 서서히 숲활동을 하게 되었습니다.

처음 도구(삽, 톱 등)를 처음 내어줄 때는 지켜야 할 약속에 대해 반드시 이야기해 주었습니다. 아이들은 도구를 사용하는 것을 좋아하지만, 교사는 사실 긴장하며 지켜보게 됩니다. 하지만 아이들이 도구 사용 방법을 익히고 서로 사용법을 공유하는 것, 또 자기 차례를 스스로 기다리는 모습을 보며 교사는 아이들에 대한 믿음을 새삼 확인하게 되었습니다.

봄 숲에서 발견한 밤 한 톨

어느 봄날입니다. 숲에서 놀던 아이가 우연히 밤 한 톨을 주웠습니다. 아이는 손에 들고 있는 밤을 친구들에게 보여줍니다. 아이들은 모두 궁금해졌습니다. '가을도 아닌데 밤이 왜 땅에 떨어져 있을까?' 아이들은 봄에 발견한 밤 한 톨에 몰려들어 한참을 들여다봅니다. 그러고는 무슨 생각에선지 밤을 땅에 묻습니다.

다음날, 아이들은 땅에 묻어 두었던 그 밤을 찾기 시작했습니다. 그런데 생각처럼 밤을 찾기가 쉽지 않습니다. 끝내, 모든 아이들이 밤 찾기에 열중했지만, 결국 밤을 찾아내지는 못 했습니다.

어디 있지? 잘 안 보여.

다음날에도 밤 찾기에 푹 빠진 아이들.

밤을 찾는 아이들의 모습을 보며 다람쥐를 떠올립니다. 다람쥐는 가으내 모은 도토리를 숲속 여기저기에 숨겨 두고 겨울에 하나씩 찾아 먹는데, 이때 찾지 못한 도토리는 씨앗이 되어 나무로 자랍니다. 의도하지는 않았지만, 오늘 아이들은 나무 한 그루를 심은 셈입니다.

 소곤소곤 선생님의 이야기

숲에서 아이들이 노는 모습을 지켜보고 있으면 하루에도 수없이 많은 문제를 만나게 됩니다. 문제 해결을 위해 끝까지 노력하는 시간이 처음에는 매우 짧아서 다른 놀이로 자주 바꾸기도 했습니다. 의도하지 않았지만 발생하는 여러가지 문제들, 쉽게 해결되리라 생각하지만 실제로 해 보면 잘 해결되지 않는다는 것에 마음이 무겁기도 했습니다. 하지만 이런 교사의 마음과 입장과는 달리 아이들은 오히려 이런저런 문제 상황을 온몸으로 받아들이고 그것을 헤쳐감으로써 천천히 성장하고 있었습니다.

다람쥐와 함께 만든 이야기

첫 번째 이야기, 우리 다람쥐 놀이터 만들고 있어

두 아이가 삽으로 땅을 파고 있습니다. 서툰 삽질이지만, 두 아이의 표정은 자못 진지합니다. 한참을 파니 나무뿌리와 돌이 드러납니다. 생각하지도 못한 문제에 부딪친 두 아이는 잠시 머뭇거립니다. 그러더니 한 아이가 삽을 땅에 내려놓고, 손으로 돌 주변에 있는 흙을 걷어 냅니다. 그러곤 돌을 이쪽으로도 흔들어 보고, 저쪽으로도 흔들어 봅니다. 마침내 돌을 끄집어 낸 두 아이는 서로 얼굴을 마주보며 활짝 웃습니다. 구덩이가 조금씩 모양을 갖추기 시작합니다.

우리 다람쥐집 만들고 있어.

다음날, 두 아이는 그 구덩이를 다시 찾았습니다. 그러고는 전날과 마찬가지로 계속해서 땅을 팝니다. 이 모습을 본 다른 아이들이 두 아이가 만드는 구덩이에 흥미를 느끼고 하나둘 모여듭니다. 어린 동생들이 판 구덩이를 보며 칭찬하며 묻습니다.

"너희 뭐 만들어?"

" 우리 다람쥐집 만들고 있어."

"우와! 진짜 잘 팠다."

"그런데 여기는 다람쥐 미끄럼틀 만들어 주면 좋겠다."

형들은 동생들이 생각하지도 못했던 것을 이야기해 줍니다.

"잘 미끄러져 내려오라고 나뭇잎도 깔아 주고, 나뭇잎 이불이랑 베개도 만들어야겠다."

"그럼 엉덩이도 안 아프고 미끄럼틀 타다가 힘들면 이불 위에서 쉬면 되겠다."

아이들은 경사진 길과 구덩이를 연결하고, 그 위에 나뭇잎을 살포시 놓아 줍니다. 재미있는 미끄럼틀이 만들어졌습니다.

"구덩이가 깊어서 다람쥐가 자다가 일어나서 못 올라오면 어쩌지?"

한 아이가, 다람쥐 몸은 작은데 구덩이가 너무 깊지 않느냐며 걱정합니다. 그러자 한 형이 이야기합니다.

"계단을 만들어 주면 되지. 아니면 사다리를 만들든지."

그러고는 형들이 사다리를 만들어 주겠다고 이야기합니다.

아이들이 작은 사다리를 만들어 구덩이에 두니 꽤 근사한 다람쥐 집이 완성되었습니다.

"우리 징검다리도 만들어 주자. 우리도 징검다리 건너면 재미있으니까. 다람쥐도 좋아할 거야."

"맞아. 그런데 넘어지면 아프니까 나뭇잎을 더 깔아 주자."

한 아이가 나뭇가지를 가지고 와 구덩이를 가로지르게 놓아 징검다리를 만듭니다. 다람쥐 집을 뒤로 하고 아이들은 숲을 내려왔습니다. 아이들은 다람쥐 집을 만들며 어떤 생각을 했을까요?

두 번째 이야기, 다람쥐야, 다람쥐야, 우리가 만든 놀이터로 놀러와 줘

아침부터 비가 내리기 시작합니다. 바우바겐에 도착한 아이들은 마치 약속이라도 한 것처럼 비옷을 입고 장화를 신습니다. 그러고는 빨리 숲에 올라가야 한다며 숲에서 쓸 도구들도 챙겨 듭니다.

"밤 사이에 다람쥐가 정말 왔을까?"

숲으로 향하는 아이들이 발걸음이 빨라집니다. 그리고 드디어 다람쥐 집에 도착했습니다.

"다람쥐가 안 왔나 봐. 그대로 있어."

"사다리도 미끄럼틀도 그리고 징검다리도 그대로야. 왜 안 왔을까?"

"다람쥐는 나무 타는 걸 좋아하는데, 나무타기가 없어서 그런가?"

"아니, 배가 고픈데 도토리가 없어서 그래."

"먹이를 두면 올 거야."

"빨리 와야 하는데…."

아이들의 예상과는 달리 다람쥐는 오지 않았습니다. 아이들은 다람쥐가 자기들 마음을 조금만 알아주면 하는 아쉬움도 있었지만, 포기하지 않았습니다. 처음 이 활동을 시작할 때, 아이들은 다람쥐를 먼저 생각하기보다는 자기 입장에서 좋아하는 것을 먼저 찾았지만, 이젠 다람쥐가 무엇을 좋아하는지를 생각하고 있습니다. 비가 내리는 날이지만, 아이들은 다람쥐가 좋아하는 나무 타기를 할 수 있도록 울타리를 만들기로 했습니다. 아이들은 흩어져서 울타리를 만들 나무 재료를 줍기 시작합니다. 한 아이가 큰 나무둥치를 들고 오면 금세 다른 아이가 나타나 나무 옮기는 것을 도와줍니다.

　한참동안 땅을 파서 나무를 심고 또 심어 제법 동그랗게 울타리 모양을 만들었습니다. 삽질하는 아이가 힘들어지면 다른 친구가 삽을 받아서 삽질을 하고 또 그 친구가 힘들면 또 다른 친구가 받아서 땅을 팝니다. 비는 오지만, 아이들 이마에는 땀이 송글송글 맺힙니다. 울타리를 완성한 뒤에 아이들은 다람쥐를 향해 소리칩니다.

　"다람쥐야, 다람쥐야, 우리 놀이터로 꼭 와서 놀아줘."

세 번째 이야기, 다람쥐 놀이터에 지붕을 만들어 주자

　그 다음날, 아이들은 어김없이 다람쥐 집을 먼저 찾아갑니다. 다람쥐 집에 깔아 놓았던 나뭇잎이 조금 마른 것을 보고 한 아이가 말합니다.

　"다람쥐가 왔다 갔어! 여기 좀 봐, 나뭇잎이 조금 움직였잖아!"

　"진짜, 진짜! 우와! 왔어, 왔어!"

　"아니야. 이건 나뭇잎이 말라서 그렇게 된 거야. 다람쥐는 안 왔어."

　기쁨도 잠시 형들의 말에 동생들은 실망하여 고개를 푹 숙입니다. 그러곤 속삭이듯 말합니다.

　"다람쥐가 오면 정말 좋아할 건데…."

　아이들은 오늘도 다람쥐를 위해 무언가를 만들어 주자는 이야기를 나눕니다. 어른들이라면 금방 포기하고 말 일인데 아이들은 또 고민합니다.

　"다람쥐는 비가 오면 안 올 거야. 다람쥐를 위해 지붕을 만들어 주자."

"지붕을 어떻게 만들지?"

"왜 전에 감자에 씌웠던 비닐은 어때? 비닐로 하자."

네 번째 이야기, 지붕 달기가 쉽지 않아

다음날, 아이들은 비닐을 가지고 숲으로 들어갔습니다. 그러고는 그 비닐에 다람쥐가 좋아하는 것을 그리기 시작했습니다. 여기까지는 모든 것이 순조로웠습니다. 하지만, 그 뒤가 문제였습니다. 비닐 지붕을 매다는 것이 생각만큼 쉽지 않았습니다. 아이들이 땅에 묻어 둔 나무 기둥은 튼튼하지 않았습니다. 이쪽 기둥에 비닐을 매달면 저쪽 나무기둥이 기울어지고, 또 저쪽 기둥에 먼저 매달아 놓으면 또 다른 쪽 기둥이 기울어지기 일쑤였습니다.

아이들이 하는 것을 오랫동안 지켜보다가 교사가 슬쩍 도움말을 흘립니다.

"기둥에다가 묶어야 할까?"

그 말을 들은 아이들이 비닐을 묶을 만한 게 있나 하고 주변을 둘러봅니다. 다람쥐 집 곁에 서 있는 키 큰 나무들을 이용할 모양입니다. 아이들이 비닐을 들고 나무로 갑니다. 그러고는 나무에 비닐을 묶기 시작합니다. 제법 팽팽하게 펼쳐진 지붕을 보면서 아이들은 무척 기뻐합니다.

다섯 번째 이야기, 다람쥐가 여기에서 놀면 정말 재미있을 텐데

비닐 지붕을 만들어 준 다음날입니다. 한 친구가 바우바겐에서 다람쥐 책을 챙깁니다. 그리고 급하게 숲을 오르더니 가방도 벗기 전에 책을 펼칩니다. 그리고 다람쥐가 좋아하는 것을 찾아보겠다고 합니다. 아이들 자신이 좋아하는 것은 다람쥐도 좋아할 거라는 자기중심적인 생각에서 벗어나는 순간이었습니다.

"다람쥐가 여기에서 놀면 정말 재미있을 텐데…"

"먹이를 넣어 줘야 한대."

"다람쥐는 도토리 말고 밤도 좋아한대. 여기 책에도 나와 있잖아."

아이들은 다람쥐에게 줄 도토리를 구하기 위해 숲을 헤치고 다닙니다. 지난해 가을에 떨어진 도토리를 간혹 숲에서 발견할 수 있다는 것을 아이들은 잘 알고 있습니다.

"잘 찾으면 도토리가 있을 거야."

계절은 여름으로 접어들고 있지만, 용케도 밤을 찾아냅니다. 한 톨 한 톨 모자에 담으면서 아이들은 연신 싱글벙글합니다. 그리고 모자에 담아 온 밤을 살포시 나뭇잎 위에 올려 둡니다. 나뭇잎 밥그릇에 놓인 밤알을 가지러 다람쥐가 찾아올까요?

아이들은 오늘 하루 또 새로운 것을 알게 되었습니다. 내가 좋아하는 것과 네가 좋아하는 것이 다르다는 것을.

여섯 번째 이야기, 우와! 다람쥐다!

그 다음날에도 다람쥐가 다녀간 흔적이 없습니다. 아이들도 기다림에 지쳤나 봅니다. 다람쥐가 좋아하는 것을 두어도 오지 않으니 말입니다. 그러곤 하나둘씩 다른 놀이를 찾아갑니다.

아이들이 한창 다른 놀이에 빠져 있을 때였습니다. 그 순간 바스락거리는 소리와 함께 다람쥐 놀이터 가까운 곳에서 정말 마술처럼 다람쥐가 나타났습니다. "다람쥐다!"라는 소리에 모두 약속이라도 한 듯 멈춥니다. 다람쥐는 아이의 소리 때문인지 순식간에 나무 위로 올라갑니다. 아주 짧은 순간에 일어난 일에 아이들은 말도 잊은 채 다람쥐가 올라간 그 나무만 올려다봅니다. 다람쥐의 등장에 아이들의 관심은 다시 다람쥐 놀이터로 쏠렸습니다.

"다람쥐가 왜 다람쥐 집에 안 들어갔을까?"

"맞아. 우리가 분명 다람쥐가 좋아하는 밤도 넣어 주었는데 말이야."

"그러게. 근데 분명 밤을 좋아한다고 책에도 있었는데…."

"밤이 맛이 없어서 그러나?"

그 말에 아이들의 눈길이 밤에 쏠립니다. 마침 한 아이가 밤을 꺼내 돌로 딱딱 찍어 봅니다. 그런데 이게 웬일일까요. 밤톨을 까자 나온 건 하얀 속살을 뽐내는 밤알이 아니라 까맣게 썩은 부스러기였습니다. 아이들은 무척 놀라고 당황했습니다. 다른 밤을 차례대로 내어 까 보았습니다. 모두 하나같이

썩어 있었습니다. 아이들은 이제야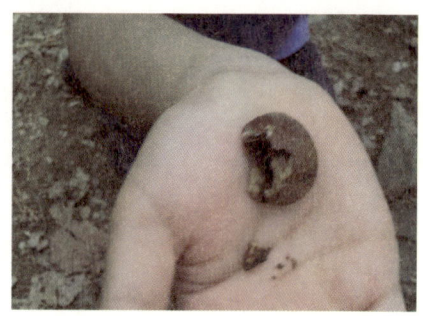
알았습니다. 초여름에 발견된 밤은
대부분 썩은 것이어서 다람쥐가
먹지 못한다는 것을.

다람쥐가 나타난 뒤에 아이들은
생각했습니다. '다람쥐는 우리가
놀 때에는 부끄러워서 내려오지 못하고 우리가 돌아가고 난 뒤에 여기서
놀 거야.'

일곱 번째 이야기, 이젠 다람쥐도 덥지 않을 거야

아이들은 다람쥐 놀이터를 만들어 놓고 하루하루를 보내며 여름을 맞이
하게 되었습니다. 오랫동안 비가 내리지 않아서 숲이 무척 건조했습니다. 아
이들이 숲길을 걸을 때마다 흙먼지가 날렸습니다. 아이들은 비가 오길 바라
는 듯했습니다. 그러던 어느 날, 한 아이가 물통그리고에 물을 받기 시작합
니다.

"물은 왜 가져가?"

친구들이 묻는 말에도 별다른 대꾸도 없이 물을 받은 뒤, 숲으로 올라갑
니다. 꽤 가파른 길인데도 힘들다는 불평도 없이 올라가다 힘들면 쉬고, 또
들고, 또 밀면서 숲으로 갑니다. 늘 오르던 길이 오늘따라 더 멀어 보입니

물을 가지고 숲으로 가요.

수영장을 만들어 줄게.

다. 마침내 숲에 도착한 아이가 물통을 들고 다람쥐 집으로 갑니다. 그러곤 다람쥐 집에 물을 채웁니다.

"휴, 다행이다. 이제 다람쥐가 덥지 않을 거야. 내가 이렇게 물을 넣어서 수영장을 만들어 주었으니까 더우면 들어가서 잘 놀겠지."

힘겹게 가져온 물을 다람쥐 집에 부어 주는 아이를 보면서 마음이 뭉클해집니다. 흙먼지가 풀풀 날리는 숲에서 놀며, 아이는 분명 비가 그리웠을 것이고, 다람쥐도 그럴 거라고 아이는 생각했습니다. 아이들은 늘 다람쥐를 생각하고 있었습니다. 그리고 다람쥐가 우리와 함께 계절을 느끼며, 함께 이 숲에서 지내고 있음을 알고 있었습니다. 그리고 우리가 만든 다람쥐 집에도 간혹 들러 놀 거라는 것도.

🌿 소곤소곤 선생님의 이야기

숲에서 맞이하는 봄은 길지 않았습니다. 봄을 느끼고 얼마 후 여름을 다가왔음을 알았습니다. 두 명으로 시작된 다람쥐놀이터 만들기가 시간이 흐를수록 모든 아이들이 참여를 하게 되었고, 관심이 사라질 만하면 또 다른 아이가 새로운 것을 제안했습니다. 다람쥐가 왜 안 오는지에 대해 의문을 가지고, 그 해결의 실마리를 찾기 위해 끊임없이 또래와 생각을 나누었습니다.

수없이 많은 예측은 아이들로 하여금 도전할 수 있는 계기를 만들어 주었습니다. 다람쥐놀이터를 만들어 가면서 아이들에게도 변화가 생겼습니다. 처음에는 단기적인 놀이에 관심을 보였지만 두 달이라는 시간이 흐르면서 놀이에 깊이가 생겨 놀이를 확장할 수 있게 되었고, 내가 좋아하는 것은 다른 아이, 생물들도 좋아할 것이라는 생각에서 조금씩 벗어나고 있음을 느꼈습니다. 숲에서 교사는 아이들의 놀이에 깊이 관여하지는 않지만, 아이들이 수없는 시행착오를 반복하고 있을 때 교사의 작은 지원이 놀이에 많은 변화를 줄 수 있다는 것을 알게 되었습니다. 숲에서 교사는 놀이를 이끌어주는 것이 아니라 놀이를 확장해 갈 수 있도록 도와주는 지원자라는 사실을 다시금 느낍니다.

동물들아,
집에서 따뜻한 겨울을 보내렴

사람들만이 있는 숲이 아닙니다. 나무와 이름 모를 꽃과 풀과 작은 새와 곤충 그리고 동물들이 함께 사는 곳입니다. 그래서 우리는 추운 겨울을 보내게 될 동물들에게 작은 선물을 하려고 합니다.

첫째 날, 동물과 식물의 겨울나기 방법

겨울이 시작되면서 아이들은 숲에서 사는 동물과 식물들이 추운 겨울을 어떻게 나는지 궁금해합니다. 그래서 아이들은 동물과 식물들이 추운 겨울을 잘 지낼 수 있도록 도와줄 방법에 대해 이야기하고, 그것을 그림으로 그려 보았습니다.

여우는 잘린 나무 구멍이 있으면 그 속에 들어가서 잠을 잔대.

튤립 같은 식물은 겨울눈으로 땅속에 들어 있는데 겨울에 눈이 와도 춥지 않고 눈 때문에 더 따뜻하게 지낼 수 있대.

눈이 와도 멧돼지나 동물들이 먹이를 먹을 수 있도록 먹이를 줘요.

동물들이 따뜻하게 살 수 있도록 나무로 집과 먹이통을 만들어 줘요.

둘째 날, 동물 집! 여기가 어때

숲 동물들의 겨울나기 준비를 도와주겠다던 아이들이 숲으로 올라가는 길에 동물들이 쉴 수 있는 집을 지을 만한 곳을 발견했습니다. 아이들은 동물 집을 만들기 전에 이곳이 동물 집을 지을 만한 적합한 장소인지 이야기해 보고, 장소를 잊지 않기 위해 표시를 해 놓기로 했습니다.

여기에 동물 집을 만들면 좋겠어. 여기 나무들이 있으니까, 나무로 벽을 만들어도 좋겠지 않아? 그럼 우리 여기에 벽을 만들어서 집을 만들고 지붕도 만들자.

다음에 왔을 때, 기억할 수 있게 표시를 만들자. 글씨를 쓸까?

돌멩이로 표시를 만들어 주는 게 좋겠어.

이 표시가 바로 동물 집을 만들 자리라는 거야.

셋째 날, 동물 집에 무엇을 만들어 줄까

아이들은 동물 집을 만들 장소를 정한 뒤, 세 조로 나누어 동물 집을 어떻게 만들지를 의논하고 설계도를 그렸습니다.

벽을 만들 조
나무를 옆에 차곡차곡 쌓고 나뭇가지로 굴러 가지 않게 해. 그리고 돌로 구멍을 막고 나뭇잎으로 덮어 주자.

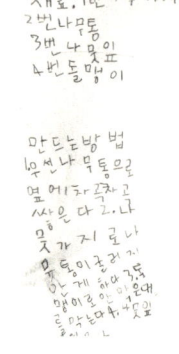

재료: 1번 나무 가지
2번 나무통
3번 나뭇잎
4번 돌맹이

만드는 방법
4번 나무 통으로
멀어지지 않고
쌓은 다고. 나
뭇가지로 나
무 통을 굴러가
지 않게 하고 돌
맹이로 앞을
막는다.

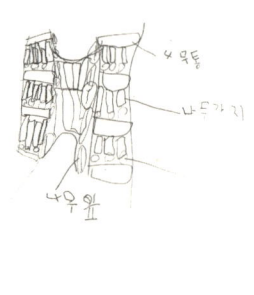

먹이통을 만들 조
납작한 나무가 필요해. 그래.
납작한 나무를 다섯 개 모은 다음에 못질을 하자. 그리고 먹이를 넣으면 되겠다.

재료: 납작한 나무
못, 물감

1 납작한 나무를 다섯게 모은다. ☐☐☐☐☐

2 못질를 한다.

3 나뭇잎 물감을 만들어  다.

4 먹이를 넣는다.

새 둥지를 만들 조
새 둥지 모양이 되게 나뭇가지 탑 모양으로 쌓은 다음에 밑에 구멍은 돌로 막아 주자. 또 푹신푹신하게 지푸라기를 깔자.

1 나뭇가지를 모은다

2 지푸라기를 모은다

3 나뭇가지를 탑 모양으로 쌓다

4 밑에 구멍을 돌맹이로 막아준다

5 밑에 푹신푹신 하게 지푸라기를 깐다

6 위에 나뭇가지로 위를 막아준다

넷째 날, 동물 집 만들기에 필요한 재료를 찾아볼까?

아이들이 동물 집에 필요한 재료를 숲에서 찾습니다. 그렇게 모아 온 큰 통나무, 나뭇가지, 돌멩이 따위로 동물 집 만들기를 시작합니다.

벽을 만들 때 이렇게 큰 나무통이 필요해.

새 둥지에 필요한 나뭇가지랑 돌멩이도 모으자.

긴 나뭇가지가 있으면 벽을 만들 때 좋겠다.

언니 우리 같이 아주 긴 나뭇가지 옮기자.

다섯째 날, 이제 동물 집의 벽을 만들어 볼까!

비가 오는 날이지만, 동물들을 생각하며 동물 집 벽 만들기를 시작했습니다. 그런데 왜일까요? 나무기둥으로 벽 만들기가 쉽지가 않습니다.

"벽을 만들 때, 통나무가 자꾸 아래로 굴러 내려가."

"그래, 만들기가 너무 어렵네."

"굴러가지 않게 하는 방법을 생각해야겠어. 그래야 만들 수 있잖아."

"그림으로 그려서 설명하는 방법을 만들어 보는 게 좋겠어. 그림을 보고 알 수 있게."

아이들은 나무기둥을 쌓으면 쌓을수록 무너지는 벽을 두고 머리를 맞댑니다. 어떻게 하면 좋을까? 이렇게 하면 어떨까?

통나무를 쌓을 때 사이사이에
나뭇가지를 넣어 주면 굴러가지 않고
괜찮을 것 같아.

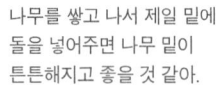

나무를 쌓고 나서 제일 밑에
돌을 넣어주면 나무 밑이
튼튼해지고 좋을 것 같아.

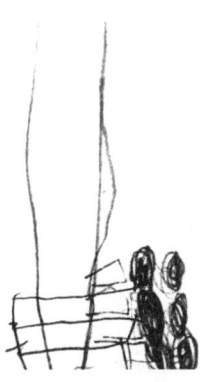

제일 밑에서부터 세 개, 두 개, 한
개씩 쌓으면 나무통이 세모 모양이
되어서 튼튼할 것 같아.

여섯째 날, 다시 동물 집 벽을 쌓아 보자

아이들은 동물 집의 벽이 무너지는 것을 막기 위한 방법을 생각한 뒤, 다시 벽을 쌓기 시작합니다.

아래에 세 개, 그 위에 두 개, 한 개 이렇게 쌓아 보자. 어, 이렇게 하니까 좀 튼튼한 것 같아.

긴 나무를 이용해서 나무랑 나무 사이에 꽂아 주면 나무가 떨어지지 않고 잘 연결되는 것 같아.

일곱, 여덟, 아홉째 날

동물 집의 벽을 쌓을 방법을 찾은 뒤, 동물 집 만들기에 적합한 재료도 더 모았습니다. 그렇게 아이들은 하루하루 동물 집을 만들어 갔습니다. 동물 집의 벽면을 쌓고, 동물 집의 지붕도 만들었습니다.

시간이 흐른 어느 날

열심히 재료를 모으고 잘못된 부분을 다시 수정하고, 무거운 통나무는 서로 영차영차 힘을 합쳐서 옮기고 그렇게 아이들의 노력과 사랑으로 동물들의 겨울나기를 위한 집이 완성되었습니다. 동물들이 겨울 동안 잘 지내고 더 따뜻하게 지내라고 바닥에 푹신푹신한 나뭇잎도 깔아 주었습니다.

🍃 소곤소곤 선생님의 이야기

숲에서 겨울을 지내본 친구들은 추위를 경험해 보았기에 동식물의 겨울나기를 염려했습니다. 숲 속 친구들을 걱정하며 동물집을 짓고, 시행착오를 거치면서아이들은 몸도 마음도 함께 성장합니다. 타인과 뭇생명을 생각하고 배려하는 따뜻한 마음을 키워 나갑니다. 방학을 마치고 숲에 오자마자 달려가서 동물들이 왔다간 흔적이 있다며 기뻐하는 동심을 보며 무척 행복했습니다. 이 아이들이 성장해 살아가는 세상은 더욱 따뜻하고 아름다운 모습이라 믿어 봅니다.

봄과 함께 만든 우리의 꽃밭

꽃밭을 만들어야지

기나긴 겨울이 끝나가고 있지만, 새순은 아직도 찾아보기 어렵습니다. 그러던 어느 날, 따스한 봄볕을 받은 눈 속에서 작은 새순을 발견했습니다. 숲에서 놀던 아이들은 이 사랑스러운 새순을 보기 위해 모여들었습니다. 아이들은 하루빨리 나뭇잎이 많아지면 좋겠다고 합니다. 봄이 한 걸음 성큼 다가왔음을 느낄 즈음, 아이들은 바우바젠 앞마당에 꽃밭을 만들기로 했습니다. 아이들은 꽃밭 만들기에 대한 생각을 내놓습니다.

"우리가 꽃밭을 만들자."

"그러면 나무가 있어야지. 톱이랑 삽이랑 못이랑 망치를 써서 만들자."

"먼저, 설계도를 그려야지. 그래야지 무얼 어떻게 만들지를 알지."

"아니, 나뭇가지를 둘러서 만들자."

"여기 돌멩이가 많으니까, 돌멩이로 만들면 좋겠다."

"돌멩이로 만들어야지 바람이 불어도 날아가지 않을 것 같아. 만약 힘이 약한 걸로 만들면, 우리가 우산도 씌워야 해서 힘들어."

아이들은 막대기로 땅바닥에 꽃밭 모양을 그리고, 그 선을 따라 돌멩이를 놓기 시작합니다. 아이들은 하나둘 흩어져서 돌을 가지고 오니, 어느덧 꽃밭 모양이 만들어졌습니다. 하지만 돌멩이를 놓아 만든 꽃밭 모양은 살짝만 건드려도 돌이 움직여 그 모양이 흐트러집니다. 돌이 움직이지 않으려면 어떻게 해야 할까요? 한 아이가 이야기합니다.

"땅을 파고 돌멩이를 묻으면 돌이 움직이지 않을 거야."

아이들은 다시 돌멩이를 치우고 애초에 그은 선을 따라 땅을 팝니다. 그러고는 돌멩이들을 묻어 단단한 꽃밭을 만듭니다. 이제 꽃밭은 웬만큼 비가 와도 부서지지 않을 겁니다.

무엇을 심으면 좋을까

꽃밭을 다 만들고 난 뒤, 집으로 돌아가는 차에서 아이들은 꽃밭에 무엇을 심으면 좋을지 이야기합니다.

"나는 나팔꽃을 심고 싶어. 나팔이 들어가 있는 것처럼 생겼잖아."

"나는 봉숭아꽃을 심고 싶어. 냄새도 좋고 손톱에 물도 들이고."

"해바라기처럼 키가 큰 꽃도 심었으면 좋겠다."

"장미꽃도 심자."

"근데 장미꽃도 씨앗으로 심을 수 있나?"

"몰라. 그럼 무궁화는 어때? '무궁화꽃이 피었습니다' 놀이를 할 때 나오는 무궁화도 심고 싶어."

아이들마다 자신이 심고 싶은 꽃에 대해 한참을 생각합니다. 때마침 아이들을 태운 차가 화원 앞을 지나가게 되었습니다. 아이들과 함께 화원에 잠시 들르기로 했습니다. 화원으로 들어간 아이들은 화원 가득 핀 꽃에 감

아기 귤이 있어.

탄하며 이 꽃 저 꽃을 탐색합니다. 그리고 아이들은 자기가 심고 싶은 꽃씨를 고르고, 꽃씨 심는 방법에 대해 귀 기울여 이야기를 들었습니다.

손가락으로 구멍을 파고 꽃씨를 심어.

"꽃씨를 너무 깊게 묻으면 새싹이 나오기 힘들어서 안 된다고 했잖아."
"그리고 밟으면 안 된다고 했어. 밟으면 싹이 못 나온대."
"그럼 어떻게 심어야 하는 거지?"
"땅에다가 구멍을 내야지. 그리고 흙을 덮어야 하는 거야."
"아주 살짝 살짝 그래야지 싹이 나온다고 했어."
"물도 주고, 햇빛도 받으면 싹이 아마 나올 거야. 빨리 나왔으면 좋겠다."
꽃씨를 심는 아이들의 모습이 무척 진지합니다. 꽃씨를 심고 난 뒤로, 등원한 아이들은 누가 먼저랄 것도 없이 꽃밭으로 달려가 새싹이 나왔는지를 살펴봅니다.

난 새싹이 참 착해 보여

새싹을 기다리는 아이들의 마음이 간절해질 무렵, 식목일을 맞이하게 되었습니다. 그런 아이들의 마음을 아는지 마침 목단 묘목을 선물로 받게 되었습니다. 아이들은 이 어린 나무도 꽃밭에 심기로 했습니다.

　마른 나뭇잎을 퇴비로 깔아 주면 나무가 더 잘 자란다는 것을 아이들은 이미 잘 알고 있습니다. 오늘 심은 이 목단나무가 언젠가는 예쁜 꽃이 피울 거라는 것도 아이들은 잘 알고 또 그렇게 되리라 믿고 있습니다.

숲에 가서 나뭇잎을 주워서 나무에 깔아 주자.　　　나무야, 쑥쑥 잘 자라라.

　아이들이 꽃씨를 심은 지 일주일이 지났습니다. 아이들은 아침에 등원할 때마다 이 꽃밭을 물을 주고 말도 걸어 주었습니다. 그런 정성 덕분에 각기 다른 예쁜 새싹들이 나왔습니다.

　"이것 봐. 새싹이 너무 귀여워."

　"나는 새싹이 참 착해 보여."

　"그런데 동생들이 와서 또 꽃밭에 들어가면 어떡하지. 큰 나무를 가져와서 막아 버리자."

　아이들의 눈에도 새싹이 무척 사랑스러웠나 봅니다.

봄에 만난 허수아비야, 우리 꽃밭을 잘 지켜줘

새싹이 난 꽃밭에 애착을 가진 아이들이 꽃밭을 지켜야겠다는 생각을 합니다. 아이들은 새싹을 지켜줄 허수아비에 대해 이야기하게 되었고, 허수아비를 만들어 꽃밭 옆에 세워 두기로 했습니다. 봄에 허수아비를 만들게 되었습니다.

아이들은 늘 집으로 돌아가기 전 허수아비에게 말합니다.

"우리 꽃밭을 잘 지켜줘."

꽃밭을 만들고 난 뒤로 아이들은 가끔 숲에서 만난 예쁜 꽃과 풀을 꽃밭에 옮겨 심었습니다. 그렇게 아이들은 여름을 맞이하게 되었습니다. 꽃밭에 가득한 초록 물결을 보며 아이들은 즐거워했고, 조그맣던 새싹들도 점점 자라나 꽃을 틔워 꽃 이름도 알 수 있게 되었습니다.

분꽃과 봉숭아 그리고 아이들이 숲에서 가져온 진달래, 식목일에 심은 목단나무까지 건강하게 잘 자라고 있습니다. 여름 끝자락에 우린 생각했습니다. 분명 우린 꽃을 심었는데 들깨가 가득한 꽃밭이 된 이유가 무엇인지 궁금했지만, 그건 아이들에게는 그다지 중요하지 않았습니다. 어느 순간, 꽃밭 또한 숲반의 한 일부분이 되었으니까요.

🍃 소곤소곤 선생님의 이야기

숲에서 내려와 편안하게 쉴 수 있었던 우리의 공간. 아이들의 쉼터를 꾸미는 것은 교사만의 일은 아니었습니다. 무엇이든 함께 생각하고 꾸미려고 하는 아이들은 매우 적극적이었고, 조금씩 변해가는 공간을 보며 즐거워했습니다. 함께 사용하는 공동의 공간이어서 서로 불편함에 대해 표현했고, 머리를 맞대고 그 불편함을 해소하기 위해서 노력했습니다.

 # 내 이름은 소리예요

누가 뻐꾸기시계를 달았나

아이들은 숲에서 여러 가지 다양한 자연의 소리를 듣습니다. 처음 숲에 들어가면 잘 들리지는 않지만, 발걸음을 늦추고 가만히 귀 기울이면 자연의 소리가 들리기 시작하고, 그 소리가 하나둘 늘어납니다. 새들이 푸드득거리는 날갯짓 소리, 새들의 노랫소리도 종류에 따라 확연히 다릅니다. 물소리, 바람 소리도 어떤 자연물에 부딪치느냐에 따라 그 소리가 다릅니다. 낙엽이 구르는 소리, 또 무언가가 낙엽을 밟는 소리, 동물들의 울음. 이처럼 자연에는 수많은 소리가 있습니다. 자연이 우리에게 소리를 들려주기도 하고, 혹은 아이들이 자연에게 소리를 만들어 주기도 합니다.

"선생님, 잘 들어보세요. 뻐꾹 소리가 나고 있어요. 어, 누가 뻐꾸기시계를 숲에 달아 놓았나?"

"정말 뻐꾸기가 우리 숲에도 있나 봐."

우리가 시끄럽게 놀아도 새 소리는 정말 잘 들려요.

바람 소리가 들려요. 바람하고 나뭇잎이 사랑하는 소리.

"뻐꾸기 소리하고는 조금 달라."

"새들은 모두 내는 소리가 다른 것 같아."

아이들은 혹시나 뻐꾸기를 볼 수 있을까 하는 마음으로 고개를 젖혀 나무 위를 쳐다봅니다. 그리고 커다란 나뭇잎을 따서 숲에서 들을 수 있는 소리를 그림으로 표현했습니다.

숲에서 우리가 내는 소리도 있어요

숲에서 자유롭게 놀던 한 아이가 뛰어옵니다.

"나뭇가지를 이렇게 들고 돌멩이를 두드리면 소리가 나요. 큰 가지로 하면 큰 소리가 나고, 작은 가지로 하면 작은 소리가 나요. 맞죠?"

그 이야기를 들은 아이들이 여기저기서 저마다 각기 다른 소리를 찾아와 소개합니다.

"(나뭇가지를 양손에 잡고 나무등치를 비비며) 이렇게 할 때(좌우)는 쓱쓱 소리가 나지. 그런데 이렇게(상하)하면 싹싹 소리가 난다. 정말 신기해."

숲에서 소리 나는 자연물을 가져온 아이들은 나무와 새들에게 우리가 만든 소리와 함께 노래를 불러주기로 했습니다.

아이들이 만든 여러 소리와 함께 울려 퍼지는 노랫소리는 온 숲을 잔잔하게 감쌉니다.

소리를 찾아서 숲에게 노래를 불러줘요.

냉이꽃에서도 소리가 나는데

숲 돌계단 옆에 냉이꽃이 소담하게 피었습니다. 하얀 꽃이 바람에 흔들리며 이리저리 나부낍니다. "여기 좀 봐! 잎이 하트야! 하트꽃이라고 해야되나?" 아이들은 냉이꽃에 하트꽃이라는 새로운 이름을 붙여 주었습니다.

냉이꽃반지와 꽃왕관을 만들어요.

귀 가까이 대고 소리를 들어봐요.

"이것 좀 봐. 소리가 하트잎이 부딪치면서 소리가 나는 거야."
"잎이 움직이면서 다른 잎하고 부딪치는 것 같아."
"줄기에도 부딪치는 것 같은데. 그런데 소리가 정말 작아서 잘 안 들려."

자벌레는 소리를 들을 수 있을까?

연한 연두빛의 찔레 잎과 가시 사이에서 자벌레 한 마리가 몸을 폈다 오므렸다를 반복하며 움직이는 것을 아이들이 발견하였습니다. 자벌레가 아이들의 소리 때문인지 몸을 오므린 채 그대로 있습니다.
"어라, 방금까진 분명히 움직였는데, 왜 가만히 있는 걸까?"

자벌레가 움직이지 않는 이유에 대해 아이들은 저마다의 생각을 말하고 그것을 그림으로 표현해 보았습니다.

우리가 자벌레 옆에서 너무 시끄럽게 떠들어서 그래.

적들이 나타난 건 줄 알고 가만히 있는 거야. 우리가 새인 줄 아나 봐.

다음날 한 아이가 친구들에게 자벌레에 대해 이야기합니다.

"자벌레는 사람처럼 귀는 없지만, 소리를 온몸으로 느낀대."

개미도 소리에 반응하나 봐

숲에서 놀던 한 아이가 소리칩니다. 우연히 돌멩이를 들어 올렸는데, 거기에서 수많은 개미와 개미알을 발견하게 된 것입니다. 개미들은 갑자기 빠르게 움직이고 있습니다.

"개미가 진짜 빠르다. 그런데 우리 소리를 들었나 봐. 그래서 이렇게 빨리 움직이나 봐."

"돌을 들어서 개미집을 보는 건 개미에 대한 예의가 아닌 것 같아."

"자벌레는 우리 소리를 듣고 움직이지 않았는데, 개미는 우리 소리를 듣고 빠르게 움직이네."

마치 화면을 빠르게 돌리는 것처럼 개미들은 알들을 재빨리 땅속으로 숨겼습니다. 아이들은 모두 말을 잃은 채 그 모습을 바라보았습니다. 그리고 아이들은 이야기합니다. 개미도 귀는 없지만, 자벌레와 마찬가지로 우리가 내는 소리를 온몸으로 들은 거라고.

나무들도 소리를 들을 수 있을까?

놀이를 하던 중 한 아이가 와서 이야기합니다.

"개미와 자벌레도 귀는 없지만, 소리를 듣는 것 같아요. 그럼 나무도 소리를 들을 수 있나요?"

아이들은 또 새로운 의문이 생겼습니다. 한참 생각하던 아이들이 이야기합니다.

"당연히 들을 수 없어."

"지난번에 나무막대기로 나무를 때렸을 때, 나무에서 눈물 같은 게 나왔잖아."

"맞아. 나무가 울었어. 그래서 나무는 감정이 있는 거야."

"내가 책에서 읽었는데 식물도 소리를 들을 수 있다고 했어. 그런데 시끄러운 음악보다는 조용한 음악을 더 좋아한다고 했어."

"진짜 신기하다. 그럼 우리가 숲에서 크게 울면 나무가 싫어하겠네."

비록 사람처럼 귀는 없지만, 살아 있는 모든 자연물들은 소리를 들을 수 있고, 소리를 낼 수 있다고 아이들은 생각합니다.

아빠, 엄마를 숲으로 초대하던 날

다른 날과는 다르게 오늘은 부모님을 숲으로 초대하는 날입니다. 아이들은 다른 어떤 날보다 행복해 보입니다. 아이들은 부모님과 함께 소리를 낼 수 있는 악기를 만들어 보기로 했습니다. 자연에서 구한 재료를 이용해 가족마다 악기를 만들기 시작했습니다.

생각처럼 쉽지 않지만, 가족들마다 머리를 맞대어 다양한 악기를 만드는 모습이 즐겁고 또 때로는 진지합니다. 그렇게 악기들이 하나둘 그 모습을 갖추었습니다. 그리고 가족들은 저마다 만든 악기들을 소개하는 시간을 가졌

습니다.

나뭇잎과 나뭇잎 사이에 흙과 곡식을 넣어서 만든 마라카스도 있고, 줄에 나무를 매달아서 돌렸을 때 나무 표면에 맞으면서 소리를 내는 악기도 있습니다. 소리가 크지는 않지만, 모두들 세상에 하나밖에 없는 개성 있는 악기였습니다.

우리가 실로폰을 완성시키자

아빠, 엄마와 함께 만들었던 악기들을 생각하며 아이들은 다시 그 부모님과의 추억이 깃든 장소를 찾아갑니다. 아이들은 저마다 그날의 기억을 되살리며 악기들을 바꿔가며 연주를 합니다. 그러던 중 한 아이가 실로폰에 관심을 가지기 시작합니다. 부모님을 숲으로 초대한 날에 미처 완성하지 못한 바로 그 악기입니다. 오늘은 실로폰 만들기에 다시 한 번 도전을 합니다.

"우리도 실로폰을 만들어 보자. 완성하지 못해서 속상하니까."

"그래, 실로폰 만들어 보자. 우리가 만들면 되지."

"실로폰은 막대기가 많이 있어야 해."

"그리고 치는 것도 있어야 해."

"내가 만들고 싶은 실로폰은 줄에 연결되어서 대롱대롱 매달려 있는 실

아이들이 만든 다양한 실로폰들

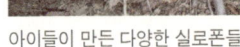

로폰이야."

아이들은 먼저 설계도를 그리고 그에 따라 각자 생각대로 실
로폰을 만들기 시작합니다. 그렇게 어느 정도 시간이 흐르
고 아이들은 꽤 근사한 실로폰들을 만들었습니다.
하지만 실로폰을 완성한 기쁨도 잠시뿐, 아이들은 실로폰을
연주해 보고는 실로폰에 문제가 있음을 깨닫습니다.
"뭐야, 실로폰을 치니까 나뭇가지가 떨어져 버리는데."
"실로 묶으면 괜찮아."
"그런데 나는 치는 거에 나뭇잎을 붙였더니, 소리가 너무 작아."
"내가 칠 때마다 나뭇잎이 움직여서 좋은데 소리가 너무 작아."
"내 건 나뭇잎이 힘이 없어서 나뭇잎이 찢어져 버렸어."
애써 만든 실로폰은 아이들이 몇 번 치자 거의 형체를 알아보기 힘들 정
도로 망가져 버렸습니다.

"내가 실로폰을 보았는데, 도레미파가 모두 길이가 달랐어."

"우리가 세게 쳐도 부서지지 않는 실로폰을 만들어야 해."

"비를 맞아도 괜찮은, 튼튼한 걸로 만들자."

실로폰을 단단하게 만들고, 또 길이를 다르게 해서 음계를 만들겠다고 이야기하는 아이들의 모습이 기특합니다.

튼튼한 실로폰을 만들자

음계에 맞게 나무를 자른 뒤, 아이들은 기분 좋아서 팔딱팔딱 뜁니다. 이젠 줄을 연결하는 마지막 단계만 남았습니다. 하지만 나무에 줄을 일정한 간격으로 연결한다는 것이 쉬운 일이 아니었습니다. 그렇게 실로폰이 완성되었습니다. 실로폰 만들기에 쓸 적합한 단단한 재료를 구하는 데서부터 이렇게 완성하는 데까지 거의 보름이 걸린 긴 여정이었으니, 아이들이 느끼는 기쁨은 기쁨을 넘어서는 감동 그 자체였습니다. 실로폰은 다음날 걸기로 하고 숲을 내려옵니다. 아이들 발걸음이 여느 때보다 가볍습니다.

새끼 사마귀도 실로폰 소리가 듣고 싶은가 봐

실로폰을 완성한 이튿날, 비가 추적추적 내립니다. 오늘은 아이들에게 산

책을 가자고 제안해 봅니다.

"아니요. 안 돼요. 비가 와도 숲에 올라가야죠."

"맞아. 오늘 실로폰 달기로 했잖아요. 정말 실로폰을 달고 싶어요. 숲에 올라가요. 네?"

아이들은 모두 실로폰을 달아야 한다고 합니다. 아이들은 비옷을 챙겨 입고, 전날에 만든 실로폰을 챙깁니다. 알록달록한 우의를 입은 아이들이 오늘따라 더욱 더 밝습니다.

비 오는 날, 아이들이 나무와 나무 사이에 실로폰을 연결해서 답니다. 한 아이가 잔뜩 상기한 목소리로 형에게 말합니다.

"형! 형! 진짜 소리가 달라. 하하하하. 진짜 실로폰 같아."

도레미파솔라시도 정확한 소리가 나지 않지만, 아이들에게는 세상에서 가장 좋은 악기가 되었습니다. 그런데 잠시 뒤에 동화 같은 일이 일어났습니다. 실로폰 위에 새끼 사마귀 한 마리가 나타난 것입니다.

"사마귀가 우리 실로폰 소리를 듣고 싶어서 왔나 봐."

사마귀는 나타나자 아이들은 더욱 더 신이 났습니다.

"이것 좀 봐. 우리가 치면 사마귀가 움직이지 않고 있지. 그런데 우리가 치지 않으면 움직인다."

실로폰 소리가 나면 사마귀가 움직이지 않는다는 것을 알게 된 아이들은 소리에도 힘이 있다고 이야기합니다.

여보세요, 내 소리가 들리니?

소리의 힘에 대해 함께 이야기를 나눈 후, 우리는 소리 전달을 함께 느껴 보기 위한 실험을 해 보기로 했습니다. 한 친구가 제안합니다.

"만약 실 대신 나무로 하면 소리가 들릴까요?"

"느낌이 다른데?"

"잘 안 들리는 것 같아."

또 다른 친구가 제안합니다.

"종이컵대신 나뭇잎으로 하면 소리가 잘 들릴까?"

"어떻게 될지 너무 궁금하다. 정말 소리가 들릴까?"

"그런데 이상해. 종이컵 전화기보다는 소리가 잘 안 들려."

실대신 나무로 하면 잘 들릴까? 종이컵 대신 나뭇잎으로 하면?

"왜 소리가 안 들릴까?"

"(한참을 생각하다가)여기 봐. 구멍이 있어서 그래. 벌레가 맛있다고 먹어서 구멍이 나 있어. 소리가 이 구멍으로 빠져나가서 그래."

"그리고 여기 구멍이 많이 있잖아."

아이들은 생각과는 달리 소리가 잘 전달되지 않음을 확인했고, 왜 소리가 잘 나지 않는지에 대해 함께 생각해 보았습니다. 아이들이 생각하는 것은 종이컵과는 달리 나뭇잎에는 구멍이 있어서 소리가 빠져나가 잘 들리지 않는다고 생각합니다. 과연 아이들의 생각이 옳을까요.

마침, 숲에서 우연히 호스를 발견한 아이들이 그 호스로 바로 놀이를 시작합니다. 전화기놀이에서 했던 것처럼. 하지만 아이들은 그 실험을 통해서 확실하게 안 것은 구멍이 없으면 더 잘 들린다는 것입니다. 그리고 아이들은 호스를 통해 소리의 진동을 느꼈습니다.

"소리가 길을 따라 가면서 옆에 있는 친구한테 들리는 거야."

"호수를 밟으면 소리가 잘 안 들려."

"우리가 소리가 가는 길을 막아서 그래."

"형이 소리를 내면 호스가 흔들려."

"소리가 움직여서 그런 거야."

과학자 할아버지 소리가 궁금해요

소리에 대한 이야기가 더욱 더 구체적으로 나오고, 그동안의 경험을 바탕으로 소리에 대한 지식을 재정립할 필요가 있습니다. 그래서 아이들은 소리에 대해 좀 더 자세히 알기 위해 전문가를 찾아 과학관으로 갔습니다.

아이들은 과학자 할아버지로부터 소리에 대한 많은 이야기를 듣고, 궁금증
도 풀었습니다. 그리고 다양한 소리 체험도 하였습니다. 아이들은 돌아오는
차 안에서 소리에 대해 이야기합니다.

"소리는 눈에 보이지 않아요."

"소리는 만질 수도 없어요."

"하지만 소리는 움직이는 거예요."

막대기 하나로 소리를 탐색해요

과학관에 다녀온 뒤로 아이들은 소리에 대해 더욱 많은 관심을 가집니
다. 나뭇가지를 들고 무엇이든 두드려 봅니다. 나무도 두드려 보고 통도 두
드려 보고 숲에 있는 것들을 모두 두드립니다.

아이들은 직접 두드려 보고 만져 보고 비교해 보며 소리를 탐색합니다.
물질이 가진 성질에 따라 소리가 모두 다르다는 것을 알게 되었습니다. 그
러던 중 비가 와서 물이 가득 찬 화살통을 두드리게 되었습니다.

"이것 좀 봐. 물이 있는 곳을 두드릴 때랑 물이 없는 곳을 두드릴 때랑 소
리가 정말 달라."

"큰 병에다가 물을 붓고 또 해 보자."

큰 병에 물을 옮겨 붓고 난 뒤 또 막대기로 쳐 봅니다.

천둥번개가 치는 것처럼 아주 시끄럽다.

화살 쏠 때와는 다른 소리가 나. 북소리가 들려.

"이것도 물이 있는 데와 없는 데가 소리가 달라."

물의 양에 따라 소리가 달라져요

다음날 아이들은 유리컵과 물을 들고 숲을 올라가게 되었습니다. 소리와 관련된 책을 보면서 우연히 알게 된 컵실로폰을 만들기 위해서입니다. 숲으로 올라가는 아이들 발걸음이 가볍습니다. 빨리 해 보고 싶다며 기대가 크다고 합니다. 유리컵을 이용해서 소리를 탐색하는 실험을 하면서 아이들은 소리에 대해 많은 이야기를 나눕니다.

물이 많은 컵이랑 적은 컵이랑 소리가 다르다.
물이 많아지니까 소리가 점점 진해지는 것 같은데.
컵 안에도 공기가 있으니까 소리가 나는 거야.

소리를 찾아요

오늘은 아이들이 소리 찾기 놀이를 합니다. 작은 상자에 숲에서 찾은 자연물을 넣습니다. 다함께 상자 안의 소리를 들어보고 상자에 어떤 자연물이 들어 있는지 예측하고, 숲에서 상자 안에 있는 것과 똑같은 자연물을 찾아오는 놀이입니다. 한 아이가 친구들 몰래 자연물 하나를 상자에 넣으

면, 친구들이 돌아가면서 그 소리를 들어봅니다. 소리를 들은 친구들은 숲에서 자기가 생각한 자연물을 하나씩 가져옵니다.

소리만 듣고 찾기는 어렵습니다.

"너희들이 가져온 것 중에는 답이 없어."

"그럼 힌트를 줘."

"숲에서 많이 볼 수 있어."

"무슨 색깔이야?"

처음에 소리 찾기 놀이로 시작했지만, 놀이를 어떻게 진행하느냐는 건 온전히 아이들의 몫입니다. 아이들은 놀이가 어렵다 싶으면 서로 생각을 짜내서 난이도를 조정합니다.

탑골생태공원에서 만난 소리

탐방의 날을 맞이해서 아이들은 탑골생태공원을 찾았습니다. 자연 숲과는 다른 모습이지만, 아이들은 금세 새로운 자연을 받아들이며 놀이를 시작합니다. 한참을 놀고 난 뒤에 원두막을 찾아 눕습니다. 그리고 눈을 감습니다.

"선생님, 우리 숲에서 들리는 새 소리하고는 달라요."

"숲마다 들리는 소리가 다른가 봐요."

"감이 떨어지는 소리도 들리는 것 같아."

"부엉이 소리도 들리는 것 같아."

"모든 숲에서 나는 소리는 다르지만, 숲에서 나는 소리가 난 좋아."

쥐람이의 소리찾기 동극을 만들어요.

　소리에 대한 동화책을 읽고, 아이들도 숲에서 동화극장을 준비하기로 합니다. 동화에 나오는 등장인물과 필요한 모든 소품 등을 어떻게 준비할지를 이야기합니다. 아이들이 맡고 싶은 역할을 선택하고, 소품은 숲에서 찾은 다양한 자연물들로 만들기로 했습니다.

　나뭇잎 생선도 만들고, 돌멩이 보청기, 그리고 입 가까이에 대고 이야기하면 찔리는 밤송이 마이크 그리고 돌덩이로 만든 카세트, 멋진 나뭇잎으로 만든 청진기까지 만들었습니다. 그리고 아이들이 숲에서 펼치는 동화극장이 시작되었습니다. 주인공은 아이들이고 관객은 숲입니

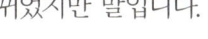

다. 동극을 즐겁게 끝난 뒤, 아이들은 서로에게 큰 박수를 보냅니다. 동화극장을 준비하는 동안, 아이들의 얼굴에는 한시도 웃음이 떠나질 않았습니다. 날마다 대본이 조금씩 바뀌었지만 말입니다.

수박과 음악이 만날 때

텃밭에 수박은 하루가 다르게 커지고 있었습니다. 아이들은 모두 언제쯤 수박을 먹을 수 있을지 기대하며 하루하루를 기다렸습니다. 오늘은 드디어 수박을 수확하는 날입니다. 아이들은 원두막에 둘러앉아서 수박을 먹습니다. 그러고는 자연이 선물로 준 수박 껍질도 그냥 버리기엔 아까워서 수박 껍질을 칼로 여러 가지 모양을 만들었습니다. 커다란 전지를 펼치고, 물감을 풀었습니다. 그리고 전지 위에 수박 모양을 찍습니다. 그리고 잠시 뒤, 크시코스의 우편마차 음악을 조용히 틀어 줍니다. 그랬더니 톡톡 수박 찍기를 하던 한 아이가 엉덩이를 흔들면서 춤을 추며 그리기 시작합니다. 순식간에 수박 껍질은 도장에서 붓으로 변했습니다.

그렇게 재미있게 물감놀이를 하고 난 뒤, 한 아이가 텃밭에 있는 나뭇잎을 한 개 따 와서 아이들이 그린 그림에 붙입니다. 아이들이 만든 세상에서 하나밖에 없는 멋진 그림이 완성이 되는 순간입니다.

내가 좋아하는 소리와 싫어하는 소리

소리에 대한 이야기가 여름까지 이어지면서 서서히 소리에 대한 이야기를 마무리할 때쯤, 아이들에 좋아하는 소리와 싫어하는 소리에 대해 함께 이야기해 보자고 제안했습니다.

"자동차 소리가 싫어요."

"천둥 번개 소리와 드릴 소리가 싫어요."

"엄마가 야단치거나 잔소리가 싫어요."

"난 아빠하고 휘파람을 불고 싶어요."

"난 물 흐르는 소리가 정말 좋아."

"숲에서 듣는 새소리가 정말 좋아."

아이들은 소리 이야기를 만나면서 숲에서 나는 다양한 소리들을 알게 되었고, 그런 자연의 소리를 세상의 어떤 소리보다 좋아하게 되었습니다.

🍃 소곤소곤 선생님의 이야기

숲에서 만나는 소리는 마음을 편안하게 해 줍니다. 아이들은 소리치며 놀면서도 숲에서 나는 작은 새 소리와 바람 소리에도 신기하게 귀를 기울이는 모습이었습니다. 누군가 가르쳐 주지 않아도 끊임없이 오감을 통해 탐색했습니다. 설계도를 그려 실로폰을 만들면서 처음에 계획했던 것과는 달리 계속 수정을 해 나갔습니다. 수정을 쉽게 받아들여 적용하는 아이도 있고, 끝까지 해 보려는 아이들도 있었습니다. 만드는 과정은 서로 달랐지만, 그래도 끝까지 해냈습니다. 그래서인지 자기가 만든 결과물이 최고라고 생각했습니다. 그리고 어느새 교사가 제안하는 놀이를 하면서 그대로 하기보다는 놀이를 변형하는 모습까지도 보였습니다.

태풍과 함께 시작된 우리의 시장

태풍이 우리에게 준 선물

태풍이 숲반 아이들에게 아주 특별할 선물을 주고 지나갔습니다. 태풍이 세차게 불고 지나간 다음날, 아이들이 숲을 찾게 되었습니다. 태풍에 쓰러진 나무를 보고 아이들은 우와, 탄성을 내지르며 깜짝 놀랍니다. 그러더니 또 금방 쓰러진 나무를 타고 놀기 시작합니다. 어떤 아이는 뿌리 쪽에서 놀

태풍은 정말 힘이 센가 봐.

톱으로 나무를 잘라요.

드디어 잘랐어요.

칙칙폭폭, 어서 타세요.

짜잔! 소나무 머리야.

고 어떤 아이는 나뭇가지를 가지고 놉니다.

한참을 그렇게 놀이를 하는 도중 한 아이가 도토리 열매를 줍습니다. 하나둘 함께 줍게 되었고, 제법 많은 양 도토리와 도토리 깍정이를 모으게 되었습니다. 도토리 깍정이에 흙을 담고, 그리고 나뭇잎을 찢어서 담습니다.

"요정이 먹는 밥 같다."

"맞아 엄청 작은 밥그릇에 밥도 있고, 반찬도 있고.."

"나뭇잎은 맛있는 반찬."

여러 반찬이 있는 도토리 밥그릇.

하루가 어떻게 가는 줄도 모르고 신 나게 숲에서 노는 아이들. 이제 놀이가 끝나는 것이 아쉬운 듯 숲을 내려가면서도 자꾸 뒤를 돌아보고 또 돌아봅니다. 태풍이 준 선물은 아이들에게 또다른 새로운 놀이를 만들어 준 좋은 계기가 되었습니다.

식당놀이가 시작되고

오늘도 식당놀이가 시작되었습니다. 오늘은 어제보다 더 많은 아이들이 식당놀이에 참여합니다. 아이들은 상상력을 발휘하여 숲에 있는 자연물에 의미를 붙입니다.

아픈 친구를 위해서 맛있는 스프도 끓여 주고, 숲에서 구하기 힘든 도구들은 자연물로 무엇이든 만듭니다. 아이들의 시장놀이는 이렇게 며칠 동안 계속 되었습니다.

생선구이 왔어요.

진짜 시장에도 가고 싶어

아이들이 숲에서의 시장놀이에 점점 빠져들고 있을 무렵, 숲에 또 다시 비가 내리기 시작했습니다. 하지만 비가 와도 아이들은 시장놀이를 그만두지 않습니다.

"진짜 시장에도 가 보고 싶다."

"시장에 가서 직접 어떤 물건들이 있는지 보고 우리가 숲에서도 그걸 보고 만들면 정말 좋을 것 같은데."

"시장에 가면 돈이 있어야 해."

"맞아. 나뭇잎 돈을 주면 물건을 안 줘요. 진짜 돈으로 사야 해."

아이들은 김밥을 만들기로 하고 필요한 재료를 사기로 했습니다.

시장을 다녀온 아이들은 저마다 솜씨를 뽐내며 김밥을 만들어 맛있게 먹었습니다. 비록 옆구리가 터지고, 김밥 속이 입으로 미처 들어가기도 전에 빠져나왔지만, 아이들은 행복했습니다.

돈을 주고 계산을 하는 거야.   맛살도 손으로 쭉쭉 찢어.

시장놀이를 준비해요

숲을 오르는 발걸음이 가볍습니다. 오늘은 마트에서 본 간판을 만들어 보겠다고 합니다. 간판을 만드는 손길이 무척이나 분주합니다. 시장놀이를 하면서 함께 만들 가게들도 정해 봅니다. 그런데 한 아이가 그림가게를 만들겠다고 합니다. 그러곤 다음날 스무 장에 가까운 그림을 집에서 그려 왔습니다. 시장놀이의 시작과 끝은 없습니다.

난 도토리 가게를 할 거야. 도토리 가게 자리는 여기가 좋겠다.

집에서 그려 온 그림들, 여기서 그림을 팔아야지.

여기는 식당입니다. 빨리 오세요.

어떤 그림이 좋을까? 손님 이 그림은 어때요.

저 맛있는 국수 주세요. 나뭇잎 국수가 제일 맛있어.

아이들은 팔 물건이 생기면 팔고, 다 팔고 나면 팔 물건을 자연에서 찾아 봅니다. 큰 나뭇잎은 천 원, 그리고 작고 동그란 나뭇잎은 백 원입니다. 돈이 없어도 아이들은 자연물로 무엇이든 만들 수 있습니다. 돈의 단위는 몰라도 나뭇잎 세 장이면 모든 게 해결됩니다.

시장바구니에 가득 찬 나뭇잎을 보며 부자가 되겠다며 웃는 아이의 모습에서 행복을 느낍니다. 그렇게 태풍이 지나간 뒤에도 시장놀이는 한참을 더 진행되었습니다.

 소곤소곤 선생님의 이야기

숲에서는 별도의 경제교육이 필요하지 않습니다. 굳이 가르쳐 주지 않아도 아이들은 생활 속의 경험을 놀이를 통해 표현합니다. 교실에서는 풀, 가위, 종이 등이 필요하면 언제든지 쓸 수는 있지만, 숲에서 아이들은 즉석에서 찾은 자연물을 활용합니다. 교사 또한 그것에 익숙해집니다.

숲으로 오르면서 많은 것을 가방 속에 넣어갈 수는 없지만, 숲으로 내려올 때는 마음속 가득 눈에 보이지 않는 소중한 것들이 더 많이 가져옵니다. 숲은 우리 아이들에게 부족함도 넉넉함으로 바꾸어 주는 힘이 있나 봅니다.

화살이 되었네

숲에서 실을 가지고 놀던 한 아이가 화살을 만든다고 합니다. 처음에 아이들은 별다른 관심을 보이지 않았지만, 화살이 날아가는 모습을 보고는 바로 관심을 보입니다.

"진짜 화살이 되었네."

"한번 쏘아 봐."

"하하하. 그런데 아무 데나 쏘면 안 되는데."

"그럼 저쪽으로 쏘아 봐."

나무를 향해 쏜 화살이 바로 발아래로 톡 떨어집니다. 아이들이 하나둘 화살에 관심을 보이더니 이제는 너도나도 화살을 만들겠다고 합니다. 아이들은 요즘 한창 세상을 떠들썩거리게 하는 올림픽경기에서 본 과녁에 대해 이야기합니다.

"텔레비전에 보면 화살 쏘는 곳이 있잖아."

"어, 맞아. 내가 텔레비전에서 봤는데 가장 안쪽에는 빨강색이 있고, 그리고 가장 바깥쪽에는 파란색이 있고, 빨강색하고 파란색 사이에는 노란색이 있었어."

"나도 그런 거 봤는데, 우리도 그걸 만들어서 활을 쏘면 되잖아."

다음날 숲으로 올라가기 전, 아이들은 물감과 과녁을 그릴 천을 챙깁니다. 그리고 팔레트 대신 나뭇잎을 찾아서 사용하고 붓 대신 손으로 칠을 합니다. 얼마 뒤, 삐뚤빼뚤한 숲반만의 과녁이 완성되었습니다.

"형, 어떻게 하는 거야?"

"형들이 하는 거 잘 봐."

형들은 과녁을 향해 활을 쏘았지만, 바로 발 앞에 화살이 떨어집니다. 그래도 동생들 눈에는 형들이 멋있습니다. 형들은 동생들에게도 활 쏘는 법을 가르쳐 줍니다.

새로운 게임을 만들어요

전 세계인의 축제인 올림픽이 열기를 더할 때, 숲에서도 아이들은 올림픽 놀이에 푹 빠져 있었습니다. 그러던 어느 날, 아이들이 숲에서 축구를 하겠다고 합니다. 평평하고 고른 땅도 아니고, 돌뿌리, 나무뿌리 등이 있는 땅에서 어떻게 축구를 하려는지 무척 궁금해집니다.

"우리 축구하자!"

"축구는 골대가 있어야 하는 거야."

"그럼 만들면 되지. 나무 두 개를 세우고 실로 감으면 되지."

땅을 깊이 파야 해. 그래야   동생들은 나무를 꼭 잡아 줍니다.   실을 나무와 나무 사이에 감기
나무막대기가 안 쓰러져.   시작합니다.

완성된 골대로 무엇을 해야 할까?

아이들은 만들어 놓은 골대를 보며 무척 좋아했습니다. 그러고는 공으로
쓸 만한 자연물을 구하려고 숲을 뒤집니다. 하지만 생각처럼 찾기가 쉽지
않습니다. 한 아이가 친구들을 불러 모읍니다. 그러고는 놀이 방법을 생각
해 봅니다. 어떤 새로운 놀이가 나오는 순간입니다. 아이들이 정한 놀이 방
법은 이렇습니다.

1. 준비 시작과 함께 출발합니다.
2. 줄을 타고 올라가고 다시 내려옵니다.
3. 골대를 통과합니다.

신 나는 놀이를 마친 아이들이 올림픽처럼 메달을 만들자고 제안합니다. 그래서 나뭇잎 크기에 따라 금은동을 만들고, 마지막으로 들어온 친구에게는 도토리 선물을 주기로 합니다. 놀이 하나가 끝나면 바로 시상식을 합니다.

꼴찌로 들어온 아이도 도토리 선물을 받으니, 모든 아이들의 얼굴에 웃음꽃이 피어납니다. 숲을 내려가며 아이들은 아주 떠들썩합니다.

"왜 이렇게 시간이 짧지?"

 소곤소곤 선생님의 이야기

숲속올림픽이 끝난 뒤 아이들은 여름방학을 맞이하게 되었습니다. 바깥세상에서 열린 올림픽처럼 많은 사람들이 응원하고 환호하는 경기는 아니었지만, 숲에서 열린 우리만의 작은 올림픽은 소박하고 아름다운 추억이 되었습니다. 아이들이 만든 뒷이야기들도 너무나 궁금했지만, 아쉽게도 방학을 맞이하며 숲속올림픽 이야기는 더 이상 나오지 않았습니다. 아이들이 만드는 세상은 화려하지 않지만, 그 속을 들여다보면 또 다른 숲이라는 사회가 있는 것 같습니다.

숲에서 만나는 맛과 향

먹을 수 있는 식물

아이들은 탑골생태공원을 산책하다가 '식용 가능 식물'이라는 안내판을 발견했습니다. 아이들은 식물 중에서 먹을 수 있는 식물이 있다는 말을 듣고 어떤 식물을 먹을 수 있는지 무척 궁금해합니다.

고사리, 칡 이런 것이 식용 가능 식물이라고 나와 있어. 이것도 먹을 수 있는 식물일까?

어떤 식물을 먹을 수 있을까?

먹을 수 있는 식물이 있다는 사실을 알고 난 뒤, 아이들은 숲에서 먹을 수 있는 식물을 찾아보기로 했습니다.

내가 책을 읽어 보니까, 하얀 무궁화를 차로 마실 수 있다고 해. 그리고 질경이라는 식물도 먹을 수 있대.

먹을 수 있는 식물을 찾았어요

먹을 수 있는 식물의 종류를 알고 난 뒤, 아이들은 숲에 있는 식물 가운데 먹을 수 있는 식물을 찾아보았습니다. 그동안 아이들이 자주 만났지만, 무심코 지나쳤던 열매와 식물들이 실은 우리에게 좋은 맛과 향을 선물해 주는 식물이었단 걸 알게 되었답니다.

내가 좋아하는 밤이야!

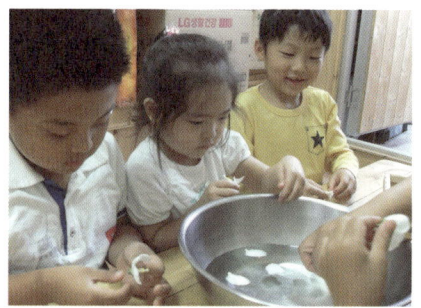
무궁화를 먹으려면 식초 물에 잠시 담갔다 씻어야 해.

내가 책에서 본 질경이도 먹을 수 있는 식물이야.
여기 질경이 찾았어!

식초 물에 씻어 건조기에 말려 보자.

어떤 맛 일까?

아이들은 숲에서 찾은 질경이, 무궁화 그리고 또 다른 식물들을 차로 마시기 위해 준비한 뒤, 맛을 보았습니다. 과연 어떤 맛일까? 아이들은 차 맛을 몹시 궁금해합니다.

뿌리식물인 칡과 가을꽃인 국화도 차로 마실 수 있다고?

한 아이가 뿌리식물인 칡과 가을에 볼 수 있는 국화도 차로 마실 수 있다는 사실을 다른 아이들에게 알려줍니다. 이 이야기를 들은 아이들은 새로운 차를 만들 수 있겠다며 무척 즐거워합니다. 그러고는 숲에서 칡과 국화를 찾아보자고 이야기합니다.

칡은 나무처럼 생긴 뿌리인데 그 뿌리를 차로 먹을 수 있고 국화는 산국이나 들국을 차로 마신대.

우리 칡 캐러 가자!

칡 뿌리를 차로 마실 수 있다는 것을 알게 된 아이들은 칡을 캐기 위해 숲으로 신 나게 출발합니다.

칡은 잘라서 껍질을 벗겨. 씹어서 물만 쪽쪽 빨아. 그리고 차로 마셔.
먹어 보니까 칡이 너무 써. 그런데 계속 씹으니 조금 달콤한 맛도 나네.

국화꽃은 어디에 있을까?

칡 뿌리를 찾은 뒤, 아이들은 다시 국화꽃 찾기 위해 발길을 옮깁니다. 모두 출발! 차로 마실 수 있는 들국과 산국은 어디에서 만날 수 있을까요. 그런데 아이들은 숲이 아니라 뜻밖의 장소에서 국화를 발견합니다.

"와! 산국이다."

작고 예쁜 산국이야. 향기가 참 좋다.

국화차를 만들어요

국화 차 만드는 방법에 대해 알아 본 뒤, 아이들은 직접 채집한 산국과 감국으로 차를 만듭니다.

숲이 준 선물 '차'를 마셔요

무궁화, 질경이, 칡, 국화 차를 모두 만든 뒤에 아이들은 차를 맛보기 위해 원두막에 둘러앉았습니다. 숲에서 채취한 여러 종류의 식물을 차로 마시며 향과 맛을 느껴 보며, 아이들은 자연이 우리에게 준 선물에 대해 고마운 마음을 갖습니다.

우리가 만든 차가 향기도 좋고 맛도 참 좋다.

"칡 차는 조금 쓰다."

"나는 너무 쓴 맛이어서 못 먹겠어."

"칡 차는 술 깨는데 좋다던데 우리 아빠 주면 좋겠다."

🍃 소곤소곤 선생님의 이야기

요즘 많은 아이들이 패스트푸드, 인스턴트 음식에 길들여졌습니다. 그에 비해 숲반 아이들은 자신들이 직접 채취한 꽃잎을 말려서 우려 낸 차를 마십니다. 숲에서 만나는 작은 풀 한 포기, 꽃 한 송이가 아이들의 눈을 기쁘게 할 뿐만이 아니라, 이렇게 우리에게 좋은 맛과 깊은 향기를 선물하기도 한답니다.

 # 우리가 만든 썰매 이야기

가을에 만드는 낙엽 썰매

숲이 노랗게 빨갛게 가을빛으로 곱게 물들더니 점점 갈색으로 변해 갑니다. 아이들은 오늘 놀이 장소를 바꾸어 다른 숲을 찾게 되었습니다. 지난 추석 때 솔잎을 따던 바로 그곳입니다. 한 아이가 푹신푹신한 낙엽을 밟는 느낌이 좋은지 한참을 그렇게 밟다가 솔방울을 주워 모읍니다.

"여기에는 솔방울이 정말 많은 것 같아."

"그런데 솔방울이 좀 따갑다."

"자세히 보면 가시 같은 것이 있어."

"잎도 뾰족하고, 솔방울도 뾰족하네."

아이들에게는 낙엽과 솔방울도 재미있는 놀잇감이 됩니다. 두 손 가득히 모은 솔방울을 흐뭇하게 바라보는 아이도 있고, 또 다른 아이는 낙엽을 바스락 소리가 나도록 힘주어 밟으며 놀고 있습니다. 또 다른 아이는 빠른 걸음으로 걷다가 멈추고 낙엽을 힘껏 발로 차올립니다. 그러고는 발라당 낙엽 위에 누워 하늘을 바라보며 시익 웃고는 데굴데굴 굴러 봅니다. 낙엽 위에 뒹굴고 놀던 아이가 이제는 약간 경사진 곳에서 낙엽을 엉덩이를 깔고 주르륵 미끄럼을 탑니다.

"하하하. 내려간다, 내려가!"

"모자를 엉덩이에 깔고 내려가 봐. 더 잘 내려가."

엉덩이에 모자를 깔고 내려가다 중간쯤 멈춰서면 데굴데굴 굴러서 내려

옵니다. 숲도 하늘도 땅도 모두 뱅글뱅글 돌아가는 것이 신기하고 또 재미
있나 봅니다. 그렇게 또 하루가 갔고, 숲을 내려올 때까지 숲에는 아이들
웃음소리로 가득했습니다.

하얀 눈이 만들어 준 미끄럼틀

아이들이 한창 낙엽 놀이에 빠져 있던 어느 날, 숲에 첫눈이 내렸습니다.
눈이 내리자, 아이들을 하늘을 향해 두 팔을 벌리며 뛰어다닙니다. 그날의
첫눈은 밤이 지나도록 그칠 줄 몰랐습니다. 숲은 물론이거니와, 아이들의
작은 공간에도 하얀 눈이 쌓였습니다. 이튿날 아침, 아이들은 눈사람도 만
들고 눈싸움도 하고 눈덩이도 뭉쳐서 의자에 차곡차곡 쌓으며 놀았습니다.
"우리의 숲은 어떤 모습일까?"
아이들은 발걸음을 옮겨 숲으로 갑니다. 숲에 도착한 아이들이 하얀 눈
으로 뒤덮인 아름다운 숲을 보며 함성을 내지릅니다. 그러고는 눈을 한참
탐색하더니 눈썰매를 타고 싶어 합니다. "눈썰매를 어떻게 탈 거니?" 하고
물었더니, 한참동안 생각에 잠깁니다. 아이들은 숲에서 내려와 눈썰매를 탈
수 있는 방법을 함께 생각해 보기로 했습니다.

"눈을 타려면 썰매가 있어야 해."
"맞아. 그런데 우리 숲에는 썰매가 없잖아."
"그럼, 어떻게 눈을 타지?"
"지난번에 나뭇잎을 탈 때처럼 또 모자를 깔고 타야 하나?"

비닐봉지를 가지고 타면 잘
내려가서 재미있을 거야.

나무막대기를 타고
내려오면 좋을 거야.

아이들은 각자가 생각한 썰매 도구를 가지고 숲으로 올라갑니다.

처음에는 각자가 준비한 도구로 눈썰매를 탔지만, 나중에 퇴비포대가 가장 좋다는 것을 아이들은 알게 되었습니다. 그날 아이들은 숲 비탈길에 눈이 녹아 없어질 때까지 썰매를 탔습니다.

얼음썰매는 너무 재미있어요

눈이 오면 눈썰매를 타고, 얼음 언 논에서는 얼음썰매를 타고 놉니다. 그런데 눈썰매를 탈 때 사용하는 썰매와 얼음썰매를 탈 때 사용하는 썰매가 다름을 알고, 동네 할아버지 도움을 받아 얼음 썰매를 만들기로 했습니다.

"나는 이런 썰매 타 본 적이 있는데."
"아빠다리하고 앉아서 타는 거야."
"맞아, 막대기 두 개를 들고 얼음을 꼭꼭 찌르면서 앞으로 나가는 거야."

퇴비포대를 타니 정말 재미있는 것 같아.　　　　　　스키처럼 이렇게 타면 어떻게 될까?

"눈에서는 잘 안 나가고 얼음에서 잘 나가는 썰매야."

아이들은 얼음썰매를 가지고 얼음이 언 논을 찾아갔습니다. 그리고는 추운 줄도 모르고 손을 호호 불어가며 얼음썰매를 탔습니다. 아이들은 낙엽썰매를 타면서도 그랬고 눈썰매를 타면서도 또 얼음썰매를 타면서도 자지러지게 웃고 또 웃습니다.

소곤소곤 선생님의 이야기

낙엽과 눈과 얼음은 아이들에게는 큰 선물이었습니다. 숲에 눈이 많이 쌓여 바닥을 확인할 수 없을 때에는 바우바겐 앞마당에 있는 눈을 가지고 놀았습니다. 그리고 숲에 눈이 조금씩 녹아 어느 정도 바닥을 가늠할 수 있게 되면 다시 숲에서 썰매를 타고 놀았습니다. 퇴비포대에 지푸라기나 사용하지 않는 수건이나 헌옷 따위를 넣어서 타면 엉덩이가 아프지 않습니다. 낙엽, 눈, 얼음 위에서 썰매를 탈 때에 모두 그 방법이 조금씩 다른데, 아이들은 재빨리 재미있게 타는 방법을 찾아냅니다.

 # 자연과 함께 그리는 그림

와! 꽃눈이 내리고 있어

추운 겨울이 물러가고 겨우내 움츠렸던 나무들이 하나둘 새싹을 틔우는 날입니다. 봄나무들이 피워올린 예쁜 꽃들을 바라보며 아이들은 진짜 봄이 왔다며 무척 즐거워합니다. 봄꽃 가운데에서도 진달래는 숲 여기저기에서 아름다운 빛깔로 자태를 뽐내었습니다. 진달래꽃이 지고 예쁜 새싹이 나온 뒤, 숲 어귀에 하얀 벚꽃이 만발합니다. 눈송이처럼 하얗게 내리는 벚꽃을 보며 이이들은 환호성을 지릅니다.

"와! 꽃눈이 내리고 있어."

바닥에 내려앉은 작은 꽃잎들이 아이들의 세상을 아름답게 수놓고 있습니다. 자연이 그리는 봄날의 황홀한 스케치에 아이들은 하루에도 몇 번씩 빠져듭니다.

떨어지는 꽃잎을 잡으면 사랑이 이루어진다는 여자아이 말을 들은 아이들은 모자를 벗어 지는 꽃잎을 잡으려고 합니다. 꽃잎을 잡은 아이들은

내가 나뭇가지로 칠테니까 너희는 모자로 잡아 봐.

잎이 작고 부드러워요.

"나는 사랑이 이루어진다. 야호!" 하며, 마치 그 의미를 알고나 있는 듯이 좋아합니다. 바람이 불 때마다 벚꽃들이 눈송이처럼 날리고, 아이들은 숲에 올라가는 것도 잊은 채 또 놀이의 세계에 빠져듭니다.

오빠가 주워 온 꽃잎으로 벚꽃 케이크를 만드는 아이들.

완성된 벚꽃 케이크.

떨어진 꽃잎을 주워서 그루터기에 올리며 놀던 우리 아이들이 벚꽃 케이크를 만듭니다. 그렇게 벚꽃 케이크를 만들어서 생일 축하 노래도 부릅니다. 촛불을 끄는 시늉을 하며 후, 하고 부니 벚꽃들이 하늘하늘 날아갑니다. 아이들은 벚꽃이 핀 동안 계속 벚꽃 나무 아래에서 놀았습니다.

보라색을 만나서 행복해요

어느덧 벚꽃이 모두 지고, 그 자리에 예쁜 새순이 돋아났습니다. 유월을 맞이하면서 벚꽃나무에도 나뭇잎이 무성하게 났습니다. 한 아이가 벚나무 아래를 지나가다 빨간 버찌를 주웠습니다.

버찌를 보고 그냥 지나칠 리가 없는 아이들이 한두 알씩 줍더니 손바닥이 물든 것을 보고 재밌어합니다. 그러고는 그것을 가지고 놀이를 시작합니다. 한 아이는 버찌 물을 이용해 그림을 그리겠다고 합니다.

얼굴도 손도 옷도 버찌로 물들었지만, 아이들은 아랑곳하지 않습니다. 오히려 열매가 서서히 없어지고 떨어진 열매가 마르는 것을 더 아쉬워합니다.

물을 붓고 콕콕. 포도주스 색깔이야. 주스 사세요.

내 손 좀 봐.

나뭇가지 붓과 버찌 물감으로 그림을 그려요.

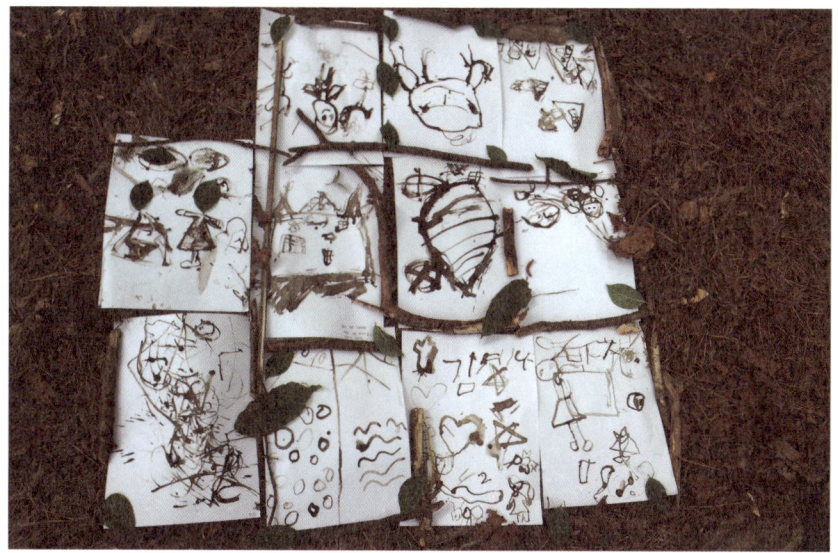
보라색을 만나서 행복해요.

 소곤소곤 선생님의 이야기

계절을 바뀌면 숲도 우리에게 보여주는 모습을 달리합니다. 봄꽃이 피면서 자연스럽게 새로운 계절을 왔음을 온몸으로 느낄 수 있었습니다. 벚꽃이 바람에 날리면 마치 하얀 눈이라도 맞은 것처럼 금방 기분이 좋아집니다. 그리고 땅바닥에 떨어진 벚꽃은 마치 한 폭의 그림과도 같았습니다. 숲에서 자라는 아이들은 자연의 아름다움을 닮아 풍부한 감성을 가집니다. 아름다움을 보고 그냥 지나치지 않고 나무에게 혹은 꽃에게 친구에게 아름답다고 적극적으로 표현합니다.

자연이랑 함께 만든 먹거리

돌을 골라내요

숲에는 봄기운이 돌고 숲유치원 앞마당은 아이들 웃음소리로 가득합니다. 봄 농사를 준비하는 사월입니다. 씨를 뿌리기 위해서는 많은 준비를 해야 합니다. 오늘 아이들은 텃밭에 있는 돌을 주워 냅니다. 고사리 같은 여린 손으로 돌을 주워 내며 하루 빨리 씨를 뿌릴 그날을 기다립니다.

돌을 골라내야지 감자를 심을 수 있다는데.

돌이다. 난 반짝 빛나는 돌이야.

감자에 싹이 났어요

아이들이 텃밭을 고르고 며칠이 지났습니다. 비와 바람과 햇볕을 충분히 받은 밭에 감자를 심어야 할 때가 되었습니다. 감자에 싹이 났고, 싹이 난 감자를 잘라서 심기로 했습니다.

감자를 시작으로 해서 텃밭에는 많은 작물들을 심었고, 봄기운을 받은 작물들은 하루가 다르게 자라기 시작했습니다. 아이들은 아침마다 텃밭으

감자에 싹이 정말 많이 났어. 싹이 잎이 되는 거야. 이 감자를 반으로 잘라야 감자가 나.

구멍을 뚫고 싹이 위로 올라가게 해서 심어요.

로 달려가 자기들이 심은 작물들이 얼마나 생겼는지 눈으로 직접 살펴보았습니다. 또 새로운 작물이 싹을 틔우고 줄기를 올리면 쏜살같이 달려와서 그 작물에 대해 수다를 떨었습니다.

자연이 우리에게 준 선물은?

뜨거운 햇살과 비를 맞으며 토마토, 가지, 수박, 참외, 그리고 오이가 무럭무럭 잘 자라고 있습니다. 줄기에 열매가 맺기 시작하면서 아이들은 날마다 텃밭으로 나가 얼마나 자랐는지를 살펴봅니다. 그 작물들 중에서도 아이들이 유독 관심을 가지고 지켜보는 것은 바로 수박입니다. 탐스럽게 자라는 수박을 만져 보고 싶은 마음이 굴뚝같지만, 자꾸 만지면 다음에 따먹지 못한다는 말을 들은 뒤로는 그저 눈으로만 봅니다.

"오늘은 수박이 좀 컸어?"

"당연히 컸지. 얼마나 더 커야 먹을 수 있을까?"

"수박은 우리 몰래 몰래 크는 거야. 그래서 눈으로는 잘 보이지 않아."

아침부터 숲반 텃밭이 시끌벅적합니다. 바구니도 찾고 가위도 찾고, 신나게 모래놀이를 하고 있을 시간인데 모두들 텃밭에 모여 있습니다. 오늘의 화제는 고추가 많이 자랐다는 것입니다.

고추를 수확해요. 고추를 수확해요.

"고추가 너무 많아서 땅에 닿겠다."

"지금 먹으면 아마 엄청 매울 거야."

매울 거라는 걱정을 하면서도 아이들은 부지런히 고추를 땁니다. 어느새 바구니에는 초록색 고추가 가득 담겨 있습니다. 더운 햇살도 아이들의 수확의 손길을 막을 수가 없습니다.

며칠 뒤, 가뭄을 해갈해 주는 단비가 내리고 있습니다. 주룩주룩 내리는 비가 반가운지 아이들도 즐거워합니다. 옥수수는 참 빨리 자랍니다. 어느새 아이들의 키를 훌쩍 넘긴 옥수수 사이로 아이들이 뛰어다닙니다.

"우와! 옥수수 터널입니다. 어서 오세요."

무엇이든 또 어디서든 놀이를 만들 낼 줄 아는 창의적인 아이들의 모습이 이제는 놀랄 만한 일도 아닙니다.

입으로 맛보는 자연

수확의 계절 가을입니다. 아이들은 오늘 평소보다 빨리 숲활동을 마치고 내려왔습니다. 텃밭에 채소를 수확해서 점심을 직접 준비해서 먹기로 했기 때문입니다. 텃밭에는 여러 종류의 야채들이 그동안 아이들의 손길을 받으며 자랐습니다. 오늘 점심 식단은 근대와 호박 그리고 방울토마토입니다.

채소를 하나하나 소중하게 수확하는 아이들

"(근대를 보며)배추처럼 생겼네."

"잎이 내 얼굴보다도 큰 것 같아."

"길쭉하게 생긴 걸로 따고 동그랗게 생긴 건 단호박이야."

근대국 끓이기

봄에 담근 된장과 멸치를 넣고 물을 보글보글 끓입니다. 그리고 손질한 근대를 넣습니다. 구수한 근대국 냄새가 작은 공간에 퍼집니다.

호박전 만들기

아이들은 날마다 막대기를 하나 들고 풀들을 헤치고 다닙니다. 꼬꼬가 낳은 달걀을 찾기 위해섭니다. 꼬꼬는 오늘 어디에 알을 낳았을까 한참 동안 알을 찾던 아이들이 환호성을 지릅니다. 드디어 알을 찾았습니다. 그 달

삐뚤빼뚤하지만 조심조심 호박을 썰어요.

친구랑 함께 달걀을 번갈아 가며 저어요. 꼬꼬야, 고마워!

호박에 밀가루를 꾹꾹 눌러서 묻혀요.

걀로 아이들은 호박전도 만들었습니다.

　아이들의 여름 식단은 다른 여느 계절보다 풍성합니다. 아이들은 먹을거리를 직접 키우고 수확하여 즐겁게 먹습니다.

 소곤소곤 선생님의 이야기

땅을 고르기 전 흙과 돌은 아이들의 신 나는 놀잇감이었습니다. 하지만 씨를 뿌리고 모종을 심으면서 흙은 생명들이 자랄 수 있는 곳이 되었습니다. 씨도 뿌리고, 잡초도 뽑아 주고 하루가 다르게 자라는 먹거리들을 보면서 아이들은 자연스럽게 텃밭의 모든 생물들에 대해 관심을 가지게 되었습니다. 텃밭에서 수확한 채소들로 요리를 해 먹고, 아이들이 키운 닭은 우리에게 달걀을 낳아 주었습니다. 점심을 먹고 밖에 나가 놀다가 지치면 자연스럽게 나무그늘을 찾아가 쉬었습니다. 우리 아이들은 먼 훗날 텃밭의 밭고랑을 뛰어다니며 놀던 이 유년시절을 꼭 기억할 거라고 생각합니다.

열매 잔치가 열렸어요

열매를 따서 맛보아요

따뜻한 봄이 지나고 여름이 찾아온 숲과 마당에는 앵두, 버찌, 보리수, 딸기, 오디 등 새콤달콤한 맛난 열매들이 많이 열렸습니다. 초록색이던 열매가 어느새 빨갛게 변했습니다. 오늘 아이들은 이 열매들을 맛보기 위해 한 그릇 가득 열매를 땄습니다.

"엄마가 그러는데 초록 열매가 빨갛게 변하는 걸 '익었다'고 말하는 거래."

"빨갛게 되면 이제 달콤하다는 표시야. 먹어도 돼."

달콤한 열매를 먹을 생각에 들뜬 아이들이 즐겁게 이야기를 나누며 열매 따기에 열중합니다. 그러다가 떨어진 열매 주위에 모여 있는 개미들을

발견했습니다.

"어! 여기 벌써 개미들이 버찌에 구멍을 내고 열심히 먹고 있어!"

"우리가 열매를 다 따먹으면 새랑 개미가 먹을 게 없을 텐데."

"그럼, 우리가 먹을 만큼만 따야겠다."

"이 열매는 뭐지? 파인애플처럼 생겼어!"

"껍질이 너무 단단해서 안 까져요. 도구가 필요할 것 같아요."

호기심 가득한 아이들이 전지가위로 조심스럽게 열매 껍질을 벗겨 봅니다. 그 속에서 작고 새하얀 열매가 나옵니다. 열매를 먹어 본 아이들이 이야기합니다.

"이거 잣이죠? 먹어 본 적 있어요."

"청설모와 다람쥐가 좋아하는 바로 그 잣이구나!"

"난 산에서 다람쥐가 열매를 다 먹고 남긴 잣 껍데기를 본 적이 있어."

"정말 고소하고 맛있다."

오디 아이스크림을 만들어 먹어요

"할아버지가 그러셨는데, 옛날에는 사탕이나 과자가 없어서 열매를 많이 따먹었대."

"그런데 오디는 맛이 조금 없다. 더 달콤하면 좋을 텐데."

"맞아. 더 달콤하고 시원하면 좋겠어. 숲에서 놀다 보면 너무 덥잖아. 시원한 아이스크림 하나 먹으면 좋겠다."

"아이스크림 만들어 먹으면 어떨까? 우리 엄마가 바나나로 집에서 아이스크림 만들어 준 적이 있어."

열매 그 자체로도 좋지만, 아이스크림으로 만들어 시원하게 먹고 싶다는 아이들. 다음날 아이들은 믹서기와 아이스크림 틀을 준비해 오디 아이스크림을 만들기로 했습니다. 바나나를 넣으면 더 달콤할 것 같다는 말도 나

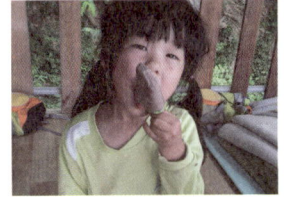
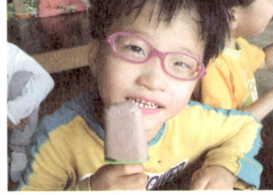
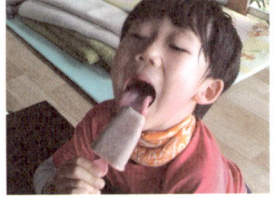

왔습니다. 바나나와 오디, 우유와 매실청 등을 믹서기에 모두 넣고 간 다음 아이스크림 틀에 넣어 냉동실에 얼려 두었습니다. 주말이 지나 월요일에 등원한 아이들이 잔뜩 기대에 부풀어 오디 아이스크림을 먹습니다.

"정말 시원하고 맛있어요."

"슈퍼마켓에서 파는 아이스크림보다 맛있어요."

"다음에 또 만들어 먹어요."

"집에 가서 엄마한테도 만들어 먹자고 할 거예요."

열매에서 즙을 내어 그림을 그립니다

산에 있는 벚나무에서 떨어진 버찌를 먹어 본 친구들이 이야기합니다.

"이 열매 만지니까 보라색 물이 나와요."

"손이 보라색이 됐어요."

"물감 열매다!"

버찌를 으깨어 즙을 내어 우리 친구들 서로 얼굴에 그림을 그려봅니다.

"귀여운 고양이가 되었네."

버찌로 얼굴에 그림 그리는 활동을 하고 난 뒤에 각종 열매에서 나오는 즙에 대해 관심이 많아진 아이들은 딸기, 앵두 등 다양한 열매들을 모아 짜고 으깹니다.

"초록색 물감도 필요한데, 나뭇잎으로 물감을 만들어 볼까?"

초록색 물감을 얻기 위해 쑥과 나뭇잎도 함께 채집하였습니다.

"우와! 정말 예쁜 색이 나와요!"

"나뭇잎에 이렇게 예쁜 색이 나오는지 몰랐어
요!"

"나뭇잎이 물을 먹고 자라서 이렇게 물
이 나오나 봐요."

채집이 끝난 뒤, 앵두와 버찌의 씨를

열심히 발라 천에 올리고 양쪽을 잡아 열심히 짜고, 나뭇잎은 절구에 넣고 찧어 즙을 내어 물감을 완성했습니다. 아이들은 물감으로 무엇을 할까 생각을 모으다가, 천연 물감으로 예쁜 그림을 그리기로 했습니다.

"오늘 비 맞으면서 산책할 때 본 달팽이를 그릴 거예요."

"난 수영하던 오리 가족을 그릴 거예요."

"진짜 물감처럼 잘 그려져요."

 소곤소곤 선생님의 이야기

자연 속에서 노는 아이들은 알고 있답니다. 자연의 모든 먹거리는 필요한 만큼만 취하고 숲속 친구들과도 함께 나누어 먹어야 한다는 것을. 이번 활동을 통해 아이들은 자연을 소중히 다루어야 하고 모든 식물이 자신만의 색을 몸속에 담고 있다는 사실과 그것 또한 우리와 함께할 수 있다는 것을 알게 되었습니다. 아이들이 직접 만든 물감이었기에 비록 인공 물감처럼 선명한 색은 아니었지만, 다른 그림 그리는 날보다 더 진지하고 소중하게 임하는 모습이 보였습니다.

캠핑을 떠나 봐요

잘린 나무 밑동을 보고 한 아이가 이야기합니다.

"캠프장에서 본 모닥불 같다!"

"맞아. 나도 본 적 있어. 여기 밑에 불을 피우고 위에는 고기를 굽는 거야."

아이들은 캠프장에서의 기억을 떠올리며 이야기를 나누다가 자연스럽게 캠프장 놀이를 시작합니다.

"이 나뭇잎을 고기라고 하자."

"그래. 이 나뭇잎은 닭고기고, 이 나뭇잎은 생선이야. 나뭇가지에 이렇게 끼워서 구우면 타지 않고 맛있게 구워져."

"여보, 고기 좀 잡아오세요."

"엄마, 모기가 자꾸 물어서 가려워요."

"여기 모기가 싫어하는 향기가 나는 나뭇잎이 있어. 이걸 몸에 붙이고

있으면 돼."

한 아이가 산초잎을 따서 친구 얼굴에 붙여 주며 제법 엄마 목소리 흉내를 냅니다.

"난 텐트를 칠게. 텐트 치는 게 가장 어려우니까 힘센 아빠가 할게."

큰 아빠, 셋째 작은 엄마, 다섯째 언니 등등 하나 둘 식구가 늘어나며 서로 역할을 분담하여 고기도 구워 먹고 밥도 해 먹고 시장도 다녀오며 즐거운 캠프를 이어갑니다.

비 오는 날 산책길에서 만난 이야기들

며칠 동안 내리던 비가 잠시 그친 틈을 타, 아이들은 우비를 입고 개천가로 산책을 갑니다. 산책을 시작한 지 얼마 되지 않아서, 아이들은 곳곳에서 달팽이를 발견하고 소리칩니다.

"달팽이다!"

한 걸음 뗄 때마다 발견되는 달팽이에 아이들 모두 정신이 없습니다.

"우와! 달팽이가 집을 가방처럼 등에 메고 다녀."

"까만 눈을 만지니까 눈을 쏙 집어넣네?"

신기해서 보고 반가워서 또 보고 찻길에 나와 있는 달팽이가 걱정돼서 또 다시 들여다봅니다.

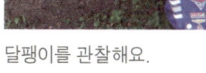
달팽이를 관찰해요.

"달팽이를 풀숲에 옮겨 주자. 차가 지나가다가 밟을 수도 있잖아."

"왜 찻길에 나왔어! 얼른 집으로 돌아가."

그렇게 달팽이 몇 백 마리를 풀숲에 옮겨 주느라 아이들은 한동안 정신 없이 바쁩니다. 혀를 쯧쯧 차며 하나하나 정성스레 풀숲으로 옮깁니다.

"저기 핫도그처럼 생긴 풀은 뭐지?"

궁금해하는 친구들를 위해 한 아이가 개천가에서 부들을 꺾어 옵니다.

"이거 핫도그는 아니다. 냄새 맡아 보니까 아니야."

"야구 방망이처럼 생겼어."

"안에 뜯어 보니까 푹신푹신한 스펀지 같아."

길쭉하고 하늘하늘한 부들 잎을 보고 아이들은 온갖 상상력을 펼칩니다.

"이거 연 같아요. 연처럼 하늘을 날아요."

이번에는 또 억새 줄기를 관찰합니다.

"빨대처럼 속이 비어 있어서 바람이 나와요."

"피리 같아요."

"젓가락으로 사용해도 될 것 같아요."

"나는 집에 가서 비눗방울 불어 볼래요."

아이들은 산책길에서 재미있고 다양한 식물들을 관찰합니다.

부들과 억새를 관찰해요.

진흙 요정을 만나다

대피소 앞마당에서 진흙을 가지고 온 동생에게 언니가 재미있는 진흙놀이를 알려줍니다.

"이렇게 납작하게 한 다음 나뭇잎을 꾹꾹 누르면 나뭇잎이 붙어."

"그럼 진흙 위에 얼굴 모양이 나오게 만들 수 있겠다."

동생은 언니가 하는 것을 보고 따라해 봅니다.

"눈 코 입이 생겼어요. 뚝딱 예쁜 얼굴이 나타났어요."

이즈음 되면 아이들의 진흙놀이는 발전이 빠르게 진행됩니다. 진흙놀이에 관심을 두고 아이들이 하나둘 다가와 함께 놀이를 합니다.

"손에 들고 하니까 힘들다. 여기 돌 위에 올려놓고 하자."

아이들은 진흙판 위에 숲속 요정의 얼굴을 상상하며 자연물로 꾸미기에 몰두합니다.

"이건 귀고요. 위에는 머리핀이에요."

"우리 몸도 만들어 보자."

"치마도 입혀 주고. 이건 보석이야."

"지금 내가 입은 옷처럼 보석을 달아 줄 거야."

"언니, 이거 내가 주워 왔어."

"이거 머리에 달아 주자."

솔잎을 이용해 치마를 만들어 입히고 치마 가운데에는 하얀색 돌을 보석으로 삼아 꾸미고 버려진 노끈을 주워와 머리에 핑크색 리본 머리핀을 달아주어 완성했습니다. 이 작품은 모두 아이들 스스로 시작하고 생각하고 표현해서 완성해 냈습니다. 처음부터 끝까지 스스로 흥미를 갖고 집중하여 만든 소중한 작품입니다.

우리가 사랑한 도롱뇽

북한산 등반을 마치고 계곡 자락으로 내려온 아이들이 물속에서 도롱뇽을 찾았습니다.

"우와! 여기 도롱뇽 천국이다."

"진짜네! 도롱뇽 정말 많다."

"만져 보고 싶어. 너무 귀여워."

"눈도 있고 입도 있네. 우리 동생 발처럼 발도 너무 작고 예뻐."

손바닥 위에 도롱뇽을 올려 놓고 그 느낌을 느껴 봅니다.

"미끌미끌해."

"도롱뇽이 날 너무 간지럽혀요. 못 참겠어요."

"집에 가져가서 키우고 싶다."

"나 도롱뇽이랑 사랑에 빠졌어! 너무 귀여워!"

아이들은 도롱뇽과의 만남을 정말 행복해합니다.

"그런데 작은 계곡물이라 비가 많이 와서 도롱뇽이 떠내려가면 어떡하지?"

"우리가 도롱뇽이 떠내려가지 않게 집을 만들어 주자."

🌿 소곤소곤 선생님의 이야기

산을 등반한 뒤, 힘들고 배고픈 것도 잊은 채 영차영차 열심히 돌을 옮겨 한쪽 웅덩이에 도롱뇽의 집을 만들어 주고, 도롱뇽이 배고플까, 엄마가 보고 싶진 않을까 걱정하며 아기 도롱뇽의 집을 지어 주었습니다. 이런 진지함 속에서 자연과 하나 되고 살아있는 생명을 사랑하는 마음을 가지고 있는 숲유치원 친구들만이 가질 수 있는 생명존중의 모습을 볼 수 있었습니다.

비가 오면 비를 맞으며 그 속에서 놀이를 찾고 새로운 친구 달팽이도 만나고 내리는 비도 훌륭한 교재가 될 수 있습니다. 우리 숲유치원 친구들이 이렇게 예쁜 마음으로 성장하면 세상을 살아가면서 어렵고 힘든 어떤 역경도 잘 헤쳐 나가며 생명을 존중하는 따뜻한 인성을 가진 사람으로 성장하리라 믿습니다.

숲활동 속의 누리과정 5개 영역

신체 운동·건강 영역

신체 운동·건강 영역의 목표는 기본 운동 능력과 건강하고 안전한 생활습관을 기르는 것이다. 신체 운동·건강 영역은 '신체 인식하기', '신체 조절과 기본 운동하기', '신체 활동에 참여하기', '건강하게 생활하기', '안전하게 생활하기' 다섯 범주로 나누어져 있다.

위 활동은 나무에 묶인 긴 밧줄을 잡고 산을 오르는 활동이다. 가파른 곳을 오르기 때문에 활동에 참여하기 전 유아들이 안전하게 밧줄을 잡고 오를 수 있도록 주의해야 할 점과 지켜야 할 약속을 정하였다. 이 과정은 '안전하게 생활하기' 범주 중에서도 '안전하게 놀이하기'에 속한다.

신체 운동·건강 영역 〉 안전하게 생활하기 〉 안전하게 놀이하기

풀싸움

활동 목표   나뭇잎을 이용해 풀싸움 놀이를 할 수 있다.

다양한 나뭇잎의 특성을 비교를 통해 안다.

신체 운동   신체 조절과 기본 운동하기 - 신체 조절하기

준비물   길쭉한 풀잎

활동 방법   길쭉한 풀잎 하나를 찾아온다.

두 친구가 짝이 된다.

서로의 풀잎을 붙여 '+' 모양이 되도록 만든다.

풀잎을 잡아당긴다.

풀잎이 끊어지지 않은 친구가 이기게 된다.

다른 친구와의 활동에서 이긴 친구를 찾아 다시 한 번 풀싸움을 한다.

마지막까지 풀잎이 끊어지지 않은 친구가 이긴다.

확장 활동   풀잎의 수를 늘려가면서 활동한다.

입술 끝에 풀잎을 살짝 물고 풀피리를 분다.

줄을 이용한 놀이

활동 목표   줄을 이용하여 다양한 신체 활동을 적극적으로 즐긴다.

신체 운동   신체 조절과 기본 운동하기 – 신체 조절하기

준비물   나무와 나무 사이에 연결된 평행 줄 또는 수직으로 내린 줄

활동 방법   위의 줄을 잡고 아래 줄 위에 선다.

앞, 뒤로 움직이면서 줄타기를 놀이를 한다.

신체의 균형을 유지하면서 옆으로 이동한다.

위의 줄을 잡는다.

발을 올려 매달린다.

수직으로 내려진 줄을 잡는다.

아래 줄 위에 발을 디디고 균
형을 잡고 선다.

유의점   주변에 친구들이 있는지 살핀 후 안전하게 놀이한다.

유아와 유아 사이의 간격을 두고 안전하게 이동한다.

타잔처럼 나무타기

활동 목표 신체를 인식하고 움직인다.

신체를 조절하여 나무 위에 오르며 이동한다.

신체 운동 신체 인식하기 – 신체를 인식하고 움직이기

준비물 숲에 있는 나무

활동 방법 숲에 있는 나무를 탐색해 보고, 나무에 오를 수 있는 방법에 대해 이야기해 본다.

신체를 활용하여 다양한 모양의 나무에 올라가본다.

나무의 촉감을 느껴 본다.

나무 기둥에 기대어 휴식을 취한다.

나무 위에 오른 후, 안전하게 내려오도록 한다.

유의점 교사는 잔가지를 제거해 주고, 유아들이 오를 수 있는 나무를 선택하는 데 조언을 해 준다.

거미가 되어 보아요

활동 목표 그물망 타기 활동을 통해 근력과 지구력을 기른다.

거미줄에 매달려 있는 거미의 모습을 표현해 본다.

신체 운동 신체 인식하기 – 신체를 인식하고 움직이기

준비물 그물망

활동 방법 숲에 살고 있는 거미를 찾아보고 거미줄에서 거미가 어떻게 움직이는지 관찰해 본다.

거미가 거미줄에서 어떻게 움직이는지 몸으로 표현해 본다.

그물망에 올라가 거미가 되어 보기 전에 안전하게 활동하는 방법에 대해 이야기해 본다.

그물망에 올라가 거미줄에 매달려 있는 거미 모습을 표현한다.

활동을 마치면 안전하게 땅으로 내려온다.

유의점 유아들이 그물망을 타다가 떨어질 수도 있으므로 그물망 주변에 있는 나뭇가지나 돌멩이 등 위험 요소를 제거한다.

통나무 가위 바위 보

활동 목표 친구와 함께하는 신체 활동에 즐겁게 참여한다.

신체 운동 신체 인식하기 – 신체를 인식하고 움직이기

준비물 통나무

활동 방법 두 명의 유아는 가위바위보를 해서 놀이의 진행 방향을 정한다.
유아들은 각자 선택한 방향의 끝에 선 뒤 통나무를 건넌다.
두 명의 유아가 서로 통나무를 건너다 중간에 만나면 가위바위
보를 한다.
가위바위보를 해서 이긴 유아는 계속 통나무를 건너가고 진 유
아는 다시 처음으로 돌아간다.
먼저 통나무를 건너는 유아가 이긴다.

확장 활동 나뭇잎 징검다리

나무다리 건너기

활동 목표 나무다리를 건너면서 신체 조절 능력과 균형감각을 기른다.

신체 운동 신체 조절과 기본 운동하기 – 이동하며 운동하기

준비물 누워 있는 나무다리

활동 방법 태풍에 쓰러진 나무 가운데 위험하지 않은 나무를 선정한다.
외나무 위에 한 명씩 올라간다.
양팔을 벌려 중심을 잡으면서 나무다리를 건넌다.
필요하다면 나무 막대기 같은 도구를 사용하거나 교사의 도움을 받을 수 있다.
양팔을 벌려 앞으로 걷기, 양팔을 벌려 옆으로 걷기, 앉아서 이동하기, 엎드려서 기어가기 등 다양한 신체 활동을 한다.
반대편에 도착한 친구는 반대편 나무에 손도장을 찍고 나무다리 옆으로 돌아온다.

유의점 연령이 아주 낮은 유아는 줄을 연결해 잡고 지나갈 수 있게 한다.

도토리를 찾아라!

활동 목표 감각을 활용하여 도토리를 찾는다.

땅에 묻힌 도토리가 씨앗이 되어 참나무로 자라남을 안다.

신체 운동 신체 인식하기 - 감각 기관 활용하기

준비물 도토리, 안대

활동 방법 A조, B조로 나누어 A조는 깍정이가 있는 도토리를, B조는 알맹이만 있는 도토리를 모은다.

도토리에 색깔 표시를 한다.

각 조에서 모은 도토리의 생김새를 자세히 관찰하고, 손으로 만져봄으로써 그 특징을 촉감으로 기억한다. 도토리를 숲속 곳곳에 숨긴다.

상대편이 숨긴 도토리를 촉감을 활용하여 찾는다.

도토리의 개수를 세어 어느 편이 더 많이 찾았는지 알아본다.

찾지 못한 도토리 중, 땅에 묻힌 도토리는 장차 참나무로 자날 수 있다는 이야기를 나눈다.

유의점 안대를 하고 감각만으로 도토리를 찾을 경우, 넘어져 다칠 수도 있으므로 도토리를 숨기는 범위를 정한다.

나뭇잎 가위, 바위, 보!

활동 목표 자발적으로 신체 활동에 참여한다.

나뭇잎을 이용해 가위바위보 놀이를 할 수 있다.

신체 운동 신체 인식하기 – 감각 능력 기르고 활용하기

준비물 모양이 다른 세 종류의 나뭇잎 두 장씩

활동 방법 모양이 다른 세 종류의 나뭇잎을 준비한다.

나뭇잎의 생김새에 따라 가위, 바위, 보를 정한다.

두 명씩 짝이 되어 나뭇잎을 이용한 가위바위보 활동을 한다.

한 줄 기차로 서서 다른 친구와도 활동을 해 본다.

가위바위보에서 진 사람은 이긴 사람 뒤에 붙는다.

유의점 가위바위보를 쉽게 구분할 수 있도록 각각 다른 자연물을 선택한다.

나뭇잎을 잡아라!

활동 목표   안전하게 놀이한다.

신체를 인식하고 움직일 수 있다.

신체 운동   신체 인식하기 – 신체를 인식하고 움직이기

준비물   나뭇잎

활동 방법   가을 숲에 있는 나무들을 관찰한다.

땅으로 떨어지는 나뭇잎을 찾는다.

떨어지는 나뭇잎을 잡는다.

떨어지는 나뭇잎을 잡은 아이는 소원을 빈다.

나뭇잎을 잡지 못한 아이는 다른 나뭇잎을 찾아 다시 활동한다.

사후 활동   어떤 소원을 빌었는지 친구들과 함께 이야기해 본다.

가을 열매 옮기기

활동 목표 게임의 규칙을 알고 질서 있게 활동할 수 있다.

자기 신체를 인식하고 바르게 움직이며, 대소근육을 발달시킨다.

신체 운동 신체 인식하기 - 신체를 인식하고 움직이기

준비물 가을 열매 모은 것, 그릇 2개, 숟가락 2개, 핸드벨 1개

활동 방법 가을에 볼 수 있는 열매를 모아, 탐색한다.

책상 위에 열매가 들어 있는 그릇과 빈 그릇을 놓고 숟가락 2개를 올려놓는다.

두 편으로 나눈 뒤, 게임 방법을 설명한다.

- 핸드벨로 출발 신호를 한다.

- 달려가서 숟가락을 든다.

- 숟가락으로 열매를 떠서, 빈 그릇에 담은 뒤 돌아온다.

놀이를 할 때 지켜야 할 약속에 대해 이야기 나눈다.

놀이를 하고 난 느낌에 대해 이야기 나눈다.

유의점 놀이 규칙을 잘 정하여, 경쟁심 때문에 다치는 일이 없게 한다.

대롱대롱 외줄그네

활동 목표   협동심과 질서 의식을 기른다.

안전하게 외줄 그네를 탄다.

신체 운동   신체 조절과 기본 운동하기 – 신체 조절하기

준비물   나무에 매달아 놓은 외줄그네

활동 방법   줄타기를 원하는 유아들은 그네와 거리를 두고 줄을 선다.

유아 한 명이 줄을 중심으로 다리를 각각 좌우로 올려 통나무
에 앉는다.

땅으로 길게 떨어뜨려진 줄을 잡아당긴다.

주위를 살핀 후에 줄을 놓는다.

움직임을 느끼며 즐겁게 그네를 탄다.

유의점   주변에 다른 유아가 있는지 확인 뒤 그네 밧줄을 놓아 준다.

동물 친구가 되어 볼까?

활동 목표   신체를 이용하여 곤충이나 동물의 특징을 표현해 본다.

신체 운동   신체 조절과 기본 운동하기 – 신체 조절하기

준비물   나뭇가지, 동물 가면(마분지, 찍찍이), 그리기 도구

활동 방법   숲에서 지내면서 보았던 곤충이나 동물들을 떠올려 본다.

             내가 되고 싶은 동물이나 곤충을 그림으로 그린다.

             색연필을 이용해서 색칠을 한 뒤, 가위로 오려 찍찍이를 이용해
머리띠에 붙인다.

             놀이 방법을 안내한다.

             - 출발지와 도착지를 정한다.

             - 나뭇가지 치는 소리를 잘 듣는다.

             - 소리 수만큼 자기가 맡은 동물 흉내를 내면서 앞으로 나온다.

             - 도착점까지 오면 서로의 역할을 바꾸어서 할 수 있다.

확장 활동   동물 가면을 서로 바꾸어 가며 역할을 바꿔 본다.

             숲에서 지내는 동물을 상상하며 표현해 본다.

나무 철봉

활동 목표　　나무 철봉을 함으로써 팔의 근력을 기른다.

　　　　　　　나무를 탐색하고, 철봉 놀이를 통해 나무와 친숙해진다.

신체 운동　　신체 활동에 참여하기 – 기구를 이용하여 신체 활동하기

준비물　　　나무

활동 방법　　숲에서 자라고 있는 나무를 탐색한다.

　　　　　　　철봉 놀이를 할 만한 튼튼한 나무를 찾는다.

　　　　　　　양팔을 하늘 위로 뻗고 뛰어오르면서 나무 철봉을 잡는다.

　　　　　　　양손으로 나무 철봉을 잡은 채 다섯까지 수를 센다.

　　　　　　　무릎을 굽히며 땅에 안전하게 착지한다.

유의점　　　가지가 가로로 뻗고 굵기가 굵으며 땅에서 많이 떨어지지 않은
　　　　　　　높이의 튼튼한 나뭇가지를 찾는다.

신 나는 기차놀이

활동 목표   친구와 함께하는 기차놀이를 통해서 협동심을 기른다.

신체 운동   신체 인식하기 – 신체를 인식하고 움직이기

준비물   굵은 나무 막대

활동 방법   길고 단단한 나뭇가지 2개를 찾는다.

한 줄로 길게 서서 왼손과 오른손 양손에 나뭇가지를 잡아 기차 형태를 만든다.

맨 앞에 선 아이는 기관사가 되어 친구들을 이끈다.

교사가 "멈추세요. 역에 도착했습니다"라고 이야기하면 기관사는 그 자리에 멈춘다.

역에 도착하면 기관사는 친구들을 내려 주거나 태워 준다.

기차에 타는 유아들은 기관사한테 나뭇잎 차표를 낸다.

유의점   너무 많은 유아가 기차놀이를 하면 이동하다가 넘어져 다칠 수 있으므로 활동하기 전 기차에 탈 수 있는 인원수를 정한다.

의사소통 영역

의사소통 영역의 목표는 일상생활에 필요한 의사소통 능력과 바른 언어 사용 습관을 기르는 것이다. 의사소통 영역은 '듣기', '말하기', '읽기', '쓰기' 네 가지 범주로 이루어져 있다.

아이들은 새싹을 발견하고 그 특징과 성장한 모습을 궁금해한다. 여러 새싹을 채집하여 비교하며 이야기하는 과정은, 의사소통 영역 중에서도 듣기와 말하기 범주에 속한다.

의사소통 영역 〉 듣기 〉 이야기 듣고 이해하기
의사소통 영역 〉 말하기 〉 느낌, 생각, 경험 말하기

생각을 채워 주는 도감

활동 목표 궁금한 점을 해결하기 위해 책을 사용할 줄 안다.

스스로 문제를 해결하는 태도를 기른다.

의사소통 읽기 – 읽기에 흥미 가지기

준비물 나무도감, 식물도감, 곤충도감 등

활동 방법 여러 가지 자연물 탐색을 즐긴다.

나무, 식물, 곤충 등 찾고자 하는 종류를 생각한다.

찾고자 하는 종류에 따라 알맞은 도감을 선택한다.

식물 또는 곤충 등 실물을 보면서 책을 살핀다.

이름, 특징 등의 내용을 읽거나 기록한다.

- 보라색 이 식물은 뭘까?

- 애기똥풀인 것 같은데?

- 애기똥풀은 노란색이야.

- 식물도감으로 우리 문제를 해결해 보는 거야.

- 색깔은 비슷한데 잎 모양이 달라.

확장 활동 카드를 만들어 숲속 보물찾기

궁금 저널로 해결해요

활동 목표   궁금한 것을 해결하는 방법을 스스로 모색한다.

궁금한 나무의 이름을 조사하여 발표한다.

의사소통   쓰기 – 쓰기에 관심 가지기

준비물   종이, 필기구, 색채 도구, 나뭇잎

활동 방법   궁금한 것을 해결하기 위한 방법을 생각한다.

제목과 궁금한 내용을 생각한다.

궁금한 것을 해결하기 위한 질문지를 제작한다.

나무들 가운데 이름이 궁금한 나무를 찾는다.

나뭇잎을 주워 질문지에 붙인다.

기입되어 있는 궁금한 점을 조사한다.

조사 활동 후 친구들과 함께 나누며 평가한다.

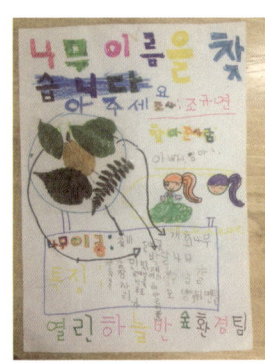 

확장 활동   숲에 있는 나뭇잎 여섯 장정도 붙여서 올라가기 전에 보여 주고

같은 나뭇잎을 기억하여 찾아 붙여 본다. (기억력 테스트)

비 오는 날

활동 목표 귀를 기울여 비 내리는 소리를 들어본다.

비 내리는 소리를 음성언어로 다양하게 표현해 본다.

의사소통 듣기-바른 태도로 듣기

예술 경험 예술 경험 예술적 표현하기 – 움직임과 춤으로 표현하기

준비물 우비, 장화

활동 방법 비가 내리면 우비를 입고 숲으로 나간다.

하늘에서 내리는 비를 온 몸으로 느껴본다.

(예) 손을 뻗어 비 느껴 보기, 비에서 나는 맛 알아보기 등

눈을 감고 귀를 기울여 비가 내리는 소리를 들어본다.

비 내리는 소리를 의성어로 표현해 본다.

(예) 주르륵 주르륵, 툭툭툭, 후둑 후두득 등

비가 내리는 모습을 관찰해 보고 몸으로 표현해 본다.

빗물이 고여 있는 웅덩이에 들어가 물장구를 쳐본다.

비가 내린 숲의 풍경을 감상한다.

유의점 빗물이 고인 웅덩이에 들어가 물장구를 치다 보면, 신발이 젖을 수 있기 때문에 꼭 장화를 신는다.

나뭇잎 편지

활동 목표　숲에 있는 다양한 종류의 나뭇잎들을 탐색한다.

　　　　　　나의 생각을 글과 그림으로 자유롭게 표현한다.

의사소통　쓰기-쓰기에 관심 가지기

예술 경험　예술적 표현하기 - 미술 활동으로 표현하기

준비물　나뭇잎, 붓펜 또는 네임펜

활동 방법　숲에 있는 다양한 나뭇잎들을 탐색한다.

　　　　　　나뭇잎 중에 크기가 크고 물기가 없는 나뭇잎을 모은다.

　　　　　　선택한 나뭇잎에 어떤 그림이나 글을 쓰고 싶은지 생각한다.

　　　　　　붓펜 또는 네임펜으로 나뭇잎에 그림을 자유롭게 그린다.

　　　　　　자신이 쓰고 싶은 글이나 글자를 생각한다.

　　　　　　자신이 쓰고 싶은 글이나 글자를 필기도구를 이용하여 쓴다.

　　　　　　그림이나 글을 친구들에게 소개한다.

확장 활동　나뭇잎에 편지를 써서 친구 또는 가족에게 편지를 보낸다.

누구의 모습일까?

활동 목표 이야기를 듣고 이해하며 활동한다.

자연물을 구성하여 동식물의 모습을 표현한다.

의사소통 듣기 – 이야기 듣고 이해하기

준비물 나뭇잎, 나뭇가지

활동 방법 숲에 오르는 길에 자연물 채집을 한다.

준비한 자연물을 자기 앞에 놓는다.

교사가 읊는 시구에 따라 아이들이 자연물 꾸미기를 한다.

– 나뭇잎 하나는 얼굴이 되고, 나뭇잎 두 개는 귀가 되지요.

– 나뭇가지는 몸이 되지요.

완성된 형태를 보며 이름을 지어 본다.

확장 활동 순서를 바꾸어 자연물로 먼저 구성한 뒤, 표상 결과를 보고 이야기를 꾸며 본다.

동시 감상

활동 목표　숲과 관련 된 동시를 감상한다.

　　　　　동시를 들으면서 신체 표현을 한다.

의사소통　듣기 – 동요, 동시, 동화 듣고 이해하기

준비물　동시 자료, 자연물

활동 방법　가을 숲의 정원에 있는 동시를 감상한다.

　　　　　한 친구가 동시를 읽어 준다.

　　　　　운율을 느끼며 신체 표현을 한다.

　　　　　친구들의 감상 내용과 표현을 함께 감상한다.

유의점　숲과 관련된 동시를 창의적으로 구성하여 활동한다.

나뭇가지로 구성하는 글자

활동 목표 자연물을 이용하여, 글자를 표현할 수 있는 여러 가지 방법을 찾아보며 글자에 관심을 갖는다.

다양한 쓰기 도구에 관심을 갖고, 읽기에 흥미를 느낀다.

의사소통 말하기 – 낱말과 문장으로 말하기

준비물 크기가 다른 나뭇가지

활동 방법 숲에서 크기가 다른 여러 가지 나뭇가지를 모아 본다.

나뭇가지로 어떤 활동을 할 수 있을지 생각해 본다.

나뭇가지로 글자를 구성한다.

- 여러 가지 나뭇가지로 자기 이름을 만들어 본다.

- 친구 이름을 나뭇가지로 만들어 본다.

- 2명 이상의 유아와 같은 단어를 외치고 나뭇가지로 글자를 만들어 본다.

글자를 만들어 본 경험에 대해 이야기한다.

유의점 글자를 아직 모르는 유아들에게는 나뭇가지로 글자를 구성한 후, 따라서 표현해 보도록 유도한다.

음절에 의한 단어 찾기

활동 목표 소리를 듣고, 관련된 자연물을 찾아보며, 단어와 음절에 관심을 갖는다.

의사소통 듣기 – 낱말과 문장을 듣고 이해하기

준비물 나무 막대기, 여러 가지 자연물, 소고

활동 방법 활동을 소개한다.

- 소고를 치는 유아를 정한다.

- 예를 들어, 소고를 세 번 치면, 세 음절로 된 자연물(솔방울, 은행잎 등)을 찾아서 모인다.

소고를 치는 유아의 역할을 정한다.

소고 친 후, 자연물을 가지고 모인다.

유아들이 각각 탐색해 온 자연물을 보며, 이야기해 본다.

자연물을 큰 소리로 말해 본다.

유의점 '음절'의 의미에 대해 사전에 지도한다.

내가 만든 소리

활동 목표   나무를 두드려 다양한 소리를 만들어 본다.

친구가 들려주는 소리를 주의 깊게 듣는다.

의사소통   듣기 – 바른 태도로 듣기

준비물   나뭇가지, 나무

활동 방법   주변에서 길고 단단한 나뭇가지를 찾는다.

나뭇가지로 나무를 두드려 소리를 만들어 본다.

친구에게 자신이 만든 소리를 들려준다.

나뭇가지를 들고 나무를 두드려 친구가 들려준 소리와 같은 소
리를 만들어 본다.

다양한 방법으로 소리를 만들어 보고 노래를 불러 본다.

유의점   나뭇가지로 나무를 두드릴 때 옆 친구가 다치지 않게 주의한다.

손에 가시가 박힐 수 있기 때문에 꼭 장갑을 끼고 활동한다.

나뭇잎의 여행

활동 목표 이야기를 듣고 이해하며 활동한다.

자연물을 이용하여 친구와 재미있게 활동할 수 있다.

의사소통 듣기 – 이야기 듣고 이해하기

준비물 나뭇잎

활동 방법 두 명의 유아가 한 조를 이루어 앞뒤로 선다.

나뭇잎을 준비하고 교사가 시를 읊는다.

나뭇잎이 나무에서 흔들흔들 바람에 흔들려 흔들흔들

아래로 아래로 살랑살랑 춤을 추며 친구의 머리로 사뿐!

친구의 머리에서 위로 아래로 콩콩콩콩 뛰어놀고

미끄럼 타고 주르르륵 신발까지 내려갑니다.

신발에서 스윽스윽 흙을 털어 주며 스윽스윽

이제 다시 위로 위로 날아가듯 펄럭 펄럭 친구 등 위로

올라가서 나의 사랑하는 마음을 담아 하트 나라를 만들고

이제 그만 쉬어야겠다~ 따뜻한 친구 겨드랑이로 쏘옥!

교사가 읊는 시를 듣고 나뭇잎을 이용하여 친구에게 표현한다.

확장 활동 활동이 익숙해지면 유아가 시를 읊어 보도록 한다.

메아리 소리를 들어요

활동 목표　메아리의 울리는 특성을 이용하여, 게임에 참여한다.

전하고 싶은 말을 바르게 전달하고, 듣는다.

의사소통　듣기 – 낱말과 문장을 듣고 이해하기

준비물　핸드벨

활동 방법　'메아리'에 대한 경험을 이야기 나눈다.

메아리와 관련된 게임을 소개한다.

- 두 명의 술래는 숲 정상으로 올라간다.

- 다른 유아들은 귀에 손을 대고 소리에 귀를 기울인다.

- 핸드벨이 울리면, 술래는 단어를 큰 소리로 외친다.

- 나머지 유아들은 어떤 단어를 말했는지 맞추어본다.

- 술래를 바꾸어서 다시 놀이해 본다.

메아리와 관련된 놀이를 하고 난 느낌에 대해 이야기를 나눈다.

유의점　두 명의 술래는 메아리가 잘 들릴 수 있는 곳을 선택한다.

친구를 칭찬해요

활동 목표 친구를 칭찬할 수 있다.

의사소통 말하기 – 상황에 맞게 바른 태도로 말하기

준비물 그루터기 나무

활동 방법 놀이 방법에 대해 안내하고, 놀이를 진행할 술래를 정한다.

친구와 손을 잡고 원형을 만든다.

손을 잡고 둥글게 돌면서 노래를 부른다.

술래가 부르면 숫자만큼 그루터기 위로 올라간다.

그루터기 위에 친구들이 올라갈 수 있도록 도와준다.

그루터기 위에서 친구의 좋은 점을 칭찬해 준다.

유의점 발로 밟고 올라가는 공간이 좁아야 신체 접촉을 통한 친밀감 형성에 도움이 된다.

사회관계 영역

사회관계 영역의 목표는 자신을 존중하고 다른 사람과 더불어 생활하는 능력과 태도를 기르는 것이다. 사회관계 영역은 '나를 알고 존중하기', '나와 다른 사람의 감정 알고 조절하기', '가족을 소중히 여기기', '다른 사람과 더불어 생활하기', '사회에 관심 갖기' 다섯 가지 범주로 이루어져 있다.

위 활동은 극놀이를 하며 친구와 서로 돕고 협력하는 과정이다. 나뭇가지를 보고, 캠프에서 모닥불을 피워 고기를 구워먹은 경험을 떠올린 유아가 제안하며 시작되었다. 유아들은 서로의 경험을 공유하며 활동을 준비하였다. 상호작용을 통해 역할, 규칙 등을 정하였고 이 과정에서 친구와 협력하며 함께 놀이하는 즐거움을 알게 되었다. 활동 중에 혹시 의견 차이가 있더라도 친구와의 갈등을 긍정적인 방법으로 해결하며 서로 배려하는 경험을 하게 되는데, 이는 '다른 사람과 더불어 생활하기' 범주 중에서도 '친구와 사이좋게 지내기'에 속한다.

사회관계 영역 〉 다른 사람과 더불어 생활하기 〉 친구와 사이좋게 지내기

위 사진은 우리 동네를 주제로 활동하던 아이들이 자발적으로 돌을 모아 동네의 모습을 구현하는 장면이다. 동네에 관심을 갖고 이야기를 나누며 동네에서 볼 수 있었던 다양한 기관들을 의미를 부여해 함께 구성해 본다. 아울

러 그 기관에서 일하는 다양한 직업에 대해 알아 보고, 모든 직업이 고귀하다는 점을 배운다. 이 활동은 '사회에 관심 갖기' 범주 중에서도 '지역사회에 관심 갖고 이해하기'에 속한다.

사회관계 영역 〉 사회에 관심 갖기 〉 지역사회에 관심 갖고 이해하기

숲에 모인 아이들과 하루 일과를 시작하기 전 즐거운 마음으로 인사나누기 시간을 갖는다. 이 시간을 통해 아이들은 혹시 숲에 오지 않은 친구는 없는지 살펴보고 자신과 함께 지내는 친구의 그날의 감정을 알아보며 자신의 감정이나 상태를 적절하게 표현하고 조절할 수 있는 마음을 기른다. 자신의 상태와 친구의 마음을 이해할 때, 아이들은 서로 도움을 주고받으며 협력하여 숲활동을 해 나갈 수 있다. '다른 사람과 더불어 생활하기' 범주 중에서 '공동체에서 화목하게 지내기'에 속한다.

사회관계 영역 〉 다른 사람과 더불어 생활하기 〉 공동체에서 화목하게 지내기

숲 놀이터 지도

활동 목표   위치와 방향에 대해 이해하고 적절하게 표현한다.

숲속에 처음 찾아오는 사람을 배려한다.

사회관계   사회에 관심 갖기 – 지역 사회에 관심 갖고 이해하기

준비물   종이, 필기구, 색채 도구 등

활동 방법   숲 놀이터 지도가 왜 필요한지 이야기 나눈다.

사전 준비 활동을 현장 답사한다.

숲 놀이터를 스케치한다.

투표를 통해 가장 좋은 지도를 선택한다.

선택한 지도를 보며 수정, 보완할 부분을 찾아 수정, 보완한다.

스케치가 완성되면 색채 도구를 이용하여 색칠한다.

필요에 따라 지도에 기호화하여 표기한다.

유의점   요정의 집, 숲 방석 등 기호화하기 위한 토의 활동 및 지도 안에 표기하고, 지도를 설명해 본다.

미용실 놀이

활동 목표 아카시아 줄기를 이용하여 미용실 놀이를 즐긴다.

다양한 직업에 관심을 가진다.

사회관계 다른 사람과 더불어 생활하기 - 친구와 사이좋게 지내기

준비물 아카시아 줄기

활동 방법 가시에 찔리지 않도록 주의하여 아카시아 줄기를 딴다.

아카시아 줄기에 있는 잎을 떼어낸다.

아카시아 줄기를 반으로 접는다.

접힌 줄기 사이에 머리카락 일부분을 잡고 넣는다.

줄기가 머리카락 끝부분에 위치하게 한다.

머리카락이 빠지지 않게 줄기를 잡고 천천히 말아 올린다.

두피에 닿을 만큼 말아 올리면 열린 부분의 아카시아 줄기를 닫힌 부분 안에 넣어 잡아당긴다.

그 상태를 유지한 채 한참동안 있다가 푼다.

웨이브 진 파마머리를 완성한다.

유의점 아카시아 줄기를 모을 때 가시에 찔리지 않도록 주의한다.

나무야, 사랑해!

활동 목표 나무에게도 감정이 있음을 알고 고마운 마음을 표현하는 방법
을 배운다.

사회관계 나와 다른 사람의 감정 알고 조절하기 – 나의 감정 조절하기

준비물 동화책 「아낌없이 주는 나무」

활동 방법 동화책 「아낌없이 주는 나무」를 듣는다.

동화의 내용을 회상하며, 이야기를 나눈다.

나무의 고마운 점들에 대해 이야기를 나눈다.

나무에게 고마움을 표현하는 방법에 대해 생각해본다.

– '사랑해'라고 말하기, 안아 주기, 뽀뽀하기.

나무에게 고마움을 표현해 본다.

나무에게 고마움을 표현하고 난 느낌에 대해 이야기를 나눈다.

나무의 기분이 어땠을지 예상해 본다.

유의점 나무가 없이는 숲이 존재할 수 없음을 유아들에게 충분히 알려
준다.

친구와 통나무 건너기

활동 목표 친구가 안전하게 통나무를 건널 수 있도록 돕는다.

사회관계 다른 사람과 더불어 생활하기 – 친구와 사이좋게 지내기

준비물 통나무

활동 방법 출발선과 반환점을 정한다.

3-4명으로 한 여러 조를 만든다.

조마다 엄마 다람쥐 한 명을 가위바위보로 정한다

엄마 다람쥐끼리 가위바위보를 하고 아기 다람쥐는 엄마 다람쥐

가 이기면 미리 약속한 숫자만큼 엄마 다람쥐 손을 잡고 안전하

게 이동한다. (예) 바위-한 걸음, 가위-두 걸음, 보-세 걸음

확장 활동 조별로 가위바위보를 하면서 이어건너기를 해 볼 수 있다.

곰 사냥을 떠나자

활동 목표　친구와 함께 곰과 사냥꾼이 되어 곰 사냥 놀이를 즐겁게 한다.
　　　　　위험한 동물로부터 자신을 보호하는 방법에 대해 알아본다.

사회관계　다른 사람과 더불어 생활하기 – 친구와 사이좋게 지내기

준비물　없음

활동 방법　숲에서 살고 있는 다양한 종류의 동물에 대해 이야기를 나눈다.
　　　　　자기 신체를 이용하여 곰의 움직임과 사냥꾼의 모습을 표현한다.
　　　　　친구와 함께 곰과 사냥꾼이 되어 곰 사냥 놀이를 한다.
　　　　　지시어에 따라 숲길을 지나 절벽을 오르고 바다를 건너는 등 상
　　　　　상해서 신체를 표현한다.
　　　　　갔던 길을 순서에 맞게 되돌아오게 한다.

사후 활동　숲에 있는 자연물을 이용해 곰과 사냥꾼으로 분장하여 극놀이
　　　　　를 해 본다.

숲속 결혼식

활동 목표   숲속 결혼식에 관심을 갖고 필요한 것을 안다.

사회관계   사회에 관심 갖기 – 세계 여러 문화에 관심 가지기

준비물   의상, 다양한 악기와 소품, 자연물

활동 방법   여러 가지 결혼식에 대해 이야기 나눈다.

야외 결혼식에 필요한 것들을 알아본다.

의상과 소품을 함께 제작한다.

친구들과 협의하여 신랑, 신부, 사회자, 축가, 하객 카메라 담당 등 역할을 정한다.

축가를 준비한다.

자연물로 몸치장을 한다.

신랑, 신부는 의상을 갈아입는다.

사회자의 안내에 따라 결혼식을 한다.

순서에 따라 축가를 불러 준다.

사진 촬영을 한다.

유의점   세계 여러 나라의 결혼식 풍습에 대해 알아보고, 다양한 방법으로 결혼식 놀이를 할 수 있다.

꽃 천사

활동 목표 예쁘게 꾸민 자기 얼굴을 보며 자아 존중감을 기른다.

듣는 사람의 생각과 느낌에 관심을 가진다.

사회관계 다른 사람과 더불어 생활하기 – 친구와 사이좋게 지내기

예술 경험 예술적 표현하기-미술 활동으로 표현하기

준비물 선크림, 다양한 자연물(꽃, 다양한 나뭇잎)

활동 방법 꽃 천사가 모습이 어떠할지 이야기 나눈다.

꽃잎, 나뭇잎 등 자연물을 모은다.

친구의 얼굴에 선크림으로 꽃 천사의 모습을 그린다.

선크림이 묻은 친구 얼굴 위에 자연물을 붙인다.

내가 꾸며 준 꽃 천사 친구와 칭찬릴레이를 해 본다.

유의점 피부에 상처를 낼 수 있는 식물에 유의하며 활동한다.

어깨동무 기차

활동 목표   친구를 서로 믿고 의지하며 기차놀이를 한다.

사회관계   다른 사람과 더불어 생활하기 – 친구와 사이좋게 지내기

준비물   없음

활동 방법   기차를 앞에서 이끌 기관사와 목적지를 함께 정한다.

기관사 뒤로 나머지 유아들이 일렬로 선다.

기관사는 눈을 뜨고 나머지 유아는 앞에 있는 유아의 어깨를 잡고 눈을 감는다.

기관사는 출발 신호와 함께 천천히 앞으로 걸어간다.

나머지 유아들은 눈을 감은 채 서로 의지하며 걷는다.

기관사는 돌멩이, 턱, 나무, 나뭇가지 등 위험 요소가 있을 때, 다른 유아들에게 알려 조심하도록 한다.

목적지에 도착하면 기관사는 도착했음을 알린다.

기관사에 의지해 청각만 믿었을 때의 느낌에 대해 이야기한다.

유의점   기차로 갈 수 있는 목적지를 짧은 거리에서 먼 거리로 점차 늘려가며 놀이한다.

숲속 음악회

활동 목표   숲속에서 친구들과 함께 악기로 연주하여 숲에게 아름다운 음
악 소리를 선물한다.
친구들과 함께 악기로 즐겁게 연주한다.

사회관계   다른 사람과 더불어 생활하기 – 친구와 사이좋게 지내기

예술 경험   예술적 표현하기 – 음악으로 표현하기

준비물   다양한 악기(멜로디언, 핸드벨, 하모니카, 키보드)

활동 방법   숲이 있어서 좋은 점과 고마운 점에 대해 이야기를 나눈다.
숲에게 고마운 마음을 표현하는 방법에 대해 생각한다.
숲속 곤충 친구들에게 시끄럽게 방해했던 미안한 마음을 전달
해 보기로 한다.
친구들과 함께 악기를 연주하여 음악 소리를 들려준다.
숲속에서 악기를 연주해 본 소감에 대해 이야기를 나눈다.

확장 활동   자연물 또는 재활용품으로 악기를 만들어 연주한다.

이웃과 함께하는 할로윈 축제

활동 목표   세계 여러 문화에 관심을 갖고, 이웃과 함께 축제를 즐긴다.

사회관계   사회에 관심 갖기 - 세계와 여러 문화에 관심 갖기

준비물   호박, 초, 캔디, 리본 끈, 색종이

활동 방법   할로윈 축제의 유래와 의미에 대해 함께 이야기를 나눈다.

할로윈 축제를 함께 준비한다.

이웃에게 고마움을 표시할 방법에 대해 함께 생각해 본다. 예를 들어, 사탕을 포장해서 선물한다면, 색종이 비닐로 사탕을 포장하고 감사하는 마음을 편지나 그림으로 표현한다.

그림편지를 색종이비닐에 사탕과 함께 넣어서 리본으로 묶는다.

축제당일

- 가정과 연계해서 의상이나 소품을 준비한다.

- 인사하러 갈 이웃집과 경로를 유아들과 함께 짠다.

- 농장에서 수확한 호박 속을 파서 그 안에 촛불을 넣어서 호박등을 만들어 본다.

- 이웃집을 방문해 축제에 참여한 느낌을 함께 이야기해 본다.

유의점   유아들과 함께 할로윈 의상을 제작해 보는 것도 좋다.

낙엽으로 친구 만들기

활동 목표　친구와 협력하여 활동할 수 있다.

낙엽 친구에게 느낌이나 생각을 말로 표현해 본다.

사회관계　다른 사람과 더불어 생활하기 – 친구와 사이좋게 지내기

의사 소통　말하기 – 느낌, 생각, 경험 말하기

준비물　낙엽

활동 방법　여러 종류의 낙엽을 모은다.

한 유아가 숲 잔디밭에 누워 여러 가지 동작을 해 본다.

나머지 유아들은 누워 있는 유아의 몸을 따라 낙엽을 놓는다.

낙엽을 다 놓은 뒤, 누워 있던 유아가 자리에서 일어나고, 낙엽으로 만들어진 모습을 살펴본다.

만들어진 나뭇잎 친구에게 "만나서 반가워", "우리 이제부터 친구하자" 등 하고 싶은 말을 표현해 본다.

유의점　긴팔, 긴바지를 입은 유아가 잔디에 눕는다.

친구의 손을 잡아줘요

활동 목표   정서적인 성장을 통해 타인에 대한 배려와 양보, 도움을 줄 수 있으며 성취감을 경험한다.

사회관계   다른 사람과 더불어 생활하기 – 친구와 사이좋게 지내기

준비물   동화책 「우리는 서로 도와주는 친구」

활동 방법   숲에서 동그랗게 모여 앉는다.

동화책 「우리는 서로 도와주는 친구」의 표지를 탐색하며, 동화책의 내용을 예상해 본 후, 동화를 듣는다.

친구를 돕고, 양보하는 마음에 대해 이야기한다.

사다리 타기를 하기 위해 이동한다.

사다리 타기를 할 때, 힘들어하는 친구의 손을 잡아준다.

나를 도와준 친구에게 고마움을 표현한다.

유의점   교사가 재촉해서 사다리에서 떨어지지 않도록 주의한다.

가족과 함께하는 크리스마스 축제

활동 목표　　가족과 함께 행사를 준비한다.

사회관계　　가족을 소중히 여기기 – 가족과 협력하기

준비물　　　부모님께 드리는 안내문, 행사 준비를 위한 다양한 재료

활동 방법　　숲반에서

　　　　　　　가족과 함께하는 크리스마스 축제를 준비한다.

　　　　　　　가족음악회 때, 부모님을 초대해서 보여드리고 함께할 수 있는
　　　　　　　것을 협의해 보고 준비한다.

　　　　　　　가정에서

　　　　　　　크리스마스 가족음악회 때, 가족이 함께하는 행사가 될 수 있도
　　　　　　　록 가정통신을 통해 협조를 구한다.

　　　　　　　산타 역할을 해 줄 수 있는 아빠를 섭외한다.

　　　　　　　행사 당일에는 정해진 순서에 따라 크리스마스 축제를 진행한다.

유의점　　　가족마다 간식을 한 가지씩 준비해서 다과 시간을 가지면서 행
　　　　　　　사를 마무리한다.

무엇일까요?

활동 목표 눈을 가리고 이동하여 신체를 인식하고 움직인다.

감각기관을 활용하여 숲에 있는 자연물을 탐색해 본다.

사회관계 다른 사람과 더불어 생활하기 친구와 사이좋게 지내기

자연 탐구 과학적 탐구하기 - 생명체와 자연환경 알아보기

준비물 안대, 숲에 있는 자연물

활동 방법 유아 두 명이 짝을 이룬다. 한 명은 안대로 눈을 가리고, 한 명은 눈을 가린 유아의 손을 잡고 이동한다.

눈을 가린 유아는 친구의 손을 잡고 이동한 후, 친구가 손에 쥐어주는 자연물을 감각을 활용하여 탐색해 본다.

촉각을 자극하여 느낌을 되살려본다.

눈을 감고 만져 본 자연물이 무엇인지 확인한 뒤, 같은 자연물을 다른 친구들이 찾아와 보도록 지시해 본다.

확장 활동 맨발 걷기

매미 되어 보기

내가 좋아하는 친구는?

활동 목표 공동체에서 화목하게 지낸다.

주인공이 되어 좋아하는 친구를 소개해 본다.

사회관계 다른 사람과 더불어 생활하기 – 친구와 사이좋게 지내기

의사 소통 말하기 – 낱말과 문장으로 말하기

준비물 도토리, 나뭇가지, 나뭇잎, 솔방울, 돌멩이 각각 1개

활동 방법 자유놀이시간에 자신이 좋아하는 자연물 1개씩 가지고 모인다.

교사가 말하는 자연물을 가진 친구는 앞으로 나와서 자신이 좋아하는 친구의 이름을 말한다.

친구의 이름을 소개한 친구는 다른 자연물의 이름을 외친다.

솔방울을 가진 친구는 누구일까? 앞으로 나와 좋아하는 친구 이름을 말하자!

아이들 모두 돌아가며 좋아하는 친구 소개한다.

유의점 친구 관계가 원만하지 않거나 소개를 받지 못하는 친구가 있는 경우, 교사가 자연스럽게 이끌어 소개한다.

군인 놀이

활동 목표   친구와 협동하여 활동한다.

역할에 맞는 동작과 말을 하며 활동할 수 있다.

사회관계   다른 사람과 더불어 생활하기 – 공동체에서 화목하게 지내기

준비물   숲에 만들어 놓은 함정, 나무 기둥, 돌멩이

활동 방법   흙을 파서 만들어 놓은 참호에서 활동한다.

참호 안에 들어가서 군인이 되어 보도록 한다.

군인 놀이에 필요한 재료(나무기둥-총, 돌멩이-총알)를 찾아서 활동해 본다.

각자 군인 역할을 정하여 군대놀이를 해 본다.

유의점   유아들의 안전하게 놀이를 마칠 때까지, 교사가 주의 깊게 지켜보아야 한다.

예술 경험 영역

예술 경험 영역의 목표는 아름다움에 관심을 가지고 예술 경험을 즐기며, 창의적으로 표현하는 능력을 기르는 것이다. 예술 경험 영역은 '아름다움 찾아보기', '예술적 표현하기', '예술 감상하기' 세 가지 범주로 나누어져 있다.

위 활동은 나뭇가지에 나뭇잎을 끼워 모닥불에 고기를 굽는 흉내를 내는 모습으로 세 가지 범주 중에서도 '예술적 표현하기'에 속한다. 그중에서도 자신의 캠프 경험을 표현하는 '극놀이 표현하기'에 속한다. 아이들은 다른 아이들과 협동하여 자기 역할에 맞는 소품, 의상 등을 갖춘다.

예술 경험 영역 〉 예술적 표현하기 〉 극놀이로 표현하기

위 활동은 버찌를 으깨어 만든 즙으로 얼굴에 그림을 그리는 활동으로 예술적 표현하기 범주에서도 미술 활동으로 표현하기에 속한다. 평소 흔히 사용하던 붓과 물감이 아닌 재료와 도구에 관심을 갖고 탐색해 본 후, 서로의 얼굴에 그림을 그려준다. '예술적 표현하기' 범주에서도 '미술 활동으로 표현하기'에 속한다.

예술 경험 영역 〉 예술적 표현하기 〉 미술 활동으로 표현하기

다음 활동은 가을이 되어 알록달록 물든 나뭇잎들을 모아 본 아이들이 가을 동산을 만들고 있는 모습이다. 모아 온 여러 종류의 나뭇잎들을 같은 모양, 같은 색끼리 분류하며 자신들만의 가을동산을 만들고 있는 이 활동은 예술적 표현하기 범주에 속한다.

가을이 되어 변화하는 식물에 대해 관심을 갖고 눈으로 보고 느낄 수 있으

며 자연에서 얻은 다양한 재료로 작품을 구성하며 아름다움을 느낄 수 있는 활동으로 교실에서 흔히 사용하던 붓과 물감으로 만들어진 색이 아니라 아이들이 스스로 찾아낸 자연이 만든 색으로 자연이 준 재료와 도구에 관심을 갖고 자발적으로 탐색한 후, 단풍이 든 가을 동산의 모습을 꾸며본 이 활동은 '예술적 표현하기' 범주에서도 '미술 활동으로 표현하기'에 속한다.

예술 경험 영역 〉 예술적 표현하기 〉 미술 활동으로 표현하기

무늬 만들기

활동 목표 나뭇잎을 이용하여 무늬를 만들어 디자인한다.

예술 경험 아름다움 찾아보기 – 미술적 요소 탐색하기

준비물 나뭇잎, 입고 있는 의상 또는 손수건

활동 방법 우리가 입고 있는 옷의 무늬를 탐색하고 이야기해 본다.

다양한 나뭇잎을 모은다.

입고 있는 의상이나 보자기 등의 천을 펼친다.

나뭇잎을 이용하여 다양한 무늬를 꾸며 디자인한다.

함께 감상한다.

유의점 손수건을 활용할 경우, 디자인 결과대로 무늬 찍기를 하여 염색해 본다.

나의 친구 사슴벌레 만들기

활동 목표   숲에 있는 자연물을 탐색한다.

자연물을 이용하여 창의적으로 사슴벌레의 모양을 구성해 본다.

예술 경험   예술적 표현하기 – 미술 활동으로 표현하기

자연 탐구   과학적 탐구하기 – 생명체와 자연환경 알아보기

준비물   숲에 있는 여러 가지 자연물

활동 방법   주위에 있는 곤충을 탐색하고 관찰해 본다.

사슴벌레 생김새의 특징을 이야기해 본다.

사슴벌레를 만들기 위해 어떤 자연물이 필요한지 생각해 보고

수집한다.

수집한 여러 가지 자연물을 이용하여 사슴벌레를 만들어 전시

하고 소개하는 시간을 갖는다.

확장 활동   친구와 함께 곤충이 되어 보고 움직임으로 표현해 본다.

곤충을 아끼고 보호해요

활동 목표 곤충을 아끼고 보호해야 하는 이유를 이야기한다.

곤충을 보호하기 위해 포스터를 만든 뒤, 숲에 게시하고, 사람들에게 '곤충보호'를 알린다.

예술 경험 예술적 표현하기 – 미술 활동으로 표현하기

준비물 종이, 필기도구, 완성된 포스터, 줄, 테이프, 가위

활동 방법 포스터가 무엇인지 이야기를 나눈다.

곤충을 보호하는 방법에 대해 이야기하고 포스터를 제작한다.

자신이 만든 포스터가 어떤 내용을 담고 있는지 친구들과 공유해 본다.

완성된 포스터를 숲에 가지고 가서 나무에 건다.

숲을 오가는 사람들에게 곤충을 보호해야 함을 알린다.

확장 활동 시나 백일장 짓기를 해 본다.

표지판 구성하기

활동 목표 숲에 필요한 것을 생각하고, 아름답게 구성한다.

예술 경험 예술적 표현하기 – 미술 활동으로 표현하기

준비물 종이, 색채 도구, 지끈 또는 빵끈

활동 방법 필요한 표지판의 역할에 대해 이야기 나눈다.

표지판을 생각한다.

표지판을 디자인한다.

친구들과 의견을 나누면서 수정, 보완한다.

표지판을 아름답게 구성한다.

적절한 장소에 걸거나 세워 놓는다.

표지판의 내용을 이해하고 실천해 본다.

유의점 새롭게 조사한 나무의 이름표를 추가적으로 작업하여 게시한다.

나뭇잎의 변신

활동 목표 나뭇잎을 이용하여 창의적으로 다양하게 구성한다.

예술 경험 예술적 표현하기 – 미술 활동으로 표현하기

준비물 잎이 큰 나뭇잎, 나뭇가지, 낚싯줄

활동 방법 잎이 큰 나뭇잎을 찾는다.

어떤 것을 만들고 싶은지 생각해 본다.

다양한 구성 놀이를 창의적으로 표현해 본다.

필요에 따라 다른 자연물을 이용하여 구성한다.

짝꿍의 작품을 따라해 본다.

친구와 작품을 바꾸어 놀이해 본다.

유의점 다양한 미술도구 및 매체를 활용하여 좀 더 구체적으로 표현해 본다.

자연물로 만든 동물

활동 목표 다양한 자연물을 이용하여 동물을 꾸며본다.

예술 경험 예술적 표현하기 – 미술 활동으로 표현하기

준비물 자연물(나뭇잎, 밤꽃, 도토리 등), 검은색 우드락, 본드

활동 방법 숲에 떨어져 있는 다양한 자연물을 모은다.

자연물을 종류별로 분류한다.

자신이 좋아하는 동물에 대해 이야기를 나눈다.

자연물로 자신이 좋아하는 동물을 어떻게 꾸밀지 생각한다.

검은색 우드락을 배경판으로 하여 자신이 좋아하는 동물 모양
을 자연물로 꾸민다.

자연물로 만든 동물이 완성되면 친구들에게 소개한다.

확장 활동 '동물' 주제에 제한을 두지 않고, 다양한 주제를 자유롭고 창의
적으로 꾸며보도록 한다.

진흙 그림

활동 목표 오감을 통해 흙을 탐색하고, 정서적 안정감을 느낀다.

진흙으로 자유롭고 창의적으로 표현한다.

예술 경험 예술적 표현하기 – 미술 활동으로 표현하기

준비물 삽, 물, 붓, 종이

활동 방법 손으로 흙을 만지고, 냄새를 맡아 보며 탐색한다.

삽을 이용하여 땅을 파서 작은 구덩이를 만든다.

구덩이에 물을 부어 진흙을 만든다.

진흙으로 그리고 싶은 그림을 생각해 본다.

붓에 진흙을 묻혀 자신이 생각한 그림을 종이 위에 그린다.

완성된 진흙 그림을 전시하고 친구들에게 소개한다.

유의점 종이가 줄에서 떨어지지 않도록 집게나 테이프로 고정하고, 진흙에 묻은 종이가 찢어지지 않도록 유아들이 그림을 그리면 새 종이로 교체한다.

내가 사랑하는 사람

활동 목표   내가 사랑하는 사람을 알고 표현할 수 있다.

내가 사랑하는 사람의 얼굴을 다양한 자연물을 이용해 창의적으로 구성해 본다.

예술 경험   예술적 표현하기 – 미술 활동으로 표현하기

준비물   도배용 풀, 붓, 다양한 자연물

활동 방법   사랑하는 사람에 대해서 이야기해 본다.

사랑하는 사람의 얼굴 생김새에 대해 이야기해 본다.

사랑하는 사람의 얼굴을 표현할 수 있는 자연물을 모아온다.

사랑하는 사람의 얼굴을 꾸밀 나무를 정한다.

나무 위에 도배용 풀을 바른다.

자연물을 이용해 내가 좋아하는 사람의 얼굴을 구성한다.

내가 구성한 얼굴을 보며 친구와 이야기 나눈다.

유의점   도배용 풀을 이용할 때 몸이나 옷에 묻지 않게 유의한다.

나뭇잎 탁본하기

활동 목표   다양한 나뭇잎의 모양과 잎맥을 탐색한다.

나뭇잎 마다 잎맥이 다름을 안다.

예술 경험   아름다움 찾아내기 – 미술적 요소 탐색하기

준비물   종이, 연필 또는 색채 도구, 나뭇잎

활동 방법   주위에 떨어진 나뭇잎을 모은다.

잎맥, 색깔, 생김새 등 나뭇잎을 탐색해 본다.

평평한 바닥 위에 잎맥이 잘 보일 수 있도록 나뭇잎의 뒷면을 위로 하여 놓는다.

나뭇잎 위에 종이를 올린다.

손으로 종이를 고정한다.

연필을 눕혀 잡고 살살 색칠한다.

이에 나타난 잎맥을 감상하고, 다름을 살펴본다.

확장 활동   나뭇잎 퍼즐 맞추기

반쪽 나뭇잎 그려주기

버찌로 그린 그림

활동 목표   버찌 열매에 대해 알아보고 버찌 열매의 특징을 탐색한다.

버찌 열매 즙을 이용해 자유롭게 표현한다.

예술 경험   예술적 표현하기 – 미술 활동으로 표현하기

준비물   버찌, 굵은 나무 막대, 큰 그릇, 종이, 나뭇가지

활동 방법   버찌 열매의 색, 맛, 모양 등을 탐색한다.

손으로 버찌 즙을 내 얼굴을 꾸며 본다.

땅에 떨어져 있는 버찌 열매를 줍는다.

버찌를 큰 그릇에 옮겨 담은 뒤 나무 막대로 찧어 즙을 낸다.

나뭇가지에 버찌 즙을 묻혀 종이에 자유롭게 그린다.

유의점   버찌 즙이 옷에 묻었을 경우 잘 지워지지 않으므로 주의한다.

달라진 나무액자

활동 목표   다양한 자연물을 이용해 자유롭게 표현한다.

   자연물의 위치 변화를 주의 깊게 관찰한다.

예술 경험   아름다움 찾아보기 – 미술적 요소 탐색하기

준비물   나뭇가지 4개, 다양한 나뭇잎, 돌멩이, 나무열매

활동 방법   나뭇가지를 이용해 사각형 액자를 만든다.

   나뭇잎, 나무열매 등 다양한 자연물로 액자 안을 꾸민다.

   액자 속 자연물의 위치를 주의 깊게 관찰한다.

   교사는 술래 1명을 뽑고, 술래를 제외한 유아들은 눈을 감는다.

   술래는 그림액자에서 자연물 한 개를 숨긴다.(더하거나 옮기기)

   눈을 뜨고 나무액자에 어떤 변화가 있었는지 알아맞힌다.

   액자의 변화를 알아맞힌 유아가 술래가 되어 자연물로 자유롭게 액자를 꾸민다.

   같은 방법으로 놀이를 진행한다.

유의점   유아들의 수준에 따라 액자 안 자연물의 개수를 조정한다.

자연물로 만든 나만의 액자

활동 목표　숲에 있는 다양한 종류의 자연물을 탐색한다.

　　　　　자연물을 이용하여 창의적으로 표현하고 아름다움을 느낀다.

예술 경험　예술적 표현하기 – 미술 활동으로 표현하기

준비물　　나무 액자틀, 자연물, 목공용 본드

활동 방법　숲에 있는 여러 자연물을 탐색하고 생김새와 특징을 살펴본다.

　　　　　자연물을 이용해 나무 액자틀에 창의적으로 구성해 본다.

　　　　　액자가 완성되면 숲에 전시하고, 친구들과 공유한다.

유의점　　모양과 색깔이 다양한 자연물을 사용하여 꾸민다.

솔방울 목걸이

활동 목표   솔방울의 생김새와 모양을 탐색한다.

               솔방울을 이용하여 창의적으로 목걸이를 만든다.

예술 경험   예술적 표현하기 – 미술 활동으로 표현하기

준비물   솔방울, 마끈 또는 지끈, 가위

활동 방법   숲에 떨어져 있는 솔방울을 모은다.

               솔방울의 생김새를 보고, 냄새를 맡는 등 탐색한다.

               마끈을 적당한 길이로 잘라 두 줄을 만든다.

               첫 번째 줄을 반으로 접어 솔방울에 묶는다.

               묶고 남은 나머지 줄은 마디를 만들며 묶는다.

               두 번째 줄도 첫 번째 줄과 같은 방법으로 솔방에 묶는다.

               양쪽의 줄을 매듭지어 목걸이를 완성한다.

확장 활동   솔방울을 이용하여 만들 수 있는 것을 찾아본다.

밤으로 구성해요

활동 목표 밤의 생김새를 알고 변별할 수 있다.

밤을 이용해 자유롭게 구성해 본다.

예술 경험 예술 감상하기 – 다양한 예술 감상하기

준비물 알밤

활동 방법 숲에 갔을 때, 모양과 크기가 다양한 밤을 주워 온다.

밤으로 구성하고 싶은 것에 대해 생각해 본다.

밤을 이용해 자유롭게 구성한다.

밤으로 구성한 것을 친구에게 보여주고 무엇을 만든 것인지 알 아맞히게 한다.

친구가 답을 알아맞추면 역할을 바꾸어 활동한다.

확장 활동 밤을 이용해 수 세기, 패턴 만들기, 분류하기 등의 기초 수 활동 을 할 수 있다.

동물로 변신!

활동 목표 다양한 종류의 자연물을 이용해 동물로 변신해 본다.

상상력을 발휘하여 동물로 변신해 본다.

예술 경험 예술적 표현하기 – 움직임과 춤으로 표현하기

준비물 나뭇가지, 나뭇잎 등

활동 방법 숲에 떨어져 있는 나뭇가지, 나뭇잎을 주워 온다.

숲에서 모아 온 자연물을 이용해 변신할 수 있는 동물에는 무엇

이 있는지 생각해 본다.

다양한 자연물을 이용해 동물로 표현한다.

친구들에게 동물로 변신한 모습을 보여주고 어떤 동물의 모습인

지 알아맞추게 한다.

친구가 변신한 동물이 무엇인지 알아맞추면 역할을 바꾼다.

사슴으로 변신

토끼로 변신

유의점 나뭇가지에 의해 얼굴이나 몸 등을 긁힐 수 있으므로 활동하기

전 안전하게 활동하는 방법에 대해 이야기를 나눈다.

낙엽산을 보았어요

활동 목표 가을에 볼 수 있는 자연물을 탐색하고 표현해 본다.

명화를 감상한 뒤, 자연물을 이용해서 재구성한다.

예술 경험 예술 감상하기 – 다양한 예술 감상하기

준비물 아스테이트지, 나뭇잎, 목공용 본드, 매직

활동 방법 가을 숲에서 볼 수 있는 것에 대해 함께 이야기를 나눈다.

가을을 주제로 그린 화가의 명화를 감상해 본다.

– 그림 속에 나오는 사람들이 무엇을 하고 있니?

그림 속의 장면을 유아들과 함께 재구성하는 시간을 가진다.

아스테이트지에 매직을 이용해서 밑그림을 그린다.

밑그림을 그린 뒤 붓으로 본드를 칠하고 색깔 나뭇잎을 붙인다.

다양한 곡식이나 자연물을 이용해서 그림을 완성한다.

완성한 그림을 감상하고, 제목도 지어 준다.

– 우리가 완성한 벽화의 제목을 함께 지어 보자.

유의점 본드가 묻은 붓은 반드시 씻어서 보관한다.

계란 꾸러미 만들기

활동 목표   계란 꾸러미를 만들어 보며, 우리나라 전통에 관심을 갖는다.

조형 활동을 재미있게 표현하는 과정에서 성취감을 얻는다.

예술 경험   예술적 표현하기 – 미술 활동으로 표현하기

준비물   계란, 지푸라기

활동 방법   과거와 오늘날 계란을 보관하는 방법에 대해 이야기를 나눈다.

지푸라기에 계란을 보관하면 좋은 점들에 대해 생각한다.

계란 꾸러미를 만드는 방법을 소개한다.

- 여러 개의 짚을 잡은 뒤, 그 끝을 다른 짚으로 묶는다.

- 짚 사이에 계란을 넣는다.

- 계란과 계란 사이에 매듭을 짓는다.

- 반대편 끝을 짚으로 묶는다.

- 줄을 꼬아서 손잡이를 만든다.

부모님과 함께 계란 꾸러미를 만들어 본다.

유의점   지푸라기 사이에 계란이 빠지지 않도록 적당하게 묶는다.

귤껍질 모자이크

활동 목표   귤껍질을 사용하여 다양한 그림을 표현할 수 있다.

예술 경험   예술적 표현하기 – 미술 활동으로 표현하기

준비물   귤껍질, 크레파스, 색연필, 본드

활동 방법   귤을 먹고 난 뒤에 남은 귤껍질을 준비한다.

차, 화장품 등 귤껍질을 이용해 만들 수 있는 것을 알아본다.

귤껍질을 눌러 나오는 즙을 친구 손등에 문질러 준다.

햇빛이 잘 드는 곳에 귤껍질을 말린다.

귤껍질 말린 것과 스케치북, 다양한 그리기 도구를 준비한다.

밑그림을 그리고 귤껍질을 이용해서 모자이크기법으로 붙인다.

다양한 도구를 이용해 그림을 완성한 뒤, 친구들과 감상한다.

확장 활동   귤껍질을 모아 비닐봉지에 싸서 전자레인지에 데우면 숲에 갈 때, 오랫동안 손난로로 사용할 수 있다.

서로 다른 눈사람 만들기

활동 목표   계절의 특징을 알고, 눈을 탐색해 본다.

            눈을 이용하여 창의적으로 조각품을 만든 뒤, 감상해 본다.

예술 경험   아름다움 찾아보기 – 미술적 요소 탐색하기

준비물   색깔 물, 눈, 자연물, 눈을 이용한 조형물 사진

활동 방법   방법 1

            다양한 색깔 물을 분무기에 넣어서 준비한다.

            하얀 눈밭 위에 분무기를 이용해 물감을 뿌린다.

            눈 위에 색깔물이 뿌려질 때의 느낌에 대해 함께 이야기해 본다.

            색깔 물을 뿌린 눈을 이용해서 눈사람을 만들어 본다.

            다양한 자연물을 이용해서 눈사람을 꾸며 본다.

            방법 2

            눈을 이용해서 만들 수 있는 것에 대해 함께 이야기한다.

            눈을 이용한 조각물 함께 감상해 본다.

            우리가 만들 수 있는 동물들을 생각해 보고, 만들어 본다.

            자연물로 동물 눈사람을 꾸민 후, 이름을 지어 준다.

유의점   친구들이 작품을 감상해 보는 시간을 가지고, 친구들이 무엇을
만들었는지 알아맞히는 놀이를 할 수 있다.

동물들에게 선물하는 집

활동 목표 동물들의 겨울나기 방법에 대해 안다.

숲에서 사는 동물들이 있음을 알고, 동물을 보호하는 마음을 갖도록 한다.

예술 활동 예술적 표현하기 – 미술 활동으로 표현하기

준비물 길이와 굵기가 다양한 나뭇가지

활동 방법 동물들의 겨울나기에 대해 배워본다.

겨울나기를 도울 수 있는 방법에 대해 알아본다.

동물들의 집을 만들기로 하고 설계도를 그려 본다.

숲을 탐색하며 집 만들기에 적합한 재료를 찾아본다.

나뭇가지와 낙엽 등을 이용하여 동물집을 완성한다.

확장 활동 동물 흉내를 내며 겨울나기 놀이를 한다.

솔방울 크리스마스트리

활동 목표 솔방울과 다양한 재료를 이용하여 트리를 만들 수 있다.

예술 경험 예술적으로 표현하기 – 미술 활동으로 표현하기

준비물 솔방울, 통조림 캔, 초록색/갈색 물감, 붓, 글루건, 작은 뽕뽕이, 리본테이프

활동 방법 숲활동할 때, 솔방울이 많았던 장소를 떠올려본다.

솔방울을 주워서 모은다.

솔방울을 이용해서 크리스마스트리 만드는 방법을 소개한다.

솔방울에 초록색 물감을 칠한 뒤, 그늘에서 말린다.

통조림 빈 캔은 종이를 제거하고 갈색 물감 칠한 뒤에 말린다.

빈 캔 안에 스티로폼이나 오아시스를 넣는다.

두꺼운 마분지를 이용해서 트리 모양을 잡아준 뒤 캔과 연결한다.

모양이 잡힌 마분지에 글루건을 충분히 바르고 솔방울을 붙인다.

유의점 본드를 이용해서 붙이면 솔방울의 무게로 인해 잘 붙지 않으며 마분지에 솔방울을 글루건으로 붙인다.

얼음땡 놀이

활동 목표 술래가 나무를 두드리는 소리를 듣고 순발력 있게 행동한다.

나무를 두드려 다양한 소리를 만들어 본다.

예술 경험 예술적 표현하기 – 음악적으로 표현하기

준비물 굵은 나뭇가지

활동 방법 가위바위보로 술래를 정한다.

술래는 딱따구리가 되어 나뭇가지로 나무를 두드린다.

나머지 유아들은 술래가 두드리는 소리를 주의해서 들으며 자유롭게 돌아다닌다.

술래가 소리를 멈추고 '얼음'을 외치면 모두 제자리에 멈춘다.

술래는 움직이는 유아가 있는지 찾아보고 없으면 '땡'이라고 말한 뒤 다시 나무를 두드린다.

술래가 '땡'을 외치기 전에 움직인 유아는 술래 옆에 서 있는다.

술래에게 잡힌 유아는 벌칙을 받고 다음 술래를 정한다.

확장 활동 나뭇가지로 나무를 두드려 다양한 리듬을 만들어본다.

새야 새야 어서 오렴

활동 목표   자연에 관심을 갖고, 함께 살아감을 안다.

숲에 있는 자연물을 이용하여 창의적으로 구성한다.

예술 경험   아름다움 찾아내기 – 미술적 요소 탐색하기

준비물   숲에 있는 자연물 – 나뭇가지, 돌멩이, 나뭇잎

활동 방법   새둥지에 대해 알아보고 그 생김새를 말로 표현해 본다.

나뭇가지와 돌멩이, 나뭇잎들을 모아온다.

자연물을 이용해 새들이 찾아올 수 있는 새둥지를 만든다.

확장 활동   새를 기다려보며 기다림의 느낌을 알게 한다.

자연 탐구 영역

자연 탐구 영역의 목표는, 호기심을 가지고 주변세계를 탐구하며, 일상생활에서 수학적, 과학적으로 생각하는 능력과 태도를 기르는 것이다. 자연 탐구 영역은 '탐구하는 태도 기르기', '수학적 탐구하기', '과학적 탐구하기' 세 가지 범주로 이루어져 있다.

위 활동은 나뭇잎 위에 편지를 쓰려다 문득 궁금증이 생겨 나뭇잎을 탐색하는 모습을 담은 것으로, '탐구하는 태도 기르기' 중에서도 주변의 사물과 자연 세계에 대해 알고자 하는 '호기심을 유지하고 확장하기'에 속한다.

자연 탐구 영역 〉 탐구하는 태도 기르기 〉 호기심을 유지하고 확장하기 어느 날 아이들은 숲에서 자신들만의 집을 만들기로 합니다. 서로 힘을 모아 나뭇가지를 세워 돌을 받치기도 하고 만들었던 집이 무너지자 아이들은 조금 더 튼튼한 집을 지을 수 있는 방법을 탐구하기 시작한다. 선생님께 물어보기도 하고 책을 찾아보기도 하며 아이들은 튼튼한 집을 지을 방법들을 생

각해 보았고 이 과정은 궁금한 현상이나 사물에 대해 이전에 알고 있던 지식과 정보를 활용하여 새로운 방법으로 문제를 해결하려는 아이들의 활동 모습은 탐구하는 태도 기르기에 포함된다.

아이들은 흙과 지푸라기를 뭉쳐서 만든다는 책 속의 초가집 이야기를 듣고 흙과 지푸라기, 나뭇가지들을 이용해 자신들만의 집을 완성하였다. 스스로 탐구하며 탐색한 끝에 아이들은 고민하던 문제를 해결할 수 있었고 그 과정

에서 탐색, 관찰, 비교, 예측 등의 탐구 기술을 활용하였다.

자연 탐구 영역 〉 탐구하는 태도 기르기 〉 탐구 기술 활용하기

위는 나뭇가지를 모아 둥지를 만들고 있는 모습으로, 자연 탐구 영역의 '과학
적 탐구하기' 활동이다.
새들의 성장 과정과 생활환경에 대해 알아보고 탐색하는 과정에서 새들이
사는 둥지를 직접 만들어 보는 모습으로, 동식물의 특성과 성장 과정을 알아
본다. 과학적 탐구하기 중에서도 생명체와 자연환경 알아보기에 속한다.

자연 탐구 영역 〉 과학적 탐구하기 〉 생명체와 자연환경 알아보기

이날 아이들은 숲에서 껍질이 옆으로 벗겨진 나무를 발견하게 되었다. 어떤 나무인지 왜 껍질이 벗겨졌는지 관심을 갖게 되었고, 탐구를 시작했다. 식물의 특성과 성장 과정을 알아보는 이 과정은 자연 탐구 영역 중 과학적 탐구하기에 포함된다. 아이들은 이 나무를 탐색하는 과정에서 책을 통해 수피는 흰빛을 띄고 옆으로 얇게 종이처럼 벗겨진다는 것, 나무의 질이 좋고 썩지 않으며 벌레가 먹지 않아 건축재, 세공재, 조각재 등에 쓰임을 알게 되었다. 이후 아이들은 자작나무의 껍질을 벗겨 보고, 껍질에 글을 쓸 수 있는지 탐색하였다. 이런 활동은 생명체와 자연환경 알아보기에 속한다.

자연 탐구 영역 〉 과학적 탐구하기 〉 생명체와 자연환경 알아보기

나뭇잎 친구 찾기

활동 목표　나뭇잎을 탐색해 보고, 모양이 다름을 안다.

여러 종류의 나뭇잎을 모은 뒤, 같은 종류끼리 분류한다.

자연 탐구　과학적 탐구하기 – 생명체와 자연환경 알아보기

준비물　나뭇잎

활동 방법　숲에 있는 나뭇잎들을 탐색해 본다.

나뭇잎마다 모양이 다름을 알고, 각각의 나뭇잎이 지닌 고유한

모양을 탐색해 본다.

자기가 찾은 나뭇잎을 친구들에게 소개하고 나뭇잎의 특징에

대해 말해 본다.

나뭇잎을 같은 종류끼리 모은다.

분류한 나뭇잎을 살펴보며, 그 모양과 특징에 대해 이야기한다.

확장 활동　분류한 나뭇잎을 이용해 나뭇잎 패턴을 만들어 본다.

진달래 화전

활동 목표 진달래의 모양, 색깔 등의 생김새를 관찰한다.

진달래 화전 요리를 즐겁게 한다.

자연 탐구 과학적 탐구하기 – 자연현상 알아보기, 물체와 물질 알아보기

준비물 진달래, 쑥, 찹쌀가루, 소금, 조청, 프라이팬, 버너, 물

활동 방법 진달래꽃이 피어 있는 나무를 찾는다.

진달래꽃의 향기, 모양, 꽃잎의 색깔 등을 탐색한다.

진달래 꽃잎을 따 물이 들어 있는 그릇에 넣는다.

꽃잎이 물에 닿았을 때, 어떤 변화가 일어나는지 관찰한다.

숲에서 진달래 꽃잎을 모은다.

진달래를 깨끗한 물에 씻고 물기를 없앤다.

진달래 화전에 필요한 재료를 준비한다.

찹쌀가루에 따뜻한 물을 부어 가며 반죽한다.

소금을 넣어 간을 맞춘다.

찹쌀 반죽을 손바닥만한 크기로 납작하게 만든 뒤, 진달래와 쑥으로 꽃 모양을 꾸민다.

프라이팬에 익힌 뒤, 조청을 발라 먹는다.

유의점 뜨거운 프라이팬에 데지 않도록 주의한다.

민들레 홀씨

활동 목표　민들레 홀씨의 특징에 대해 알아본다.

자연 탐구　과학적 탐구하기 – 생명체와 자연환경 알아보기

준비물　민들레 홀씨, 돋보기, 연필, 지우개, 종이

활동 방법　숲에서 자라고 있는 민들레 홀씨를 찾는다.

　　　　　민들레 홀씨의 생김새를 관찰한다.

　　　　　민들레 홀씨의 구조에 대해 이야기를 나눈다.

　　　　　민들레 홀씨를 입으로 불어 날아가는 모습을 관찰한다.

　　　　　홀씨가 날아가 다시 민들레가 자라는 과정에 대해 이야기한다.

　　　　　채집한 홀씨를 돋보기로 자세히 관찰한 뒤, 그림으로 표현한다.

확장 활동　내가 민들레 홀씨라면 어떤 느낌일지 생각해 보기

꿈틀꿈틀 자벌레

활동 목표 자벌레의 생김새, 색깔 등의 특징을 알아본다.

자벌레의 움직임을 탐색한다.

자연 탐구 과학적 탐구하기 - 생명체와 자연환경 알아보기

준비물 돋보기, 루페

활동 방법 숲에 있는 자벌레를 찾아본다.

자벌레의 모양과 색깔 등 생김새를 관찰한다.

자벌레의 움직임을 살펴본다.

자벌레가 움직이는 모습을 몸으로 표현한다.

곤충도감을 통해 자벌레의 특징을 알아보고 이야기한다.

자벌레와 비슷한 벌레를 찾아보고 그 특징을 비교해 본다.

유의점 자벌레를 해치지 않도록 유아들과 충분히 이야기한다.

나뭇잎 머리핀

활동 목표 자연물을 이용해 창의적으로 만들며 아름다움을 표현한다.

자연 탐구 과학적 탐구하기 – 생명체와 자연환경 알아보기

예술 경험 예술적 표현하기 – 미술 활동으로 표현하기

준비물 나뭇잎, 본드, 지끈

활동 방법 숲에 있는 나뭇잎을 탐색하며 적합한 나뭇잎을 찾아본다.

나뭇잎을 이용하여 머리핀을 만들 방법에 대해 알아본다.

머리핀이 완성되면 머리에 꽂아 본다.

확장 활동 나뭇잎을 이용해 가면, 곤충, 치마 등을 다양하게 만든다.

곤충의 유충 발견

활동 목표 유충을 관찰하고, 이름과 특징을 알아본다.

유충의 탈피는 곤충이 자라는 과정이라는 것을 알아본다.

자연 탐구 과학적 탐구하기 – 생명체와 자연환경 알아보기

준비물 돋보기, 루페, 곤충도감

활동 방법 숲에서 발견한 곤충의 유충을 자세히 살펴본다.

어떤 곤충의 유충인지 추측해 본다.

곤충도감을 보며 유충의 이름을 확인한다.

시간이 지남에 따라 유충이 탈피한 껍질에 대해 알아본다.

유의점 유충을 해치지 않도록 유아들과 충분히 이야기한다.

숲속 곤충 찾기

활동 목표 숲속에 다양한 곤충이 살고 있음을 안다.

곤충이 살고 있는 환경을 알고, 숲에 살고 있는 곤충들을 찾아서 생김새를 탐색해 본다.

자연 탐구 탐구하는 태도 기르기 – 탐구 과정 즐기기

준비물 곤충도감, 식물도감, 돋보기, 루페

활동 방법 내가 찾고 싶은 곤충을 곤충도감에서 찾아보고, 곤충이 사는 환경에 대해서 배운다.

곤충이 살고 있는 나무를 식물도감을 통해서 찾는다.

썩은 나무 기둥 밑이나 나무 위, 땅속에서 곤충을 찾아본다.

찾은 곤충이 다치지 않도록 조심해서 탐색한다.

탐색한 뒤에는 원래 살던 곳에 놓아준다.

유의점 애벌레는 사람의 체온에도 화상을 입으므로 나뭇가지나 나뭇잎 위에 올려놓고 탐색한다.

나뭇잎 왕관

활동 목표 나뭇잎을 이용하여 왕관 모양으로 구성해 본다.

친구에게 왕관을 만들어 주며 사이좋게 지낸다.

자연 탐구 과학적 탐구하기 – 생명체와 자연환경 알아보기

준비물 나뭇잎

활동 방법 숲에 있는 나뭇잎을 탐색해 보고, 나뭇잎을 이용하여 친구의 머리에 씌워 줄 왕관을 만들어 본다.

유의점 위험 요소가 없는지 잘 확인한 뒤에 활동을 진행한다.

나뭇잎 떼기 가위바위보

활동 목표 나뭇잎을 이용하여 가위바위보 활동을 한다.

수와 연산의 기초 개념을 알고 나뭇잎을 이용한 수 놀이를 한다.

자연 탐구 수학적 탐구하기 – 수와 연산의 기초 개념 알아보기

준비물 아카시아 잎

활동 방법 아카시아 나무를 찾아서 잎을 탐색한다.

나뭇잎 개수가 같은 아카시아 줄기를 준비한다.

가위바위보를 해서 이긴 사람이 아카시아 잎을 한 장 뗀다.

나뭇잎을 먼저 모두 뗀 사람이 나오면 활동이 끝난다.

똑같은 모양을 찾아주세요

활동 목표　모양을 보고 비슷한 형태의 자연물을 찾으면서 도형의 기초 개념을 형성하고, 여러 가지 모양을 구성해 본다.

자연 탐구　수학적 탐구하기 – 공간과 기초 개념 알아보기

준비물　주머니, 모양이 그려져 있는 종이쪽지

활동 방법　원, 네모, 세모 등이 그려진 종이쪽지를 접어서 주머니에 넣는다.

숲으로 가기 전에 종이쪽지에 그려진 모양을 혼자 확인한다.

숲으로 올라가면서 쪽지에 그려진 모양을 닮은 자연물을 찾는다.

유아들은 미리 정해 둔 장소에서 만난다.

숲 보자기에 쪽지와 자연물을 놓고 친구들에게 소개한다.

유아는 자신과 같은 모양의 종이쪽지를 뽑은 친구들이 찾아온 자연물이 자기와 다름을 확인하고, 사람은 같은 것을 보아도 저마다 다른 생각을 할 수 있음을 배운다.

친구들이 찾아온 다양한 자연물을 이용해서 서로의 생각을 모아 한 가지의 모양을 구성해 본다.

유의점　자기 쪽지를 다른 친구에게 보여주지 않도록 유의한다.

큰 눈이 되어 준 친구

활동 목표 도구를 사용하여 자연물을 탐색한다.

자연 탐구 과학적 탐구하기 – 간단한 도구와 기계 활용하기

준비물 루페, 돋보기

활동 방법 루페, 돋보기 등의 기능에 대해 알아본다.

숲에서 발견할 수 있는 여러 종류를 탐색해 본다.

눈으로 보는 것과 도구를 사용하였을 때의 차이점을 느껴 본다.

각각 도구의 차이점을 비교한다.

관찰한 모습을 그림으로 표상해 본다.

표상 카드로 부분과 전체 놀이를 해 본다.

확장 활동 에코 거울로 숲 돌아보기

나뭇잎 물감으로 그림을 그려요

활동 목표   나뭇잎을 탐색해 보고, 미술 활동으로 표현해 본다.

자연 탐구   과학적 탐구하기 - 자연현상 알아보기

준비물   나뭇잎, 나무, 돌멩이, 그릇, 붓

활동 방법   숲에 있는 나뭇잎을 탐색해 보고 색깔에 대해서 이야기해 본다.
그릇에 나뭇잎을 모아 넣고 돌멩이로 으깨어 본다.
나뭇잎에서 나온 나뭇잎 즙을 손으로 만져 보며 색깔에 대해서
이야기한다.
붓으로 나뭇잎 즙을 묻혀서 물감처럼 사용해 본다.
그림을 그려 본 뒤, 천연물감의 느낌에 대해 이야기해 본다.

확장 활동   채집하여 향기를 맡아 보는 후각 활동을 한다.

나뭇가지로 만든 얼굴

활동 목표 자연물을 이용하여 자기 얼굴을 구성해 본다.

자신을 소중히 여기는 마음을 갖고, 자기 자신에게 하고 싶은 이야기해 본다.

자연 탐구 과학적 탐구하기 – 생명체와 자연환경 알아보기

예술 경험 예술적 표현하기 – 미술 활동으로 표현하기

준비물 나뭇가지, 나뭇잎, 자연물

활동 방법 숲을 탐색하며 나뭇가지, 나뭇잎, 열매 등 자연물을 수집해 본다.

나의 얼굴 생김새에 대해 이야기해 본다.

수집한 자연물을 이용하여 자기의 얼굴을 만들어 본다.

얼굴 만들기가 완성되면 자기 자신에게 하고 싶은 이야기한다.

유의점 다양한 종류의 자연물을 이용하여 창의적으로 자기 자신을 표현할 수 있도록 지도한다.

물방개를 발견했어요

활동 목표 물방개의 생김새, 색깔, 특징 등에 호기심을 가지며, 생명체의 소중함을 느낀다.

자연 탐구 탐구하는 태도 기르기 – 탐구 과정 즐기기

준비물 과학에 관련된 동화, 곤충도감

활동 방법 숲속에 사는 곤충에 대한 과학 동화를 읽어 보고 이야기 나눈다.

곤충도감을 들고, 숲으로 이동한다.

숲을 탐색할 때 지켜야할 규칙에 대해 이야기를 나눈다.

풀과 물이 만나는 이곳에는 어떤 생물이 살고 있는지 탐색해 본다.

물방개의 생김새를 탐색한다.

- 물방개의 생김새(눈, 코, 입, 다리 등)를 충분히 관찰한다.

- 물방개 곤충도감을 보면서 물방개를 관찰한다.

- 물방개가 움직이는 모습을 관찰하고 물방개의 움직임을 몸으로 표현해 본다.

물방개 관찰과 놀이를 충분히 한 뒤 안전하게 돌아온다.

유의점 생명의 소중함에 대해 충분히 인식한 뒤에 활동을 시작한다.

질경이 | 제기차기

활동 목표 질경이를 찾은 뒤, 질경이의 뿌리, 줄기, 잎을 탐색해 본다.

질경이를 이용하여 신체 활동을 해 본다.

자연 탐구 과학적 탐구하기 – 생명체와 자연환경 알아보기

준비물 질경이

활동 방법 질경이를 찾은 뒤에 그 생김새를 탐색해 본다.

질경이를 채취한다.

질경이를 이용하여 제기차기를 하며 신체 활동을 한다.

유의점 경사진보다는 평평한 곳에서 활동한다.

함정을 만들자

활동 목표 기구를 이용하여 신체 활동에 참여한다.

친구와 협력하여 만들기를 하고, 즐겁게 놀이에 참여한다.

자연 탐구 과학적 탐구하기 – 생명체와 자연환경 알아보기

운동 건강 신체 조절과 기본 운동하기 – 신체 조절하기

준비물 큰 삽, 꽃삽

활동 방법 삽을 잡는 요령과 사용법에 대해 충분히 익힌 뒤에 안전하게 활동한다.

숲에 있는 흙바닥을 삽을 이용해서 퍼낸다.

흙을 퍼낸 곳에 구덩이가 생기면 어떤 용도로 사용할 것인지 이야기 나눈다.

만들어진 구덩이를 함정으로 이용하며 놀이한다.

유의점 도구를 안전하게 사용할 수 있도록 주의하며 활동한다.

숲속 식물과 만나기

활동 목표   숲에는 여러 종류의 식물이 있음을 알고 탐색하며 탐색 과정을 즐긴다.
식물의 생김새와 특징을 그림으로 표현해 본다.

자연 탐구   탐구하는 태도 기르기 - 탐구 과정 즐기기

준비물   숲에 있는 식물, 종이, 연필

활동 방법   숲에서 자라는 식물 중에서 탐색해 보고 싶은 식물을 정한다.
식물의 생김새를 자세히 탐색하고, 꽃잎, 잎과 줄기의 모양 등 특징을 이야기해 본다.
탐색한 식물의 꽃잎, 줄기를 그림으로 자세히 그려 본다.

확장 활동   찰흙으로 나뭇잎 압화하기

영지버섯 변화 비교

활동 목표   영지버섯의 생김새를 관찰하고 특징을 알아본다.

영지버섯이 자라는 과정을 보고, 크기의 변화를 알아본다.

자연 탐구   수학적 탐구하기 - 기초적인 측정하기

준비물   줄자

활동 방법   숲에서 발견한 영지버섯을 찾아 무늬, 크기 등을 관찰한다.

영지버섯의 좋은 점과 특징에 대해 이야기를 나눈다.

줄자의 사용 방법에 대해 알아본다.

줄자로 영지버섯의 지름을 재어 본다.

영지버섯이 얼마나 컸는지 지난 번 기록과 지름을 비교해 본다.

확장 활동   식용버섯의 종류와 특징에 대해 알아본다.

버섯의 종류 탐색

활동 목표   숲에서 자라는 다양한 버섯을 관찰한다.

              버섯의 다양한 특징을 알아본다.

자연 탐구   탐구하는 태도 기르기 – 탐구 과정 즐기기

준비물   돋보기, 루페, 버섯 도감

활동 방법   숲에서 자라는 다양한 버섯을 찾는다.

              돋보기나 루페로 버섯을 관찰한다.

              색깔과 모양이 다른 버섯을 서로 비교한다.

              버섯의 특징을 말로 표현해 본다.

              버섯도감으로 이름과 특징을 찾아본다.

              숲에서 찾은 버섯을 그림으로 표현해 본다.

확장 활동   숲에서 찾은 버섯을 그리고 특징을 적어 버섯도감을 만든다.

칡 캐기

활동 목표 숲에 있는 먹을거리에 대해서 이야기하고, 칡이 자라는 환경에
대해 배운다.

칡을 캐어 차로 마셔 보며 맛을 느껴 본다.

자연 탐구 탐구하는 태도 기르기 – 탐구 과정 즐기기

준비물 숲에 있는 칡, 삽, 다기

활동 방법 숲을 탐색하며 칡덩굴을 찾아본다.

어른의 도움을 받아, 유아가 직접 땅을 파서 칡뿌리를 캔다.

칡을 캘 때에는 뿌리가 끊어지지 않도록 주의한다.

칡뿌리의 껍질을 벗겨 맛을 본다.

칡을 깨끗하게 손질하고 칡차를 마시며 다도 예절을 배운다.

확장 활동 차로 마실 수 있는 둥글레 캐기

김장배추 심고 가꾸기

활동 목표   배추와 무를 심고 성장 과정을 관찰하면서 사랑하는 마음으로 기를 수 있다.

자연 탐구   과학적 탐구하기 – 생명체와 자연환경 알아보기

준비물   배추 모종, 무씨, 호미, 삽, 관찰일지

활동 방법   초가을에 땅을 고르고, 돌을 골라낸다.

배추

배추모종을 준비한다.

땅에 배추 모종이 들어갈 수 있도록 구멍을 낸다.

뿌리가 보이지 않도록 흙을 덮고, 흙을 꼭꼭 눌러 준다.

무

땅에 씨를 심을 수 있도록 골을 판다.

엄지와 검지를 이용해 무씨를 솔솔 뿌려 주고 물을 준다.

배추 성장 과정을 관찰하고 그림으로 표현한다(관찰일지 작성).

배추가 자란 뒤, 지푸라기나 끈을 이용해서 배추를 묶어 준다.

유의점   무는 싹이 나오면 많이 난 곳을 쏙아 크게 자랄 수 있게 한다.

밤꽃 패턴 만들기

활동 목표   밤꽃의 특징에 대해 알아본다.

                 밤꽃과 나뭇가지로 다양한 패턴을 구성한다.

자연 탐구   수학적 탐구하기 - 규칙성 이해하기

준비물   밤꽃, 나뭇가지

활동 방법   숲에 떨어져 있는 밤꽃을 모은다.

                 밤꽃의 생김새를 관찰한다.

                 밤꽃을 만져 보며 촉감을 느껴 본다.

                 밤꽃의 특징에 대해 이야기를 나눈다.

                 주변에서 나뭇가지를 모은다.

                 밤꽃과 나뭇가지로 다양한 패턴을 만든다.

                 예) ① 밤꽃-나뭇가지-밤꽃-나뭇가지

                     ② 밤꽃-밤꽃-나뭇가지-밤꽃-밤꽃-나뭇가지

유의점   밤꽃과 나뭇가지는 숲에 떨어진 것을 모아 활동하고, 활동을 위해 나무를 훼손하지 않는다.

도토리 수 놀이하기

활동 목표 도토리로 놀이를 함으로써 서열하기, 나열하기, 패턴 등의 다양
한 수학적 개념을 형성한다.

자연 탐구 수학적 탐구하기 – 수와 연산의 기초 개념 형성하기

준비물 도토리

활동 방법 숲에 떨어져 있는 도토리를 모은다.

도토리로 1부터 10까지의 숫자를 만든다.

도토리로 10이상의 숫자를 만든다.

도토리를 깍정이와 알맹이 두 가지로 나누어 분류한다.

도토리를 규칙에 관계없이 일렬로 나열한다.

도토리를 작은 것부터 큰 것의 순서로 순서 짓기를 한다.

도토리를 큰 것부터 작은 것의 순서로 순서 짓기를 한다.

여러 가지 규칙을 정하여 패턴 활동을 한다.

예) 알맹이–깍정이–알맹이–깍정이

확장 활동 도토리로 덧셈과 뺄셈 같은 수 활동을 해 본다.

밤으로 하는 숫자 놀이

활동 목표　밤을 이용해 규칙을 만들어 보고 규칙성을 이해한다.

밤을 이용해 수의 기초 개념을 형성한다.

자연 탐구　수학적 탐구하기 – 수와 연산의 기초 개념 형성하기

준비물　다양한 크기의 밤

활동 방법　분류하기

숲에서 크기가 다른 밤을 모은다.

크기가 비슷한 밤끼리 모은다.

숫자만큼 놓기

1에서 10까지 숫자가 쓰여 있는 숫자 카드를 준비한다.

숫자 카드에 적혀 있는 수만큼 밤을 올려놓는다.

밤으로 숫자쓰기

밤을 이용해 숫자를 만든다.

친구가 만든 숫자를 알아맞힌다.

패턴 만들기

크기와 모양이 다양한 밤을 준비한다.

다양한 형태의 패턴을 만들어 본다.

예) a-b-a-b/ a-a-b-a-a-b/ a-b-c-
　　a-b-c 등

열매의 크기 비교

활동 목표   열매의 크기를 비교해 보며, 수와 도형에 대한 기초 개념을 형성한다.

자연 탐구   수학적 탐구하기 – 기초적인 측정하기

준비물   숲속의 열매들, 음악

활동 방법   동요를 부르며, 동그랗게 모여 앉는다.

교사가 가지고 온 두 개의 열매를 보며, 크기에 대한 이야기를 나눈다.

음악 소리가 끝날 때까지 각자 두 개씩의 열매를 찾아서 모인다.

찾아 온 두 개 열매의 크기를 비교해 본다.

친구들이 가지고 온 열매와 크기를 비교하며 이야기해 본다.

가장 큰 열매를 가지고 온 친구에게 나뭇잎 목걸이를 선물하고 박수를 쳐준다.

확장 활동   솔방울 나르기

폭신폭신 낙엽 침대

활동 목표   가을이 되어 달라진 나뭇잎의 변화를 탐색한다.
         낙엽을 이용하여 침대를 구성해 본다.

자연 탐구   탐구하는 태도 기르기 – 호기심을 유지하고 확장하기

준비물   낙엽

활동 방법   가을에 떨어진 낙엽을 탐색해 보며 계절을 느껴 본다.
         떨어진 낙엽을 한 곳에 모아서 낙엽 침대를 만든다.
         낙엽 침대에 누워 하늘을 보며 편안함을 느껴 본다.

유의점   바닥에 있는 돌에 다치지 않도록 유의하며 활동한다.

향기로운 국화차

활동 목표   가을에 볼 수 있는 꽃 가운데 국화꽃을 만난다.

국화꽃을 차로 마실 수 있음을 알고, 국화꽃을 채취해서 차로

마셔 본다.

자연 탐구   과학적 탐구하기 – 생명체와 자연환경 알아보기

준비물   길에서 만난 산국

활동 방법   산책하다가 만난 국화꽃을 탐색해 본다.

국화꽃을 채취한 뒤, 차로 마실 수 있도록 꽃과 잎을 분리한다.

식초물에 잠깐 담가 유해물질을 제거한다.

꽃을 끓는 물에 넣어 끓인 뒤, 잘 말린다.

향기로운 국화차를 맛본다.

유의점   불과 끓인 물에 데이지 않도록 주의한다.

흙집을 지어요

활동 목표 나뭇가지와 흙, 지푸라기를 이용하여 집을 만들어 본다.

자연물을 이용하여 재미있게 활동할 수 있다.

자연 탐구 탐구하는 태도 기르기 – 탐구 과정 즐기기, 탐구 기술 활용하기

준비물 삽, 물, 지푸라기, 가위

활동 방법 유아들이 자기들만의 공간을 숲에 만들어서 꾸미기를 원할 때,

유아들과 어떻게 공간을 만들지 함께 이야기한다.

공간을 만들 재료와 방법 등을 위해 설계도를 그린다.

유아들의 생각을 돕기 위해 세계 여러 나라의 집을 소개해 준

다. (자연환경에 따라 집 모양이 달라짐을 알게 된다.)

숲에서 흔히 볼 수 있는 재료로 집 모양을 만든다.

나뭇가지를 이용해서 모양을 잡는다.

흙을 판 뒤, 지푸라기를 가위로 잘라서 흙속에 넣고, 물을 붓는다.

흙과 지푸라기, 물을 잘 섞는다.

나뭇가지를 이용해서 모양을 잡은 곳에 흙을 붙인다.

계절별로 나오는 다양한 자연물로 집을 꾸민 뒤, 놀이공간으로

이용한다.

유의점 흙집을 만들 때는 물과 흙과 지푸라기의 비율을 잘 맞추어야 한다.

개미의 생활

활동 목표   개미의 생활에 관심을 갖는다.

개미의 생활을 알아본다.

자연 탐구   탐구하는 태도 기르기 – 호기심을 유지하고 확장하기

준비물   단맛이 나는 음식, 돋보기

활동 방법   개미들이 어디에 사는지 생각해 본다.

돋보기를 들고 개미가 사는 곳을 찾아본다.

눈으로 개미를 따라가며 개미가 사는 곳을 알아본다.

개미가 어떤 먹이를 좋아하는지 이야기해 본다.

개미 먹이를 준비한다.

개미들이 다니는 길에 먹이를 놓는다.

어떤 먹이에 개미들이 가장 많이 몰리는지 관찰한다.

유의점   실험은 개미들이 가장 많이 볼 수 있는 개미집 앞에서 한다.

개미는 달고 수분이 많은 과일을 좋아한다.

나뭇잎아, 놀자

활동 목표   나뭇잎을 이용하여 창의적으로 구성하고, 분류해 본다.

자연 탐구   탐구하는 태도 기르기 – 탐구 과정 즐기기

준비물   투명한 시트지, 그리기 도구, 도화지, 양면 테이프, 나무도감

활동 방법   가을이 되어 변한 나뭇잎 색깔을 탐색하고 관찰해 본다.

   – 나뭇잎을 잘 보고 나무 끝에 매달려 있는 가장 색깔이 있는 나뭇잎을 찾아볼까?

   다양한 색깔의 나뭇잎을 시트지에 놓고 구성놀이를 한다.

   모르는 나뭇잎은 나무도감에서 찾아 이름을 적어 본다.

   나무도감에서 찾지 못한 나뭇잎은 이름을 지어 준다.

   마음에 드는 나뭇잎을 한 장 주워 다른 나뭇잎들과 여러 방법으로 분류해 본다.

확장 활동   색깔이 있는 나뭇잎을 옷에 붙여서 나뭇잎 옷을 만들고 요정놀이를 한다.

숲속의 생일잔치

활동 목표 친구의 소중함을 알고 더불어 즐겁게 지낸다.

친구의 생일을 즐거운 마음으로 축하해 준다.

자연 탐구 과학적 탐구하기 – 생명체와 자연환경 알아보기

준비물 숲에 있는 여러 가지 자연물, 생일잔치 음식

활동 방법 숲에서 친구의 생일을 축하해 준다.

자연물을 이용해서 생일을 맞이한 친구를 예쁘게 꾸며 준다.

친구의 생일을 축하해 주기 위한 나뭇잎을 이용해 왕관을 만들

고 또 다른 자연물로 친구의 얼굴을 표현해 본다.

기쁜 마음으로 친구에게 축하 인사를 한다.

확장 활동 자연물을 이용해 생일상을 차리고, 손님맞이 잔치놀이를 한다.

숲과 친해지기

활동 목표 숲에 있는 나무를 타며 상황극 놀이를 한다.

상황에 맞게 이야기 하며 극놀이를 한다.

자연 탐구 과학적 탐구하기 – 생명체와 자연환경 알아보기

예술 경험 예술적 표현하기 – 극놀이로 표현하기

준비물 쓰러져 있는 나무 기둥

활동 방법 숲에 쓰러져 있는 나무를 발견하고, 탐색한다.

나무 기둥이 기차라고 생각하며 나무 기둥 위에 앉아 본다.

'나무기둥기차'에 앉아서 기차를 운전하는 기관사, 기차에 타고

있는 손님 등 각자 역할을 맡아 본다.

역할에 맞는 이야기를 하며 기차타기 극놀이를 해 본다.

확장 활동 나무를 이용해 다양한 상황극 놀이를 할 수 있다.

(배, 로켓, 비행기, 바나나 보트 등)

나뭇가지로 하는 수 놀이

활동 목표 나뭇가지를 이용해 '많다/적다', '길다/짧다' 개념을 이해한다.

기초적인 자료 수집과 결과를 나타낼 수 있다.

자연 탐구 수학적 탐구하기 – 기초적인 측정하기

준비물 길이가 다른 나뭇가지

활동 방법 정해진 시간 동안 나뭇가지를 모은다.

친구들과 함께 모은 나뭇가지 개수를 세어 본다.

나뭇가지 수가 가장 많은 친구와 가장 적은 친구를 찾아본다.

내가 모은 나뭇가지 중 가장 긴 것과 가장 짧은 것을 찾아본다.

다른 친구들이 가져온 나뭇가지와 길이를 비교해 보며 가장 긴

것과 가장 짧은 것을 찾아본다.

확장 활동 나뭇가지를 이용해 산가지 쌓기 놀이를 한다.

○, △, □ 도형을 만들어요

활동 목표 ○, △, □ 도형의 모양과 특징을 안다.

숲속 공간 및 자연물을 활용하여 도형 모양을 구성할 수 있다.

자연 탐구 수학적 탐구하기 – 공간과 도형의 기초 개념 알아보기

준비물 숲에 있는 나무, 털실, 가위

활동 방법 ○, △, □ 도형이 어떻게 생겼는지 도형의 생김새와 도형의 특징에 대해 이야기 나눈다.

숲의 공간과 나무 위치를 살펴본 뒤, 나무와 나무를 연결하여 어떤 도형을 만들 수 있는지 생각해 본다.

털실로 나무와 나무 사이를 이어 도형을 만들어 본다.

도형이 만들어지면 완성된 도형의 모양을 살펴본다.

확장 활동 여러 가지 털실을 음률에 맞춰 나무 사이를 자주 왕래하여 거미줄 놀이를 한다.

겨울이 준 하얀 선물 '눈'

활동 목표   겨울철 날씨의 특징을 이야기한다.

                 눈을 이용한 다양한 신체 활동을 해 본다.

자연 탐구   과학적 탐구하기 – 생명체와 자연환경 알아보기

운동 건강   신체 조절과 기본 운동하기 – 신체 조절하기

준비물   눈, 비닐, 나뭇가지

활동 방법   내리는 눈을 맞으며 눈을 이용해 여러 가지 활동을 해 본다.

                 줄을 서서 눈밭을 걸으며 앞선 친구의 발자국을 따라가 본다.

                 눈밭에 누워서 양팔을 위아래로 움직여 보고, 눈밭에 새겨진 모양을 탐색해 본다.

                 눈 위에 글씨 쓰기, 눈싸움, 눈썰매 타기 활동을 한다.

유의점   눈에 젖지 않는 복장을 준비한다.

                 눈길에 미끄러지지 않도록 안전에 유의하며 활동한다.

고드름 싸움

활동 목표   겨울에 볼 수 있는 고드름에 관심을 가지고, 고드름이 생기는 원인을 알아본다.

고드름을 이용하여 신체 활동을 해 본다.

자연 탐구   과학적 탐구하기 – 자연현상 알아보기

준비물   처마 밑에 달린 고드름

활동 방법   처마 밑에 달린 고드름을 찾아본다.

고드름이 생기는 이유를 알아본다.

처마 밑에 달려 있는 고드름을 따 본다.

고드름을 탐색해 본다.

고드름을 하나씩 들고 고드름 싸움 놀이를 해 본다.

유의점   부러진 고드름에 다치지 않도록 안전에 유의하며 활동한다.

꽁꽁 얼음 위에서

활동 목표   겨울철 날씨의 특징을 배운다.

           미끄러운 얼음의 특징을 이용하여 활동한다.

자연 탐구   과학적 탐구하기 - 자연 현상 알아보기

운동 건강   신체 조절과 기본 운동하기 - 신체 조절하기

준비물   빙판, 나뭇가지

활동 방법   얼음이 꽁꽁 얼었는지 교사가 먼저 확인한 뒤에 활동한다.

           얼음 위에서 걸어 보고, 탐색해 보며 얼음의 특징을 알아본다.

           나뭇가지를 이용하여 친구와 함께 얼음썰매를 탄다.

유의점   얼음 위에서 뛰어다니다가 넘어지는 일이 없도록 안전하게 활동한다.

           물이 깊지 않은 곳이나 논이 언 곳에서 활동한다.

도토리묵 만들기

활동 목표 도토리 수확해서 묵 만드는 과정을 이해하고, 경험해 볼 수 있다.

자연 탐구 탐구하는 태도 기르기 – 탐구 과정 즐기기

준비물 도토리, 작은 망치, 솥, 주걱, 크기가 다른 볼

활동 방법 가을철에 숲에서 아이들과 도토리를 모은다.

작은 망치로 도토리 껍질을 깬다.

도토리 알맹이를 주워 물속에 담가 놓는다.

믹서기를 이용해 도토리 알맹이를 간다.

물이 있는 큰 대야에 넣고 잘 섞는다.

가라앉으면 윗물을 제거하고 이 방법으로 며칠간 여러 번 물을 갈아 준다. (물에 담겨 있는 동안 떫은맛을 없앨 수 있다.)

하얗게 도토리 진액만 남으면 아궁이에 불을 지피고 솥에 가라앉혔던 도토리 가루와 물을 7대 1의 비율로 넣는다.

솥 바닥에 눌어붙지 않도록 계속 주걱을 이용해서 저어 준다.

도토리가 걸쭉해지면 작은 그릇에 담아 실온에 두고 점점 굳어지면 요리해서 먹는다.

유의점 물 배합을 잘 맞추어야 한다. 아궁이 체험은 안전하게 한다.

서리달력 만들기

활동 목표   계절의 변화를 알고, 탐구 과정을 통한 결과를 유추한다.

자연 탐구   탐구하는 태도 기르기 – 탐구 과정 즐기기

준비물   루페 또는 돋보기, 도화지, 쓰기 도구

활동 방법   겨울 숲에서 서리를 탐색한다.

– 서리는 왜 생기는 걸까?

– 서리는 왜 아침에만 볼 수 있을까

서리가 있는 나뭇잎을 햇빛이 잘 드는 곳에 두고 일정한 시간이 지난 뒤 변화를 관찰한다. 관찰한 것을 바탕으로 그림을 그린다. 서리가 생긴 날수와 생기지 않은 날들을 세어 보고 비교해 본다.

유의점   서리와 관련된 동화를 들려준다.

서리가 내린 나뭇잎에 손톱을 이용해서 그림을 그려 본다.

어떤 썰매가 빠를까?

활동 목표 다양한 도구를 이용하여 이동 운동을 한다.

도구의 재질 및 표면의 특징을 알 수 있다.

자연 탐구 탐구하는 태도 기르기 – 호기심을 유지하고 확장하기

운동 건강 신체 활동에 참여하기 – 기구를 이용하여 신체 활동하기

준비물 김장봉투, 비닐, 쌀 포대, 비닐 소재 포대

활동 방법 눈이 내릴 때, 숲에서 할 수 있는 놀이에 대해 함께 이야기한다.

눈썰매를 탈 수 있는 방법을 그림으로 표현해 본다.

눈썰매를 탈 수 있는 다양한 도구를 준비한 뒤, 어떤 도구를 이용할 때 가장 잘 미끄러지는지 알아본다.

다양한 도구들을 이용해서 다양한 방법으로 눈을 타 본다.

여러 눈썰매를 타 보고 어떤 눈썰매가 잘 나가는지 비교한다.

눈썰매를 타고 난 뒤의 기분이나 느낌을 동시로 표현해 본다.

유의점 비닐포대를 이용해서 눈썰매를 탈 때, 포대 안에 낙엽을 넣으면 좋다.

4

숲유치원 운영 준비 및 실제

이 장은 색동숲유치원 설립 및 운영 경험을 바탕으로 쓰였습니다.

공간

아이들과 오랜 시간을 함께하면서 유아교육의 대안을 찾던 중, 숲지도사 과정을 밟게 되었다. 그 과정을 거치는 동안, 숲교육이야말로 유아교육의 새로운 대안이라는 확신을 갖게 되었다. 우리 아이들은 급변하는 시대에 따라 지식과 정보가 넘쳐나는 세계에 표류하는 삶을 살아갈 것이다.

그렇다면 지금이야말로 인성을 바탕으로 한 자발성과 창의성, 문제 해결 능력을 키워주는 발현적 교육이 절실하게 필요한 시기이다. 지금까지 본원에서 추구한 레지오에밀리아 교육 철학에 숲유치원 교육을 접목한 것도 바로 이러한 이유에서이다.

이러한 대안교육을 실천하기 위해서는 무엇보다도 학부모 연수가 필요했다. 연수를 통해 그동안 실시해 온 생태교육, 공원 견학, 갯벌 탐사, 연중행사인 '숲의 날' 등 일회성 현장 체험 행사를 확대하기로 했고, 그 뒤 숲에서 학부모 연수를 가지면서 학부모들로부터 큰 호응과 함께 동의서를 받을 수 있었다. 학급별로 주 1회 '숲의 날'을 정해 숲 체험 활동을 본격적으로 시작하게 되었고, '매일형 숲반'을 구성하게 되었다.

1. 숲활동 장소

- 숲길, 바위길, 물길 평지와 경사지 등 여러 지형이 있는 숲이 좋다.
- 침엽수와 활엽수의 혼합림이 좋다.
- 건강한 숲활동을 위해 오염물질이나 유해물질이 없는 숲이어야 한다.
- 숲에 잡목이 너무 많지 않아야 아이들이 활동하기에 좋다.
- 다양한 식물이나 생물이 있는 숲이 좋다.

색동숲유치원은 마침 유치원 주말농장으로 이용하는 산 3헥타르가 있어, 지인한테서 무료로 숲을 사용해도 좋다는 동의를 받았다.

토지 사용 승낙 확약서

1. 토지 지번: ○○구 ○○동 ○○○번지

2. 토지조서

지번	지목	지적 면적(m^2)	승낙 면적(m^2)	비고

합계

면적은 대장에 의함

3. 승낙 확약인, 사용자 표시

사용자	주소	
	주민등록번호	
	성명	날인
승낙인	주소	
	주민등록번호	
	성명	날인

4. 사용 조건
① 토지 사용 유효 기간은 ○○년 ○○월 ○○일까지로 한다.
② 토지 사용 유효 기간 만료 시 사용자는 즉시 점유를 반환한다.

상기 토지를 어린 아이들이 자연과 환경을 체험할 수 있는 자연학습장 부지로 사용함에 있어 ○○에 토지 사용 승낙을 확약합니다.

년   월   일

붙임서류: 법인인감증명서 1부

출처: 「숲유치원」(장희정)

2. 대피소 장소

대피소를 짓는 문제가 관건이었다. 우리나라는 개발제한구역에서 컨테이너나 통나무집 등 개발 행위에 대한 규제가 엄격하다. 5년째 사용하고 있는 유치원 자연체험학습장에 20평 규모로 농장 비닐하우스를 지어 대피소 마련하였다. 아이들이 춥거나 비가 올 때 대피할 수 있는 실내공간과 더운 여름 야외수업이 가능한 원두막과 교재교구와 도구를 넣어 놓을 수 있는 창고도 마련했다.

봄 원두막

여름 대피소 전경

가을 아궁이 체험장

겨울 대피소 전경

3. 농장 활동 장소

대피소 앞에는 자연학습장(2,500㎡)이 있다. 자연학습장에서는 흙을 고르고 자연 퇴비를 하고 씨를 뿌려 계절별 스무여 가지 유기농 채소를 아이들과 키우고 있다. 아이들이 함께 가꾼 먹을거리를 수확해서 유치원 급식 재료로 사용하고 있다. 숲반 유아들은 수확한 유기농 야채를 재료로 주 3회 정도 요리 활동을 한다. 오리, 닭, 강아지 등 가축들도 방목해서 키우고 있으며, 달걀과 육류를 섭취한다.

수박 관찰

토란 캐기

김장 배추 파종

고추 따기

달걀 낳는 꼬꼬

새 모이 주기

내용

1. 부모 교육

1) 1차

숲교육의 교육적 가치와 교육 효과를 주제로 학부모 설명회를 열어 숲교육의 중요성을 알리고, 매일 숲에서 활동하고자 하는 유아를 선정하여 숲반을 구성하였다.

숲반 구성 현황
학부모 교육 후 관심 있는 일반 아동 40%
정서적(애착, 분리 불안, 과잉행동 장애아동) 30%
신체적(아토피, 알레르기성) 질환이 있는 아동 30%

2) 2차

숲에서의 안전(교육에 대한 신뢰도와 보험관계), 교육(하루 일과, 연간 활동 계획, 부모와 가족이 함께 참여할 수 있는 프로그램, 준비물)의 다양한 운영 방침을 알렸다.

2. 교사 교육

1) 교사 자격

유아 발달을 이해하고, 유아교육을 전공한 자
유아 숲교사 연수를 이수한 자

숲해설가 교육을 받은 자

건강한 자연관을 가진 자

2) 교육의 목적

지금 자라는 아이들이 시대의 주역이 될 2030년 사회는 어떤 모습일까? 아이들이 행복하게 자기 미래를 준비하기 위해서 교사는 무엇을 해야 할까? 그러기 위해 이 시대가 어떤 인재를 필요로 하는지를 고민해 보자. 이 시대는 다양한 정보 활용 능력, 의사소통 능력, 창의력, 문제 해결 능력을 통한 글로벌리더를 원한다.

교사라면 누구나 교육에 대한 열정을 가지고 있다. 무엇을, 언제, 어떻게 가르쳐야 하는지에 대한 끝없는 이 고민들은 숲교사들도 예외는 아니다. 유아가 중심이 되는 유연한 교육, 즉 주제와 체험이 중심이 되는 교육이 이루어져야 유아가 스스로 흥미를 가지게 되고 교육 효과가 극대화될 수 있다.

교사와 아이 중 누가 수업의 주도성을 가져야 하는가?

유아들은 놀이를 통해서 배운다. 아이들의 활동이 느슨해질 때, 비로소 교사가 개입함으로서 아이들은 창의적인 활동을 하게 된다. 교사는 유아의 발달 상황을 잘 기록하고, 활동에 적절하게 개입하여, 유아들의 사고와 활동을 확장시켜 주는 지원자 역할을 한다.

국가 수준의 교육 과정의 누리과정을 숲에서 잘 적용해 보려면 교사가 먼저 누리과정을 이해하고 누리과정에 대한 지식과 신념을 갖는 것이 매우 중요하다.

3) 교사 교육 내용

시기	내용
1월~2월	- 숲교육의 철학, 목적, 필요성에 대한 자체 연수 실시(전문가 초빙) - 숲교육을 하는 나라들의 여러 숲활동 사례를 수집하여 함께 나눔 - 여러 숲유치원을 탐방하여 숲교육을 알아본다.
3월~5월	- 숲에서의 하루 일과 이해 - 안전 교육 - 숲 생태의 이해
6월~8월	- 숲에서 할 수 있는 다양한 여름철 놀이 - 숲에서 접근하는 다양한 수 놀이 - 천연 모기 퇴치제 만들기 - 숲활동 시 어려운 점에 대해 함께 이야기하여 대안 찾기
9월~12월	- 숲에서 할 수 있는 다양한 가을철, 겨울철 놀이 - 스토리텔링 속 과학 창의놀이 - 숲에서 접근하는 다양한 언어 활동(자연 속 동화 만들기) - 평가

숲유치원에서 교사의 역할

첫째: 숲 교육에 대한 자부심이 있어야 한다.

둘째: 교사는 안내자의 역할로 유아 스스로 지적 욕구를 충족하고 싶어 하는 아이로 자랄 수 있도록 도와주어야 한다.

셋째: 아이 스스로 생각하고 문제를 해결할 수 있도록 기다려주는 관찰자가 되어야 한다.

넷째: 아이들이 다양한 체험을 할 수 있도록 돕는 촉진자 역할을 한다.

다섯째: 필요에 따라 프로그램을 제안하는 제안자 역할을 한다.

여섯째: 자연을 알아가는 재미를 이끌어내는 정보 제공자 역할을 한다.

일곱째: 아이들이 자연과 숲과 대화할 수 있도록 진지함으로 받아들이는 격려자의 역할을 한다.

여덟째: 스스로 예상하고 계획해 보는 동기를 강화하고 발현적으로 자유 선택 영역을 기록하는 기록자의 역할을 한다.

숲유치원에서 교사는 아이들에게 지시나 훈계하는 위치가 아니라 숲속 여행을 함께하는 동행자이다. 아이들은 행동수칙을 지키면서 자유롭게 또 자발적으로 숲활동을 한다. 아이들이 도움을 요청할 때에는 생각을 나누는 안내자 역할을 한다. 인간의 행동에 의미 없는 것은 존재하지 않는다고 한다. 교사로서 아이들의 행동을 이해하고, 무엇을 하고 싶어 하고, 무엇을 요구하는지를 알려고 노력하는 마음이 가장 중요하다.(「숲유치원」, 장희정)

교사 연수 보고서

주제	유치원 교사를 위한 숲 교육의 철학 및 현장 적용		
주최	숲유치원 협회		
일시	○○년 ○○월 ○○일 ○요일	장소	
강사명		참여 교사	전교사
목표	숲에서의 교사 역할을 이해하고 숲에서의 하루일과를 충실히 실천한다.		
내용	유아들의 잠재능력을 발견하고, 유아기 놀이 활동의 중요성과 숲 교육의 필요성 및 철학 등 숲 교육의 이론에 대해 강의를 들음. - 숲유치원 교육은 계획된 교육프로그램에 의해 시작되지 않는다. - 자연은 최고의 교육 환경인 동시에 최고의 교사다. - 숲유치원에서는 발현적으로 자유 선택 영역을 구성할 수 있다. - 교실을 숲으로 옮겨가기와 숲을 교실로 옮겨가기가 순환한다. 숲에서의 교사 역할 - 유아들은 무한한 능력을 가진 존재이다. 그러니 숲에서 아이들에게 무언가를 계속 가르치려는 태도를 지양해야 한다. - 숲에는 자연이 제공하는 많은 자유 선택 활동 영역에 있다.		
평가	숲교육의 특징과 숲에서의 교사 역할에 대해 고찰하는 시간이 되었고, 놀이의 중요성에 대한 강의는 유아의 심성에 대해 다시 한 번 생각할 수 있는 계기가 되었다.		

교사 자체 연수 보고서

주제	숲 교육(본원을 중심으로)		
주최	색동유치원		
일시	2012년 6월 15일 금요일	장소	본원 예쁜무지개반
강사명		참여 교사	전교사
목표	숲에서의 교사역할, 숲에서의 하루일과를 바르게 이해하고 적용한다. 숲에서의 자유놀이의 교육적 가치를 알고, 숲에서의 하루 일과 운영 시 적용한다.		
내용	1. 숲활동 시 어려운 점이나 문제점에 대해서 함께 이야기를 나눔 2. 숲에서의 하루일과 소개 아침모임-간식-숲활동(자연놀이)-동화 및 페어리텔링 3. 자연놀이 소개 평가		
평가	숲에 도착하는 데 시간이 많이 걸려 아이들이 숲활동을 여유롭게 하지 못했다. 지난 시간에 만든 것들이 제대로 보존되어 있지 않은 경우가 많은데, 그럴 때마다 아이들은 무척 안타까워했다. 돌을 쌓아 따로 표시를 하거나 나뭇가지를 이용해 "만지지 마세요" 같은 글을 써 놓기도 했다.		

3. 숲활동 준비

1) 교사의 준비

복장 모자, 활동하기 편한 바지와 긴팔, 등산화, 배낭, 짙은 향수는 금물.

배낭 속 준비물 카메라, 루페, 크레파스, 호루라기, 도화지, 가위, 풀, 거울, 동화책, 구급약품, 숲 지도, 주머니 칼, 돗자리, 돋보기, 방수방석, 쓰레기 수거용 봉투, 청진기, 의약품, 화장지, 숲 전문서적, 곤충 쏘임 방지기피제, 선크림, 작업 도구, 노끈 등 비상 전화번호가 입력된 핸드폰(학부모, 병원, 소방서)

교사의 숙지사항

- 숲 지도를 보고 길을 안내하는 능력
- 갑작스런 날씨 변화에 따른 대처법(우천 시 활동계획서)
- 아이들을 보호하기 위한 필요한 규칙.
- 숲의 식물, 동물, 곤충에 대한 기초 지식
- 안전사고 시 응급 처치 요령

2) 유아의 준비

복장 벌레들이 들어가지 못하는 소매의 긴팔과 긴 바지, 등산화(또는 장화).

준비물 방수 방석, 간식, 숲 테이블보, 헝겊 주머니, 물수건, 여벌옷

- 간식(달지 않는 것으로 준비한다.)
- 숲 테이블보(간식에 이물질이 들어가지 않도록 간식통 밑에 놓는 작은 손수건)
- 물수건(겨울에는 따뜻한 물수건을 준비해서 보온통에 넣는다.)

3) 부모의 협조

- 마음껏 숲활동을 할 수 있는 긴팔과 긴 바지를 준비한다.
- 아이들이 귀가하면 몸 상태를 살펴본 뒤에 목욕을 시킨다.
- 학부모 참여의 날과 소풍, 기타 연중행사에 적극적으로 참여한다.

협조해 주시기 바랍니다

예시문

1. 아이들이 불안감을 갖지 않고, '숲은 즐거운 곳'이라는 기대감을 가지고 숲활동을 할 수 있도록 도와주세요.
2. 용변을 보고 등원하도록 도와주세요.
3. 간식은 적당한 크기로 잘라 주고, 달지 않는 것으로 준비해 주세요.
   (간식 통은 투명하고 음식물이 흘러나오지 않는 밀폐형)
   도시락은 준비하지 않습니다.
4. 활동하기 편한 긴 옷과 등산화를 준비해 주세요.
   • 숲 가방 준비: 모자, 테이블보, 등산용 매트, 물통
   • 여벌 옷 준비: 상하의 속옷, 양말, 여벌 옷, 장화, 비옷을 준비하여 숲유치원에 비치해 둡니다. 여벌옷을 입고 귀가할 경우에는 새 여벌옷을 준비해 주세요.
   • 활동에 적합하지 않은 옷
     – 하의: 멜빵바지
     – 상의: 원피스, 남방티셔츠
     – 신발: 부츠, 끈 매듭 신발
   • 기타 새 학기 준비물– 수건, 물 티슈 1개, 치약, 칫솔, 양치 컵
5. 숲유치원에서 행사와 견학은 함께 이루어집니다. 숲에서 프로젝트를 진행하면서도 견학을 갈 수 있습니다. 견학하는 날에는 따로 가정통신문을 보냅니다.
6. 소지품마다 아이 이름을 적어 주세요.
7. 아이가 아프거나 각별한 보호가 필요한 날에는 교사에게 미리 알려, 아이가 적절한 보호를 받을 수 있게 해 주세요(쉴 수 있는 장소가 있습니다).
8. 매주 금요일에는 도서를 대여할 수 있습니다.
9. 평소에 아이가 할 수 있는 일은 스스로 하도록 도와주세요.
10. 알레르기나 약물 부작용 등 건강상 유의점이 있는 아이는 입학할 때 반드시 교사에게 알려 주세요. 학부모가 미리 알리지 않아서 생긴 사고에 대해서는 원에서 책임을 지지 않습니다.
11. 약 복용 시 투약 의뢰서를 꼭 보내주고 날짜, 이름, 복용법을 적어 주세요.
    – 매회 한 번 먹을 분량을 약통(이름 기재)에 담아 작은 지퍼 팩에 넣어 보내주세요.
12. 아이의 발달이 미숙하여 일어날 수 있는 안전사고에 마음을 기울여 주시고, 숲유치원의 공지사항에 협조해 주세요.
13. 아이들이 나뭇가지에 긁히거나 모기에 물리는 등 가벼운 상처를 입을 수 있으니 부모님의 이해를 구합니다.
14. 숲학교 프로그램과 아이의 숲활동 적응에 관심을 가져주세요(자녀와 매일 대화하는 것은 자녀의 즐거움에 동참할 수 있는 기회입니다).
15. 생일잔치는 유아 별로 이루어집니다.

4) 지역사회와의 교류

마을 어르신들의 도움을 받아 공사 현장에서 모래와 흙을 얻었다. 그것으로 아이들과 함께 텃밭과 모래 놀이터를 만들었다. 봄철에는 텃밭에서 농사를 지을 때 사용할 유기농 퇴비를 만들고, 여름철에는 농장 가까이에 원두막과 가축을 키울 수 있는 집도 만들었다. 가을철에는 동네 어른들과 함께 김장 저장고를 만들고, 농장에 있는 나무들이 겨울을 날 수 있는 월동 준비를 했다. 겨울철에는 어르신들이 썰매를 직접 만들어 주셨다. 아이들은 눈 위 얼음판에서 썰매를 타며 놀았다.

이런 활동을 통해 지역사회와 유대감을 형성하게 되었다. 또 아이들은 연말이 되면 부모님의 도움을 받아 초록산타가 되어 지역사회에 홀로 사는 노인들에게 선물도 하고 재롱잔치도 해 드렸다.

흙집 짓기

허수아비 만들기

4. 숲학교 입학식 준비

- 가정통신을 통한 원아 모집
- 전문가 초빙 부모 교육 실시
- 인터넷 카페 개설: 유치원 홈페이지와 숲 카페를 연동했고, 숲 입학을 하면서 숲반 카페를 운영하여 가정과 숲유치원을 연계하였다.

- 현수막을 이용한 홍보
- 숲유치원 장소를 방과 후나 주말 동안 지역 주민에게 개방.
- 입학원서(소정의 양식), 응급처치 동의서, 숲활동 동의서, 귀가 확인 동의서등을 받음.
- 초대장 발송: 나뭇가지를 이용해서 한지에 글을 작성하여 족자 형태로 만들어 지끈을 묶어서 보냈다.

아이들과 숲으로 와요

숲이 우리를 부릅니다.
맑은 공기와 높은 하늘이 우리를 숲으로 초대합니다.
오감을 통해 숲속의 여러 자연을 마음껏 즐기며 탐험하기 위한 우리의 자람 터인 숲으로
오셔서 선생님과의 의미 있는 관계를 함께 만들어 가기로 해요.
자연과의 아름다운 관계
친구와의 행복한 관계

숲 친구와 놀기 위해서는
숲활동을 할 수 있도록 편안한 옷과 운동화를 착용해 주세요.
간식은 유기농 과일, 채소, 빵을 준비해 주세요(입학식 당일에는 원에서 준비합니다.)
따뜻한 물과 물수건 혹은 물티슈를 준비해요.
숲 친구와 함께 신 나게 놀 마음의 준비를 해 주세요.

입학 일정
○○년   ○○월   ○○일   ○○시

○○ 숲유치원

숲활동 동의서

1. 숲 놀이 시 유아로부터 기인되는 안전사고가 발생한 경우에는 유치원에서 가입한 보험약관에 따라 처리됩니다.

2. 숲에서 촬영한 사진이나 동영상에 대한 초상권 협조를 구합니다.
   숲 프로그램을 위해 출간하는 창간물이나 국내외 홍보 등에 활용될 수 있습니다.

본인은 숲활동에 대한 내용에 동의합니다.

보호자:　　　　　　(서명)

○○년　　　○○월　　　○○일

○○ 숲유치원장 귀하

귀가 지도 확인서

반　이름:

※ 해당란에 ○표시해 주시기 바랍니다.

1. 유아가 유치원 버스에서 내려 부모님 책임 하에 혼자 집으로 갈 수 있다.	
2. 유아 혼자 집으로 가기 어려우므로 꼭 보호자가 마중을 나온다(보호자가 없을 경우 유치원으로 다시 돌아옵니다).	
3. 유치원에서 직접 보호자와 함께 합니다.	
4. 학원차가 유치원으로 와서 귀가를 할 경우 유치원 현관에서 직접 귀가하며, 그 후에 사고가 발생할 경우 유치원에서 책임지지 않습니다.	

본인은 자녀의 안전한 귀가 및 버스 이용을 위하여 위 사항을 확인하며 적극 협조하겠습니다.

보호자:　　　　　　(서명)

○○년　　　○○월　　　○○일

○○ 숲유치원장 귀하

응급 처치 동의서 및 비상연락망

반 유아 명: 성별(남/여)

어린이에 대한 안전사고가 발생했을 때에 응급처치가 신속히 이루어지도록 다음의 연락처로 연락해 주시고, 다음의 절차에 따라 응급처치를 하는 경우, 그 권한을 귀 기관에 위임합니다.

1. 비상연락망
응급상황이 발생할 때에는 먼저 학부모한테 연락하며, 연락이 되지 않을 때에는 학부모가 정한 비상연락망에 따라 연락합니다.

부모님 긴급 연락처	관계	성명	직장명	전화번호	핸드폰
	부				
	모				
그 외 긴급 연락처	관계	성명	직장명	전화번호	핸드폰
	부				
	모				

2. 유아의 건강 상태
가. 장기 복용하고 있는 약
　복용 방법:
나. 영양, 위생 상 주의사항(자세히 기록해 주세요.)

섭취 금지 식품	
투여 금지 식품	
체질상 특이 사항	

3. 필요한 경우, 119구조대에 연락하며(기관에서 지정하는 의료기관이나 부모님이 정한 의료기관으로) 응급 수송합니다.

4. 유아가 다니는 병원(단, 유치원 주변의 병원, 의원을 기재해 주세요.)

병원 명	
전화번호 / 병원 위치	

○○ 숲유치원

5. 숲 입학식

1차 아이들과 먼저 2주 동안 오리엔테이션 과정으로 숲활동을 시작했다.

아이들의 흥미와 부모님의 관심이 높아진 2주 뒤 부모님을 모시고 숲 입학식을 하게 되었다.

입학식날 아이들은 부모와 함께 등원하였다. 아이들은 저마다 자기 가족을 소개하고 숲에서의 안전에 대한 이야기와 숲에서의 규칙을 노래로 배우며 아침모임을 했다.

숲으로 들어갈 땐 숲 입구에 줄을 서서 "숲아, 들어가도 되겠니?" 하고 인사하고 경건한 마음으로 숲을 대할 수 있도록 했다.

숲에서 부모님과 함께 평소 아이들의 숲에서의 하루 일과를 함께 체험해 보았다.(줄타기, 곤충 관찰하기, 식물도감 보기, 간식 먹기, 만다라 만들기, 동화 듣기)

숲유치원 교육 과정의 실제

1. 운영의 형태

학급 편성의 유형

교육과정반	숲반
주1회 숲유치원 요일별 운영 만3세 - 2학급(화요일) 만4세 - 2학급(목요일) 만5세 - 2학급(금요일)	만3, 4, 5세 혼합 연령으로 운영 운영 기간: 2011년 9월~ 운영 시간: 8:30~15:00 주 5회 매일 숲유치원 운영

숲 프로젝트 주간을 위한 숲그룹
• 기간: 4주 • 인원: 12명 • 내용: 숲과 자연 체험에 대한 숲 프로젝트 • 숲에 관심이 있는 아이들이 부모의 동의를 받아 4주 동안 매일 숲에서 프로젝트를 진행한다.

2. 숲유치원의 하루 일과

단 하루도 같은 날이 없는 자연환경에서 아이들에게 다양한 경험을 한다. 아이들은 오감을 통해 자연과 뭇 생명을 만나게 되고, 유아 주도적인 놀이를 즐기면서 사회성과 책임감, 독립심, 창의력과 상상력을 키울 수 있다.

• 숲활동 예상 및 계획하기

지난 경험을 나누며 앞으로의 숲활동 계획을 짠다. 지난 숲활동 사진과 기록물들을 공유하여 다음 놀이를 예측하고 계획을 세우며 그림으로 1차

표상을 한다. 교사는 숲활동에 필요한 준비물을 미리 갖춘다.

- 예측한 숲활동과 사전 계획에 기초하여 숲활동 하루 일과를 계획한다.
- 숲활동은 계절이나 날씨, 유아들의 흥미에 따라 바뀔 수 있다.
- 숲활동은 당일 카페에 기록물과 사진으로 올려 가정과 연계하고 주간 저널로도 활용한다.

교육과정반 하루 일과

시간	활동명	세부 활동 내용
~ 10:00	숲으로 이동	출석을 확인하고 건강 상태를 확인한다.
10:20 ~ 10:30	아침모임	숲 반장을 정하고, 아침모임 노래를 몸으로 표현하기. 하루 일과를 함께 계획해 보고, 안전에 대한 이야기한다. 숲과 인사하기
10:30 ~ 10:40	숲 산책	변화한 자연을 자유롭게 탐색한 뒤, 약속한 장소에서 만난다.
10:40 ~ 11:00	간식	물수건으로 손을 닦고 방수방석에 앉는다. 테이블보를 깔고 간식 먹을 준비한다. 준비해 온 유기농 과일, 빵을 먹는다.
11:00 ~ 11:40	숲에서의 자유 놀이	숲과 교감하기 숲에서 할 수 있는 다양한 숲 놀이 (탐험 놀이, 줄타기, 요정 놀이, 목공 놀이, 흙 놀이 등) 계획된 프로젝트 활동
11:40 ~ 12:00	마무리 활동	동화 읽기, 페어리텔링
12:00 ~ 12:20	유치원으로 귀가	유치원으로 이동. (숲에서 발견한 자연물을 유치원으로 가져오기)
12:20 ~ 13:20	점심 식사	농장에서 수확한 농작물과 바른 먹을거리 식단으로 제공한다.
13:20 ~ 14:00	사후 활동	숲활동을 돌아보며 확장하여 활동을 한다.
14:00 ~	하루 평가 및 귀가 지도	숲에서의 하루 일과를 보낸 뒤, 좋은 점과 아쉬운 점에 대해 함께 이야기하고 다음 숲활동을 계획하는 시간을 가진다. 안전하게 귀가할 수 있도록 돕는다.

숲반의 하루 일과

시간	활동명	세부 활동 내용
~ 09:00	유치원으로 등원	출석과 건강 상태를 확인, 준비물 챙기기
09:00 ~ 09:20	숲으로 이동	숲유치원으로 이동
09:30 ~	숲유치원 도착	숲으로 오는 친구 맞기 및 숲으로 가기 위한 준비(도구 및 복장 등)
09:30 ~ 09:40	아침모임	숲과 교감하며 인사 나누기(오감 열기)
09:40 ~ 11:00	산책하며 숲에서의 자유놀이	산책하며 숲길을 오르면서 다양한 체험 활동(숲에서 만나는 다양한 식물 또는 곤충, 나무들의 변화 등)이 이루어진다. 숲에서의 자유놀이가 이루어진다. (활동의 연계, 자연물을 이용한 다양한 조형 활동, 탐험 놀이, 도구 활동 등) * 자유놀이를 통해 숲의 생명체와 자연관계에서 지켜야 할 규칙과 경계가 있음을 깨닫는다.
11:00 ~ 11:20	간식	물수건으로 손을 닦고 방수방석에 앉는다. 테이블보를 깔고 간식을 준비한다. 가정에서 준비해 온 유기농 과일, 빵 등 달지 않은 음식을 먹는다.
11:20 ~ 12:00	계획된 활동	소그룹으로 계획된 활동 (극 놀이, 자연 관찰, 음률 활동, 조형 활동, 게임 등)
12:00 ~ 12:20	숲과 교감하기	동화 듣기, 페어리텔링, 만다라 만들기
12:20 ~ 13:20	점심 식사	대피소로 이동해서 농장에서 수확한 재료로 점심을 만들어 먹는다.
13:20 ~ 14:00	휴식 및 모래놀이	자연학습장의 여러 동식물들과 어울려 논다. 필요에 따라 휴식을 취한다.
14:00 ~ 14:40	사후 활동 및 농장 활동	숲활동을 돌아보며 확장하여 활동을 전개한다.
14:40 ~ 15:00	하루 일과 평가	숲에서 하루 일과를 마친 뒤 좋은 점과 아쉬운 점에 대해 함께 이야기를 나누고 다음 숲활동을 계획하는 시간을 가진다.
15:00 ~	귀가 지도	부모님 귀가 및 종일반 활동으로 이어지는 아이들은 본원으로 이동한다.

3. 연간 숲활동

연간 숲교육 계획안

월	생활 주제	숲활동 주제	활동 내용	누리교육 과정 관련 요소				
				신체	의사	사회	예술	자연
3	유치원과 친구	온몸으로 숲을 느껴요	숲과 친구해요		○			○
			숲을 향해 마음을 열고, 선생님, 친구들과 인사 나누기	○	○	○		
			숲에서의 약속을 정해요.		○	○		
			숲유치원 둘러보기	○				○
			숲에서 만나는 봄 이야기		○			○
4	따뜻한 봄		봄나물 뜯기	○				○
			곰 사냥을 떠나자	○		○		
			벚꽃 잎으로 꾸미기				○	○
			숲 탐험하기	○		○		
			개구리와 도롱뇽의 생태 이야기					○
			봄꽃을 관찰해요.					○
			땅을 고르고, 돌 줍기, 식목 및 씨 뿌리고 이름표 달아 주기	○			○	○
5	나와 가족		감자 심기					○
			장 담그기 활동					○
			봄 냄새 가득한 요리하기 (진달래 화전, 쑥, 민들레 등)					○
			새순과 새싹의 다 자란 모습 상상해 보기				○	
			풀싸움하기 & 질경이 제기 차기	○		○		
			화원 방문하기 (꽃씨, 묘목 등 직접 구매)			○		
			애기똥풀 염색하기				○	○
			나무에게 꾸며 준 내 얼굴				○	

월	생활 주제	숲활동 주제	활동 내용	누리교육 과정 관련 요소				
				신체	의사	사회	예술	자연
5	나와 가족	온몸으로 숲을 느껴요	숲속 결혼식		○	○	○	
			풀각시 인형 만들기 (가족 인형 만들어 역할 놀이)	○	○	○	○	
			숲에서 만나는 단오 이야기 (창포에 머리감기, 단오선, 수리취떡 만들기)			○	○	○
6	우리 동네	신록의 숲을 느껴요	나와 가족이야기(숲으로 가족을 초대해요.)		○	○		
			숲에서 꾸민 우리 동네	○	○	○		
			숲에서 만나는 들꽃과 나무 이름 지어주기		○			○
			숲에서 하는 시장놀이		○	○	○	
			꽃 천사 만들기			○	○	○
			숲 지도 만들기		○	○	○	
			통나무 건너기	○				
7	여름		비 오는 날의 진흙 그림				○	
			물속 애벌레 관찰하기					○
			물둑 쌓기	○	○	○		○
			냇가 고기잡이, 등목하기	○				○
			여름 과일, 하지감자, 옥수수 수확하고 맛 보기					○
			물놀이(물총 놀이, 비눗방울)	○	○	○		
			숲에서 만드는 자연 악기				○	
			나뭇잎 퍼포먼스	○			○	
8	교통기관 & 건강과 안전		통나무에서 즐기는 승마 놀이 및 기차 놀이	○				
			버섯 종류 탐색					○
			토란잎을 이용한 자연놀이				○	○
			물놀이 안전과 규칙		○	○		
			물 풍차 만들기	○	○			○

월	생활 주제	숲활동 주제	활동 내용	누리교육 과정 관련 요소				
				신체	의사	사회	예술	자연
8	교통기관 & 건강과 안전	신록의 숲을 느껴요	계곡 탐험	○				○
			방충제 만들기				○	○
			천연 즙을 이용한 자연 물감 만들기				○	○
9	아름다운 우리나라	알록달록 숲을 느껴요	숲에서 맞이하는 가을 이야기		○			○
			오방색 만들기				○	
			우리가 만드는 전통놀이	○	○	○		○
			맨발로 숲을 느껴요.	○				○
			돌과 낙엽 밑에 숨어 있는 물속 생물 찾아보기					○
			추석맞이 솔잎 송편 만들기				○	○
			자연물을 이용한 거북선 만들기	○			○	○
			가을 숲에서 만나 다양한 열매 찾기					○
10	가을		배추, 무, 고구마, 파 수확하기					○
			허수아비 만들기				○	
			솔방울, 도토리, 나뭇가지로 모빌 만들기				○	
			가을 밤하늘 별자리 찾아 사진으로 찍어 소개하기		○			○
			국화차 만들기		○			○
			아궁이 체험하기(고구마 삶기, 도토리묵 만들기 등)	○		○		○
			염색해서 직조 만들기	○			○	
11	도구와 기계		나뭇잎 빨대 청소기	○				○
			가족과 함께하는 김장하기			○		○
			계란꾸러미 만들기	○			○	
			숲에서 함께하는 음악회				○	○
			나뭇잎 방석 만들기	○			○	

월	생활 주제	숲활동 주제	활동 내용	누리교육 과정 관련 요소				
				신체	의사	사회	예술	자연
11	도구와 기계	알록달록 숲을 느껴요	자연물 색깔 팔레트 만들기	O			O	
			할로윈 호박등 만들기	O			O	
			낙엽미끄럼틀 타기	O		O		
			낙엽 산 만들기	O		O	O	
			나무와 찰흙으로 곤충 만들기	O	O			O
			지푸라기를 이용한 흙집 만들기	O	O	O		
12	겨울	숲에서 맞이하는 겨울을 느껴요	겨울을 준비하는 모습이 달라요.(동식물, 사람)		O			O
			겨울잠을 자는 동식물					O
			동물 먹이 주기	O		O		
			얼음땡 놀이	O				
			동식물들은 어떤 모습으로 겨울을 보낼까요?		O			
			새 모이 달아 주기			O		O
			동물 집 지어주기	O		O		
1	환경과 생활		겨울눈 관찰 및 로제트 식물					O
			관찰	O				O
			시금치에 지푸라기 올려주기	O		O		O
			고드름 싸움	O				O
			로제트 놀이	O				O
			이글루 만들기	O		O		O
			얼음썰매 타기	O				
2	형님이 되어요		새로운 동생들을 위한 책 만들기(놀이 시 약속, 숲에서 할 수 있는 놀이)		O		O	O
			따뜻한 열매/뿌리 차를 마셔요. (둥글레, 매실, 유자)				O	O
			숲 친구에게 마지막 인사 나누기		O			

일일교육계획안

2013년 (05)월 (23)일 (목)요일	결재	담임	부장교사	원감	원장	수업 일수
						56/220

생활 주제	나와 가족	주제	우리 가족	소주제	자유롭게 숲활동하기
목표	숲에서 자유롭게 내 몸을 움직일 수 있다. 따뜻한 날씨의 정취를 느끼며 숲을 느낄 수 있다.				
건강 안전 교육	의자 바르게 옮기기		기본 생활 습관	치마 입고 앉을 때 바르게 앉기	
일과 시간표	8:00~9:40 등원 및 자유 선택 활동 9:40~10:00 사전 활동 계획하기 10:00~10:20 숲으로 이동하기 10:20~10:30 숲에서 아침모임 10:30~10:40 숲으로 올라가기 10:40~11:00 오전 간식		11:00~11:40 숲에서 자유 선택 활동 11:40~12:00 동화 12:00~12:20 유치원으로 이동 12:20~1:00 점심 식사 13:00~13:40 자연물 액자 만들기 13:40~14:00 평가 및 귀가 지도		

시간 활동 명	교육 과정 관련 요소 및 활동 목표	활동 내용		평가
8:00~9:40 등원 및 인사 나누기	사회관계 나를 알고 존중하기 나의 일 스스로 하기 내가 할 수 있는 일을 스스로 한다.	등원 및 인사 나누기 - 출석판에 출석 표시하기 - 선생님, 친구들과 인사 나누기 - 교사는 유아를 따뜻하게 맞이하면서 유아의 상태(기분, 건강) 점검하기 - 먼저 등원한 유아들은 조용한 놀이하기 (언어, 수 조작, 과학, 조형)		
자유 선택 활동	신체 운동, 건강 건강하게 생활하기 -바른 식생활하기 -몸에 좋은 음식을 선택할 수 있다.	활동명	〔역할〕자연물로 우리 집 건강 밥상 차리기	
		활동 목표	자연물을 이용하여 만든 음식이 건강에 이로움을 안다.	
		활동 자료	자연물로 만든 음식·일회용 접시·다양한 자연물	
		활동 내용	자연물로 이용하여 만든 음식 사진을 보며 이야기 나누기 '자연물로 건강 밥상 차리기' 활동 소개하기 자연물과 다양한 재료를 이용해 음식 만들기 유아들이 만든 음식을 4절지에 오려 상 차리기 함께 만든 자연물 건강 밥상을 감상하며 이야기 나누기	

시간 활동 명	교육 과정 관련 요소 및 활동 목표	활동 내용		평 가
자유 선택 활동	예술 경험 예술적 표현하기 -음악으로 표현하기 -리듬 악기 연주하기	활동명	〔음률〕 자연물 악기로 '참 좋은 말' 노래에 맞추어 연주하기	
		활동 목표	자연물로 만든 악기를 연주하며 즐긴다.	
		활동 자료	자연물 악기 재료(돌멩이, 모래, 흙, 나무 등), 재활용품	
		활동 내용	숲활동을 하며 주워 온 자연물을 탐색하기 수집한 다양한 자연물을 이용하여 만들 수 있는 소리에 대해 이야기 나누기 자연물을 이용하여 악기를 만들어 보기 만든 악기를 자유롭게 소리를 내며 탐색하기 '참 좋은 말' 노래에 맞추어 유아가 만든 악기를 연주해 보기	
	사회관계 다른 사람과 더불어 생활하기 -친구와 사이좋게 지내기 -친구와 협동하며 놀이하기	활동명	〔쌓기 영역〕 우리 집 정원 만들기	
		활동 목표	우리 집 정원을 상상하여 구성해 볼 수 있다.	
		활동 자료	돌멩이, 나뭇가지, 자연물	
		활동 내용	'정원'이 무슨 뜻인지 이야기 나누기 우리 집 정원을 만들기 위해 무엇을 해야 하는지 이야기 나누기 자연물을 이용하여 우리 집 정원 만들어 보기 자연물과 함께 다른 쌓기 영역 블록을 이용하여 만들기 우리 집 정원을 꾸민 뒤 친구들에게 정원을 소개해 보기	
9:40~10:00 사전 활동 계획하기	의사소통 듣기 -이야기 듣고 이해하기	사전 활동 계획하기 - 주의 집중: 수수께끼 내기 - 교사와 유아가 인사하기 - 유치원에 온 날의 날짜와 날씨를 알아보기 - 유치원에서 보내는 일과 알아보기		
		활동명	숲에서 어떤 활동을 할까?	
		활동 목표	유아들 스스로 숲에서 활동을 계획해 볼 수 있다.	

시간 활동 명	교육 과정 관련 요소 및 활동 목표	활동 내용		평 가
9:40~10:00 사전 활동 계획하기	의사소통 말하기 -낱말과 문장으로 말하기	활동 자료	보드마카·화이트보드·숲 사진	
		활동 내용	오늘의 숲활동을 무엇을 할 것인지 유아들과 이야기 나누기 우리의 숲 사진을 보여주며 어디서 어떻게 활 동할 것인지에 대하여 함께 이야기 나누기 유아들 스스로 숲활동에 대한 계획을 세워 보기 숲활동 계획을 친구들과 함께 공유해 보기	
10:00~10:20 인원 점검 및 버스 승차하기	신체 운동, 건강 안전하게 생활하기 -교통안전 규칙 지 키기	인원 점검 및 통학차 승차하기 - 배낭 챙기기 - 신발 신기 - 유치원 앞 무지개 통학차까지 이동하기		
숲으로 이동하기	신체 운동, 건강 안전하게 생활하기 -교통안전 규칙 지 키기	숲으로 이동하기 - 통학차까지 걸어가기 - 안전벨트 확인하기 - 바르게 앉아 이동하기		
10:20~10:30 아침모임	신체 운동, 건강 건강하게 생활하기 -건강한 일상생활 하기	아침모임 - 유아들과 함께 아침모임 하기 - '누가 나처럼 이렇게 할 수 있나요?' 노래를 부르며 자 기 소개하기 - 오늘은 어떤 숲활동을 하고 싶은지 이야기 나누기 - 자연물 액자 만들기 활동을 위한 자연물 줍기에 대해 이야기하기		
10:30~10:40 숲으로 올라가기	신체 운동, 건강 건강하게 생활하기 -건강한 일상생활	숲으로 올라가기 - 아침모임을 한 뒤 숲으로 올라가기 - 유아들의 인원수를 확인한 뒤 함께 올라가기 - 숲에 들어가기 전에 숲에게 인사하며 들어가기		
10:40~11:00 오전 간식	신체 운동, 건강 건강하게 생활하기 -바른 식생활하기	오전 간식(과일) - 물수건을 이용해 손을 닦고 유아가 집에서 준비해 온 간식을 꺼낸다. - 자리에 앉아서 간식 노래를 부르고 맛있게 먹는다. - 먹고 난 뒤 뒷정리는 간식 책상에 정리한다.		

시간 활동 명	교육 과정 관련 요소 및 활동 목표	활동 내용		평 가
11:00~11:40 숲에서의 자유 선택 활동	의사소통 쓰기 -쓰기에 관심 갖기	활동명	나뭇가지로 우리 가족 이름 만들기	
		활동 목표	자연물을 이용하여 글자를 만들 수 있다.	
		활동 자료	여러 개의 나뭇가지	
		활동 내용	숲활동을 할 때 주변에 있는 나뭇가지 모으기 여러 가지 나뭇가지로 자기 이름 만들어 보기 여러 가지 나뭇가지로 가족 이름 만들어 보기 놀이한 나뭇가지를 한쪽에 모아 정리하기	
	신체 운동, 건강 신체 조절과 기본 운동하기 -신체 조절하기	활동명	나뭇잎으로 풀싸움하기	
		활동 목표	풀을 이용해 놀이를 할 수 있다.	
		활동 자료	풀	
		활동 내용	풀의 특성에 대해 이야기 나누기 풀싸움 놀이 예상해 보기 풀싸움 놀이해 보기 상대방을 바꿔서 놀이해 보기	
	자연 탐구 과학적 탐구하기 -생명체와 자연 환 경 알아보기	활동명	나무에서 곤충 찾아보기	
		활동 목표	곤충을 자세히 관찰하며 관심을 가진다.	
		활동 자료	돋보기, 랜턴	
		활동 내용	나무에 기어가는 벌레를 돋보기로 관찰하기 어떤 곤충인지 곤충도감을 이용해 찾아보기 곤충이 기어가는 모습을 몸으로 표현하기 다른 곤충들도 더 있는지 찾아보기	
11:40~12:00 동화	의사소통 듣기 -동요, 동시, 동화 듣고 이해하기	활동명	우리 아빠가 최고	
		활동 목표	아빠의 멋진 점을 소개할 수 있다.	
		활동 자료	동화책	

시간 활동 명	교육 과정 관련 요소 및 활동 목표	활동 내용		평 가
11:40~12:00 동화	의사소통 듣기 -이야기 듣고 이해 하기	활동 내용	동화 표지와 제목을 보여주고 어떤 내용일지 예측해서 이야기 나누기 교사가 들려주는 동화 듣기 동화 내용을 회상하면서 이야기 나누기 동화를 듣고 난 느낌에 대해 이야기 나누기 우리 아빠의 멋진 점을 이야기 나누기	
12:00~12:20 유치원으로 이동	신체 운동, 건강 안전하게 생활하기 -교통안전 규칙 지키기	유치원으로 이동하기 - 통학차 승차하기 - 인원 점검하기 - 유아 안전벨트 확인하기 - 바르게 앉아 이동하기 - 휴식이 필요한 유아는 통학차에서 쉬기		
12:20~13:00 점심 식사	신체 운동, 건강 건강하게 생활하기 -바른 식생활하기	점심 식사 손 씻기→자신의 식판과 식사 도구 챙기기→교사가 반 찬과 밥을 떠 주기→김치는 자신이 먹을 수 있는 만큼 스스로 뜨기→자리에 앉기→점심 노래 부르기→점심 먹기→점심 정리 친구들이 점심 먹을 준비가 될 때까지 기다렸다가 함께 먹기 식판, 컵, 식사 도구를 구별하여 스스로 정리하기 점심을 다 먹은 유아는 책 읽기		
1:00~1:40 조형 활동	예술 경험 예술적 표현하기 -미술 활동으로 표 현하기	활동명	자연물 가족 액자 만들기	
		활동 목표	자연물을 이용해 창의적으로 표현할 수 있다.	
		활동 자료	자연물, 우드락	
		활동 내용	숲에서 가져온 자연물 소개하기 자연물을 이용한 액자 구상하기 구상한 대로 액자 위에 놓기 접착제를 이용해 아이가 구상한대로 자연물 붙이기 접착제가 마른 뒤 아이가 액자를 소개하기	

시간 활동 명	교육 과정 관련 요소 및 활동 목표	활동 내용	평 가
	사회관계 자기를 존중하기 -내 일 스스로 하기 신체 운동, 건강 건강하게 생활하기 -질병 예방하기	평가 및 귀가 지도 - 주의집중: '머리 어깨 무릎 발' 노래와 율동하기 - 귀가 준비하기: 유아 상태 점검하기 - 오늘 숲에서 관찰했던 식물에 대해 이야기하기 - 인사 노래 부르면서 인사하기 - 귀가 지도 * 1호차를 타는 아이들은 교사 앞에 줄서서 내려가기 * 종일반 유아들은 '열린하늘반'으로 인계하기 * 도보 귀가나 2호차를 이용하는 아이들은 '예쁜무지 개반'으로 인계하기 * 복도에서 한 줄로 걸어 다니기, 한 줄로 차례 지키기	
총평			
숲에서의 자유 선택 활동은 당일 유아들이 주도적인 활동을 바탕으로 추후 기록할 수 있다.			

4. 숲활동 후 사계절 사후 활동

숲활동이 교실에서도 계속 이어지기 위해서는 순환적 전개가 필요하다. 숲활동을 마치고 나뭇잎, 열매, 들꽃, 부러진 나무, 곤충 따위를 교실로 옮겨 와서 자연스럽게 사후 활동이 누리과정과 연계하여 이루어지도록 한다.

계절	활동	신체 운동 건강	의사 소통	사회 관계	예술 경험	자연 탐구
봄	민들레꽃대 바람개비 만들기	○		○		○
	들꽃 압화해서 책 만들기				○	
	고마운 나무에게 편지 쓰기		○	○		
	나무가 자라서 열릴 열매 예측하기					○
	개구리가 되어 보기	○				

계절	활동	신체운동건강	의사소통	사회관계	예술경험	자연탐구
	애기똥풀 염색하기				○	○
	목련꽃잎에 그림 그리기				○	
여름	달팽이 키우며 관찰하기		○			○
	비 오는 날 생긴 일(동극)	○	○	○		
	나뭇잎 배 띄우기	○		○		
	잎맥 세밀화 그리기				○	
	자연물 찧어 자연 물감 만들기				○	○
	수학적 활동하기(비교, 패턴, 분류)					○
	여름 화관 만들기					○
	꽃차 만들기 및 요리 활동				○	○
가을	자연물 팔레트 만들기				○	
	열매를 이용한 게임하기	○				
	버섯 재배하기					○
	협동하여 함께하는 줄 놀이	○		○		
	먹을거리로 만드는 푸드아트 food-art		○	○	○	
겨울	겨울 동물집 짓기	○		○		
	이글루 만들기				○	○
	숲에서의 겨울 준비		○	○		
	나뭇가지 이용해 목공 놀이하기	○			○	
	톱밥 색물 들이기				○	

5. 가정과의 연계

교사는 유아들의 상호작용, 숲활동, 사전, 사후 활동을 참여하고 관찰하면서 사진으로 찍고 기록한다. 그리고 야외 활동에 안전에 대한 의식과 교육에 대한 이해를 높일 수 있는 '숲 저널'을 가정으로 일주일에 1회 보낸다.

학부모는 자녀들이 어떤 숲활동을 하는지 관심을 갖고 읽는다. 그럼으로써 숲유치원 활동을 이해하게 되고, 교육 효과도 자연스럽게 높아진다.

학부모들의 숲활동을 적극적으로 유도하기 위해 주 1회 숲에 가는 교육과정반은 연 2회, 숲반은 연 4회 학부모 행사를 실시한다. 그밖에 숲에 관련한 세미나나 소식 등을 홈페이지와 카페에 올린다.

6. 학부모 참여 행사

1) 가족과 함께 느끼는 봄의 숲(교육과정반)

행사 준비
- 교사 협의를 통해 참여 수업 날짜와 구체적인 활동을 정함
- 참석 여부와 신청을 받아 각 반 신청 가족 인원수를 파악함
- 행사 1주 전에 사전 답사를 하여, 각 장소에서 할 수 있는 활동과 동선을 파악하여 기록하고 통신문을 통해 하루 일과와 숲유치원의 지침, 평가서 등을 미리 배부함.
- 교사의 역할 분담(각 활동의 장소와 준비 사항 점검)
- 공동 제작: 학부모 이름표, 소원나무 쓰기, 화장실 표시(있어요, 없어요), 패널(각반 프로젝트 그림), 자연물 액자, 화살표
- 행사 당일, 학부모는 신분증과 교사가 준비한(테이블보, 생수, 행사 일정 팸플릿, 작은 지퍼백) 것들을 지참하도록 알림.

진행사항
• 행사 전
1. 숲유치원 오는 길에 교사가 준비한 화살표 방향을 붙인다.

2. 아이들 활동사진이 담긴 액자를 걸어 둔다.

3. 미리 준비한 삽과, 톱을 준비해둔다.

4. 들어오는 입구에 생수와 학부모님께 드릴 준비물을 놓을 자연물 책상을 준비한다.

5. 천막을 치고 천막 안에 책상을 놓은 후 소원나무 쓰기 준비물과 곤충도감, 식물도감, 돋보기 등을 준비한다.

• 행사 진행

1. 9시 만3세, 10시 만4세, 11시 만5세 순으로 숲유치원 일과에 맞추어 활동을 시작한다.

2. 아침모임-자유선택 활동-간식-마무리 모임 (페어리텔링) 순으로 행사를 진행한다.

3. 1시 3세, 2시 4세, 3시 5세 순으로 시간 차를 주고 숲유치원 일과에 맞추어 활동을 시작한다.

4. 일과 순서는 아침모임(누가 나처럼 이렇게 할 수 있나요?) 가족별로 동그란 원을 만들어 출석 체크를 하고 숲으로 이동하여 평소 아이들이 숲에서 놀이했던 것처럼 자유롭게 선택 활동을 한다. 선택 활동이 끝나면 마무리 활동으로 페어리텔링(숲에서 만난 소중한 것 소개하기 및 동화듣기, 갈잎편지)을 하며 마무리 한다.

5. 일과순서가 끝나면 잔디밭으로 이동하여 축구를 하거나 맛있는 간식 및 점심 식사 시간을 갖는다.

행사 평가

　처음 시도했던 숲유치원에서의 활동은 부모님과 함께 만들어 가는 점이 가장 좋았던 것 같습니다. 유아들이 숲에서 어떻게 지내는지 보여줄 수 있어 좋았으나, 부모님이 계셔서인지 소극적으로 활동하는 유아들이 있어 조금 아쉬웠습니다.

참여 수업 전에 잠깐!!

활동 명	활동 방법
아침모임 (숲아! 우리 가족을 소개할게)	숲유치원에 오는 순서대로 이름표를 받습니다. 원장님 말씀 아침모임 시간에는 친구들과 인사하고 출석을 확인합니다. 숲에서 지켜야 할 약속들과 활동에 대해 알립니다. • 누가 나처럼 이렇게 할 수 있나요. 이보다 더 좋은 것은 없어요. 그래 그래 그렇 게 그래 그래 그렇게 그래 그렇게 해 보자.
숲으로 들어가기	가족들과 함께 숲을 느끼며 숲활동을 할 수 있는 곳으로 이동한다. 숲에서 볼 수 있는 다양한 식물과 곤충들을 관찰해 본다.
자유 선택 활동	밧줄을 활용한 활동 통나무 다리: 통나무 건너가 보기 나무 오르기: 오를 수 있는 나무를 찾고 올라가기 자연의 집: 자연의 집을 활용해 다양한 놀이하기 곤충 관찰하기: 지퍼 백을 활용해서 숲에서 만난 다양한 곤충을 채집해 보고, 곤 충도감을 이용해서 곤충을 찾아보고 자연으로 돌려보내기 도구를 활용한 다양한 활동(삽, 톱)
간식	자연을 즐기며 간식 먹기(간식은 가족과 소통하며 놀이를 한 뒤 자유롭게 먹습니다.)
마무리 활동 (페어리텔링)	숲소파로 이동을 한다. 숲에서 한 놀이를 돌아보며 숲에서 본 것 가운데 기억에 남는 자연물을 한 가지 씩 가져와 이야기하고 동화를 듣는다. 갈잎에 마음을 담은 편지를 서로에게(부모님과 어린이) 사랑을 표현해 보기
가족과 소통하며 놀아요	밧줄을 활용한 신체 활동 낙하산을 이용한 신체 활동 활동을 마무리하기

유아들이 숲유치원에서 활동하는 모습을 지켜봐 주시고, 유아가 주체가 되어 활동할 수 있도록 도와주세요.

숲유치원의 지침

1. 어린이가 스스로 창의적인 활동을 할 수 있게 도와주세요. 일방적인 지시자가 아닌 참여자로서 어린이 활동을 도와주시고, 특히 어린이에 대한 응답을 교육적으로 하여 어린이의 사고력을 길러주는 데 유념해 주세요.
2. 부모님과 함께 활동하면 어린이들은 평소보다 긴장하여 일시적으로 퇴행적인 행동을 보이거나 이상 행동을 할 수 있습니다. 이것은 어린이의 일반적인 발달 특징이니 더욱 믿음을 가지고 자율적으로 행동할 수 있도록 지켜봐 주세요.

엄마 참여 수업 평가서

반   이름

부모님들의 귀한 의견을 듣고 싶습니다.
오늘 하루 참여한 수업 중에서 가장 흥미로웠던 교육 활동은 무엇이었습니까?

은지 엄마 페어리텔링: 숲에서 찾은 자기의 보물에 대해 설명하면서 기쁨에 찬 표정으로 친구들과 대화하고 발표하는 모습에 깜짝 놀랐습니다. 선생님, 감사합니다.

정민 엄마 곤충 찾기: 아이가 매주 가서 노는 숲을 보고 굉장히 뿌듯했습니다. 곤충을 잡아 조심스레 관찰하고 다시 자연으로 돌려주는 모습을 보고 감동받았습니다.

윤서 엄마 나뭇잎 찍기: 손수건에 나뭇잎 찍기 활동을 아이와 함께 처음부터 끝까지 같이 했던 것이 기억에 남습니다. 아이가 물들이기를 하면서 자유롭게 이런저런 표현을 하는 모습이 좋았습니다.

수업에 참여하면서 우리 아이에게 느낀 점은 무엇이었습니까?

현우 엄마 오늘 이렇게 숲속을 뛰어다니며 아이가 즐거워하는 모습을 보니 행복합니다. 곤충을 무서워하는데 용기를 내서 개미를 잡는 모습도 귀여웠습니다. 감사합니다.

혜근 엄마 다른 교육보다 숲에서 맘껏 뛰어놀 수 있도록 해 주니 아이들의 얼굴이 참 밝아진 것 같습니다. 자연보다 더 좋은 교육은 없는 것 같아요.

윤지 아빠 교실이 아닌 숲에서 나무 냄새, 흙 냄새를 맡으면서 친구들과 활동하는 모습을 보니 아이에겐 더 없이 좋은 시간이라고 생각됩니다.

승민 아빠 일단 몸으로 하는 것을 좋아하는 남자아이고 보니 일단 가서 이것저것 하면서 행복해하는 모습이 너무 좋았습니다. 특히 벌레 잡으려고 하는 게 너무너무 귀여웠어요.

다희 엄마 제가 어릴 적에는 숲에 있는 모든 것이 놀이감이었는데, 우리 아이한테는 숲이 아직은 낯선 곳이라는 생각이 듭니다. 그래도 곤충을 피하지 않는 모습이 보기 좋았고 점점 자연과 가까워지고 있구나 싶었습니다.

준기 엄마 활동적이고 호기심 많은 우리 준기에게는 마음껏 자연을 접하고 마음껏 뛰노는 시간이 부족한데 스스로 하겠다고 적극적인 모습을 보이기도 하고 여러 가지로 도움되었다고 생각했어요. 재미있게 활동하는 모습이 흐뭇했어요.

윤서 엄마 우리 아이가 숲에서 뛰어노는 모습, 친구들하고 같이 삽과 호미를 들고 자연체험을 하는 모습을 보면서 생각했던 것보다 아이가 스스로 뭔가를 할 수 있는 나이구나 싶어 대견했네요.

2) 가을 수확과 함께하는 가족 한마당(교육과정반)

행사 준비

• 행사 전

1. 유아들과 함께 동요 '하하하송'과 가요 '색동스타일'에 맞추어 율동을 연습한다.
2. 테마별 활동 방법을 안내할 활동 방법 게시판을 제작한다.
3. 테마별 활동에 필요한 재료(자연물, 가위, 오공본드, 짚, 삶은 계란, 솟대 등)와 음식(따뜻한 차, 삶은 고구마)을 준비한다.
4. 행사 당일 운동장 내 배경 음악 CD와 이름표(교사, 유아, 학부모, 조) 및 순서지를 준비한다.
5. 엠프와 마이크 작동 상태를 확인하고, 미리 충전한다.
6. 행사 당일 교사 역할을 정한다.

• 행사 당일

운동장
1. 각 테마별 코너에 재료와 게시판을 비치
2. 간식 코너에는 음식과 순서지를 함께 준비
3. 본부에 엠프와 마이크, CD플레이어와 CD를 비치

농장
1. 농작물 캐는 방법을 제시한 게시판을 비치
2. 농작물을 담을 바구니와 검은 비닐봉지, 호미를 함께 준비

진행 사항

1. 순서지와 우비를 배부
2. 사회자의 개회사
3. 원장님의 인사말과 몸풀이 체조

4. 테마별 활동 방법과 농작물 수확에 대해 설명

5. 조별 순서에 맞춰 활동

6. 점심 식사와 조별로 농작물 수확(수확 전, 가족 단위로 사진 촬영)

솟대 만들기

줄 놀이

행사 평가

동요와 가요에 맞추어 율동함으로써, 행사에 대한 기대감을 높일 수 있었다. 테마별 활동에 관한 활동 방법 게시판을 제작하여 학부모와 유아들의 활동에 대한 이해를 높일 수 있었다. 그러나 비가 많이 내린다는 일기예보로 인하여 행사 전부터 학부모님들의 걱정과 근심이 높았고, 실제로 행사 당일에 많은 비가 내려 활동에 불편함을 주었으며, 모든 아이들이 농작물을 직접 수확하지 못하는 아쉬움을 남겼다. 반면, 비가 많이 내려 날씨가 춥고 활동에 어려움은 있었지만, 가족과 함께하는 활동이 즐겁고 의미가 있었으며 농작물을 가져갈 수 있어서 좋았다는 긍정적인 평가도 있었다.

일정안내

시간	체험 활동	활동 내용
10:00~10:20	만나서 반갑습니다.	이름표 배부 및 인사 나누기
10:20~10:40	몸풀이 체조	엄마, 아빠와 함께 신나게 춤을 춰요 '하하하송', '색동스타일'
10:40~12:40	체험 마당	계란 꾸러미 만들기(전체 만들기)
		자연물로 만들기 솟대 만들기(중 1가지)
	놀이마당	줄을 이용한 놀이 아빠와 함께하는 축구 과녁 맞추기 개미가 되어 엄마, 아빠와 함께 자유놀이(공기놀이, 투호 등)
	먹을거리 마당	수확한 고구마, 땅콩 따뜻한 차 마시기
12:40~13:30	맛있는 점심	엄마가 정성껏 준비한 맛있는 도시락을 먹어요.
13:30~14:00	가족사진 촬영 및 선물 증정	사진을 찍으며 가족과 소중한 추억 만들기
14:00~15:00	수확 마당	우리가 정성껏 키운 배추, 무, 고구마 수확하기

모든 활동에 참여하고 아름다운 단풍 사진을 찍어 온 가족에게는 푸짐한 선물을 드립니다. 선물 듬뿍 받아 가세요.

3) 아빠와 엄마가 함께하는 봄 이야기(숲반)

준비 과정

- 행사 1개월 전 행사의 개요를 가정통신문을 통해 알리고 참여 여부를 확인한다.
- 아이들에게 아빠, 엄마를 숲으로 초대하는 날을 알리고, 숲에서 할 수 있는 것을 이야기하여 준비한다. 이때 아이들과 이야기한 것을 바탕으로 하루 일과를 구체적으로 계획해 본다.

유아들과의 협의

아빠 엄마가 오시면 우리 애기똥풀로 목걸이도 만들어 보고 그림도 그리고 싶어.

나는 아빠 엄마가 오시면 맛있는 요리를 해서 먹고 싶어요. 샐러드 같은 거 말이야.

나는 소리 나는 악기를 만들고 싶어. 숲에 있는 걸로 악기를 만들면 너무 재미있을 것 같아.

아빠 엄마가 숲에 오면 삽 가지고 땅도 파고 신나게 놀고 싶어요. 그네도 태워 주고.

우리 지난번에 향기 주머니 만들기로 했잖아. 난 쑥 향기 주머니를 만들고 싶어.

교사가 일방적으로 준비하는 행사보다는 유아들의 의견을 반영하여 유아가 주체가 되는 행사가 되도록 교사는 늘 배려한다.

유아들과 함께하는 쑥 향기 주머니를 만들기 준비 과정

- 숲에서 우리가 하지 못하는 것을 생각해 보고, 부모님들에게 도움을 요청한다. (숲 간판 만들기, 숲소파 만들기, 그네 매기 등)
- 행사 3일전 아이들과 함께 만든 초대장을 각 가정으로 발송한다.

행사 당일

- 교사와 가족, 가족과 가족이 함께 인사를 나누고, 가족들 서로가 알 수 있도록 이름표를 배부한다.
- 일정은 계획한 대로 진행하지만, 당일 날씨와 가족들의 관심과 흥미도 등 상황에 따라 융통성 있게 한다.
- 소리프로젝트 마무리 단계 부모님 참여 악기 만들기
- 숲 간판 만들기(학부모 재능 기부)
- 숲소파 만들기, 그네 매어 주기(아빠 도움받기)

자연물을 이용한 악기 만들기

곤충 탐색

동화 듣기

학부모 자원의 재능 기부: 숲 간판 만들기

평가

숲에서의 하루 일과를 함께 돌아보며, 평가 시간을 가진다.

- 학부모 평가: 당일 하루 일과를 마무리하면서 소감과 느낌에 대해 이 야기할 수 있는 기회를 제공하거나, 지면을 통해서 설문 조사를 배부하 고 회수한다. 보내주신 자료를 바탕으로 다음 행사에 반영한다.

4) 아빠와 엄마가 함께하는 여름 이야기(숲반)

숲 연구회 결성

탐방의 날을 맞이하여 탑골공원으로 탐방을 가게 되었고, 그곳에서 먹 을 수 있는 식물들에 관심을 갖고, 숲에서도 식용식물을 찾아보게 되었다.

식용식물에 대해 관심 있는 유아들을 대상으로 숲 프로젝트를 위한 연 구회를 결성하게 되었다.

숲 연구회의 목적

아이들이 가지고 있는 지평선을 넓게 해 주는 것이다. 아이들이 숲을 만 나면 자연스럽게 자연과 놀이와 아이다움을 찾게 돕는다.

유아기부터 녹색생활의 가치를 인식하고 실천할 수 있게 함으로 자연의 아름다움을 느끼고, 즐길 줄 아는 감수성이 풍부한 유아로 성장할 수 있도 록 돕는다.

연구회 대상

색동유치원 유아 ○○명(만4-5세 혼합 연령), 학부모

- 연구회 기간: 4주

연구회 활동 내용

- 프로젝트 주제: 숲에서 찾은 식용 가능 식물 이야기

– 진행 과정:

• 우리 숲에서 만난 식물 이야기(식물 이름 찾기와 이름 짓기)

• 식용 가능 식물을 함께 조사해 보고, 우리 숲에서도 식용 가능 식물을 함께 찾아본다.

• 숲에서 찾은 식물로 다양한 차 만들기(무궁화, 질경이, 둥글레, 칡, 국화, 달개비, 원추리, 솔잎, 도라지 등)

식용 가능 식물을 함께 찾아보아요.

숲에서 찾은 먹을 수 있는 식물

식물도감에 나오는 질경이야!

칡 확인하기

숲에서 만든 다양한 차 맛보기

칡 캐기

학부모 초대

4주 동안 진행한 프로젝트를 프리젠테이션으로 만들어 '학부모 초대의 날'에 함께 보고, 유아들의 요청에 따라 칡 캐기 활동을 함께하였다. 그리고 숲에서의 하루 일과를 체험해 보고, 유아들이 만든 차를 마시며 다도 예절을 배웠다.

아침모임

칡 캐기

다도 예절 배우기

평가

숲 연구회 활동 후 설문 조사

문항	매우 그렇다	그렇다	보통 이다	그렇지 않다	전혀 그렇지 않다
프로그램 일정과 시간 운영은 적절하였습니까?					
프로그램 수업 내용에 만족하십니까?					
프로그램이 유아의 수준에 맞는 내용이었습니까?					
프로그램을 위한 교사의 상호작용에 만족하십니까?					
앞으로도 유아와 함께하는 프로그램이 있다면 계속 참여하고 싶습니까?					
프로그램 운영의 우수한 점이 있다면?					
프로그램 운영에 건의사항이나 바라는 점?					

숲 연구회 활동 프로젝트는 『2011, 숲유치원 연합회 국제학술대회 발표』

5) 아빠와 엄마가 함께하는 가을 농장 유치원 이야기(숲반)

숲유치원과 함께하는 노작 활동은 흙의 소중함과 자연의 변화를 알게 하고 땀의 의미와 수확의 기쁨을 알게 됩니다. 농사를 짓기 위해 돌을 골라내고, 땅에 거름을 넣은 뒤 다양한 작물을 심기 위한 준비의 과정을 거칩니다. 그리고 다양한 씨앗과 모종을 심고, 키우고, 수확하면서 해, 바람, 비 등 자연에 감사함을 느낍니다. 이런 농사 과정을 통해 유아들은 자연의 소중함을 알고, 인간이 자연에게 받는 것과 우리가 자연에게 주는 순환의 과정을 알게 됩니다.

색동 텃밭의 일 년 농사

월	텃밭 활동	월	텃밭 활동
3월	퇴비 주기 땅 고르기 씨 뿌리기(쌈채, 열무, 얼갈이) 시금치 수확 완두콩 심기	8월	수박, 참외, 옥수수 수확, 김장배추, 무 심기, 알타리 무 심기, 쪽파 심기, 쌈채류 심기, 강낭콩 수확
4월	잡초 뽑기, 텃밭 팻말 만들기 모종 심기 감자 심기, 강낭콩 심기	9월 10월	잡초 뽑기 고구마 줄기 자르기 상추 심기 땅콩 수확하기
5월	고추 심기, 수박, 참외, 가지, 파프리카, 피망, 옥수수, 오이, 호박, 고구마, 땅콩 심기 농작물에 관심 주고 가꾸기	11월	배추, 무, 쪽파, 김장 배추, 무 수확, 땅콩, 고구마 수확, 무청 시래기 말리기, 무말랭이 말리기
6월	상추, 열무, 얼갈이, 완두콩 수확, 감자 캐기	12월	시금치 씨 뿌리기 김장하기 메주 만들기
7월	감자, 오이, 가지 수확, 서리태, 쥐눈이 콩 심기	1월 2월	퇴비 만들기 텃밭 작물 알아보기

농장 활동의 생활영역별 교육적 효과

월	텃밭 활동
신체 운동 건강	자연에서의 만지고 느끼면서 자연을 느끼는 경험은 살아 숨 쉬는 땅과 흙을 밟으면서 온몸을 움직이며 식물의 성장 과정에 필요한 노작 활동을 경험하게 된다.
의사소통	식물의 성장과 변화와 흙과 함께 살아가는 동식물의 특성에 호기심을 가지고 이야기를 주고받으며 식물을 재배하고 수확에 대한 기쁨 등 성장 과정에 대해 의사소통한다.
사회관계	자연생태계의 순환 과정을 경험하며 텃밭에서 살아가는 다양한 곤충과 생물에게 자연의 법칙과 섭리를 배우며 식물을 재배하고 타인과의 협동과 배려를 경험하며 생명의 소중함을 알고 보살핌이 필요함을 알 수 있게 한다.
예술 경험	식물 재배 과정 뒤 수확한 재료로 요리 활동과 푸드 아트 활동을 하며 수확의 기쁨을 경험한다. 신선한 채소를 맛보며 농작물의 성장 과정과 자연에 대한 고마움을 느낀다.
자연 탐구	식물 성장에 필요한 흙, 공기, 햇빛, 물의 소중함과 날씨에 따른 식물의 변화와 관련성 곤충 생물의 특징 등을 알게 한다.

학부모와 함께하는 수확 활동

학부모 초대의 날, 올해의 텃밭 활동을 소개하고, 부모와 아이가 함께 농작물을 수확한다.

김장을 담기 위해 배추를 소금물에 절이고, 양념 등을 만들어 부모님과 함께 김장을 만들고, 맛볼 수 있는 시간을 가진다.

김장 수확하기　　　　　　　　　　　김장하기

평가하기

설문지를 통해서 텃밭 활동의 평가 및 유아들의 긍정적인 변화를 알 수 있다.

텃밭 활동 평가 설문지

1. 텃밭 활동은 재미있었나요?
　① 재미있었다 ② 그저 그랬다 ③ 재미없었다 ④ 왜 하는지 모르겠다

2. 텃밭 활동 후, 유아가 달라진 점은?
　① 안 먹던 채소를 먹게 되었다.
　② 농부들이 고마운 분이라는 생각이 든다.
　③ 더럽다고 생각했던 오줌이나 똥도 귀하게 쓰일 수 있다는 것을 알게 되었다.
　④ 농사짓는 데 햇빛과 비가 얼마나 중요한지 알게 되었다.

3. 채소에 거름으로 오줌이나 목초액을 주는 것에 대해 어떻게 생각하나요?
　① 채소가 좋아하는 거름이니 주어야 한다.

② 오줌이 좋은 것은 알지만 오줌 받는 게 귀찮다.

③ 우리 몸에서 나온 것을 채소가 먹고, 그 채소를 우리가 먹으며 순환하니 해야 할 일이다.

④ 냄새나고 더러워서 싫다.

4. 텃밭 활동을 하면서 가정에서 느끼는 유아들의 변화와 좋았던 점과 바라는 점이 있다면?

유아들의 변화:

좋았던 점:

바라는 점:

5. 텃밭 활동에 대한 소감 한마디?

6) 아빠와 엄마가 함께하는 겨울 이야기(숲반)

가족음악회

- 유아들이 숲에서 그 동안 함께 했던 활동을 패널과 작은 책을 만들어 가족들에게 소개한다.

- 오카리나, 장구를 연주하고 동극 발표를 한다.

- 가족들이 장기자랑을 준비한다.

- 각자 의미 있는 선물을 준비해 온다.

- 크리스마스트리 앞에 쌓아놓는다.

- 다른 사람이 준비한 선물을 선택하고, 선물을 풀어 보고 선물을 준비

가족음악회 1

가족음악회 2

한 사람의 의미 있는 이야기를 듣는다.
- 가정마다 한 가지 음식을 준비해 와서 온 가족이 함께 담소를 나누며 맛있게 먹는다.
- 한해를 되돌아보며 가족 간의 정을 나눈다.

7. 평가

숲유치원 운영 및 교육 과정 평가 숲활동을 평가해 본다.

평가할 때에는 유아의 평가, 교사의 평가, 부모의 평가가 모두 들어가야 하며, 평가를 바탕으로 다음 숲유치원 운영 계획 수립에 반영하고 실행한다.

평가를 통해 바람직한 방향으로 유아들이 변화될 수 있도록 돕고, 숲활동의 효과나 교수 방법을 개선하려는 데 그 목적이 있다.

숲활동 설문 조사

최근 숲이라는 환경에서 유아의 신체와 정신을 전인적으로 성장시키는 교육적 지도가 진행되고 있습니다. 숲유치원 활동을 통해 유아들의 변화가 있었다면, 다음 계획을 수립하는 데 도움이 되고자 학부모님의 설문을 부탁합니다.

1. 유아들을 숲유치원 활동에 보내게 된(동의) 이유는 무엇입니까?

2. 숲 체험 활동에 대한 만족도는 어떠하십니까?

3. 숲활동을 한 뒤로 유아의 일상생활에 어떤 변화가 있었나요?
   (예: 일찍 잔다. 편식을 하지 않는다. 색깔 사용이 많아졌다. 균형 감각 및 신체 운동 기능이 발달되었다)

4. 숲활동을 한 뒤로 유아가 새롭게 관심을 두는 분야가 있나요?

5. 지속적으로 숲유치원 발전과 아이들에게 적절한 활동을 제공하기 위해 추가적 활동이나 좀 더 개선되기를 바라는 점은 무엇인가요?

○○숲유치원장

숲활동 교사 자체 평가

활동 명	숲이 좋아요	일시 2012. 5.
숲활동 내용	다양한 매체로 구성하기, 숲 지도 만들기, 장수풍뎅이 묻어 주기, 해먹, 줄타기, 그네타기, 외나무다리 건너기, 나무 이름 찾기 동화 감상 및 이야기 듣고 표현하기	
활동의 장점	계절에 따라 변하는 자연 변화를 탐색할 수 있어서 좋았고, 숲이 주는 다양한 매체를 활용한 창의적인 활동은 아이들의 주도성을 향상시키고, 성취감을 높이기에 좋았다. 숲 놀이 공간을 확장시키고, 놀이의 다양성이 있었던 점이 좋았다.	
활동 중 어려웠던 점	유치원의 실정과 날씨로 인해 계획한 활동(숲 지도 게시, 나무 이름표 달아주기 등)을 할 수 없었던 점이 아쉬웠다. 유아들의 흥미를 고려해 숲활동을 사전에 계획하고 준비하여 실행하고 싶지만, 매주 그러기에는 현실적으로 어려움이 따른다.	
수정해야 할 점	원래 숲활동은 날씨에 관계없이 이루어지지만, 비나 눈이 많이 오는 날에는 활동에 제약이 따르므로 실내로 활동 장소를 바꾸는 등 탄력적으로 운영하면 좋겠다. 숲 체험을 좋아하는 어머니들도 좋지 않은 날씨에 이루어지는 숲활동은 불안해했다.	

숲 체험 활동 소감

안녕하십니까?

싱그러운 가을바람과 맑은 높은 하늘!

풍성하고 넉넉한 결실의 계절 10월을 맞이하여 자연의 드넓은 들판에서 우리의 귀여운 자녀와 부모님이 함께하는 시간을 가졌습니다. 숲 체험 활동을 통해 우리 아이들이 숲에서 어떤 활동을 하는지 알게 되고, 아울러 협동심과 가족의 소중함을 다시 한 번 마음에 되새기는 시간이 되셨기를 바랍니다. 여러 일로 바쁜 가운데 귀한 시간을 내주신 학부모님들께 깊은 감사를 드립니다.

- 아래 -

학부모님들의 목소리에 귀 기울이고자 다음과 같이 설문 조사를 실시하오니 성심껏 작성하여 유치원에 보내주시기 바랍니다.

1. 숲 체험에서 가장 즐거웠던 활동은 무엇입니까?

2. 활동 장소 선정에 대한 학부모님의 의견을 주세요.
   A. 좋다 B. 그렇지 않아.
   그 이유는?

3. 사랑하는 가족과 함께 숲 체험 활동에 참여한 소감을 써 주세요.

4. 유치원에 바라는 점이 있다면 자세히 써 주세요.

- 오늘 활동은 평가가 아니며 가족과 함께 즐거운 시간을 갖는 것이 목적입니다. 가정으로 돌아가서 수고한 아이들에게 칭찬과 격려를 아낌없이 해 주시기 바랍니다.
- 오늘 활동한 숲 체험이 사랑하는 우리 아이들의 가슴에 소중하고 귀한 추억으로 간직되길 바랍니다.
- 활동에 적극적으로 참여해 주시고 설문에 정성껏 기입해 주셔서 대단히 감사드리며 이 조사는 다음 행사시 소중한 자료로 사용하겠습니다.

○○유치원

숲 체험 활동 소감문에 대한 통계

조사자: ○○○

활동에 대한 통계 및 결과표

활동번호	1	2	3	4	5	6	7	8	9
참여수	36명	48명	4명	12명	38명	6명	4명	2명	마무리활동

1. 활동 결과: 제2활동 코스가 가장 인기가 많았으며, 다음 순으로 제5활동과 1활동 순으로 나타남.

2. 장소 선정에 대한 학부모님들의 소감 결과 100%의 학부모님들이 "좋다"에 표시함
   이유: 자연과 함께하는 곳이기 때문이다. 99.9%

3. 함께 참여한 소감
   좋다. 그 이유:
   ① 가족과 함께할 수 있어서 좋았다. (5%)
   ② 즐거웠다. 재미있었다. (60%)
   ③ 자연에 대해 알 수 있어서 좋았다. (35%)

4. 유치원에 바라는 점이 있다면?
   ① 무응답 (50명)
   ② 교사 및 진행요원의 충원이 필요 (6명)
   ③ 한 달에 두 번 정도 관찰일지를 작성하기를 원함
   ④ 이런 기회가 자주 있으면 좋겠다.
   ⑤ 독서 활동의 활성화 요구함.
   ⑥ 좀더 구체적인 자연 체험 활동 원함.
   ⑦ 가정 상담 및 전화 상담을 원함.
   * 4번부터 7번까지는 개별적인 요구사항임.
   * 기타 자세한 사항은 소감문 참조

○○유치원

쐐기벌레에 쏘였을 때

조심해야 할 시기 5월-10월

예방법 숲복을 착용하고, 목을 가릴 수 있는 모자가 좋다. 숲복이 없을 경우에는 긴 옷을 입는다.

쐐기벌레는 감나무, 아카시아나무, 대추나무 등 활엽수에서 살며 눈에는 잘 보이지 않기 때문에 잎이 몸에 닿지 않게 하는 것이 좋다.

응급 처치 방법 쐐기벌레가 몸에 붙으면 절대 긁지 말고 뽑아내듯이 떼어낸다. 상처 부위를 흐르는 물로 씻은 뒤 알코올로 닦아 낸다. 얼음찜질을 한 뒤, 벌레에 물렸을 때 바르는 약을 바른다. 상처 부위가 심하게 붓거나 통증이 계속될 때에는 병원을 찾는다.

뱀을 만나거나 물렸을 때

조심해야 할 시기 5월-11월

예방법 숲복을 입고, 발목까지 올라오는 등산화나 신발을 신는 것이 좋다. 뱀은 장마철이나 비가 그친 뒤 비에 젖은 몸을 말리기 위해 활발하게 움직이며, 풀숲에 주로 똬리를 틀고 있는 경우가 많다. 풀숲을 지나갈 때에는 나무막대기로 수풀을 헤치거나 땅을 두드려 뱀이 다른 곳으로 이동하도록 한다. 뱀을 만났을 경우에, 뱀을 밟거나 막대기 등으로 공격하면 위험하니 피해 가거나 뱀이 다른 곳으로 이동하고 난 뒤에 움직인다.

응급처치 방법 뱀이 있는 곳으로부터 안전하게 이동하며 119에 신고한다. 환자를 최대한 편안하게 눕게 한 뒤, 뱀에 물린 곳을 깨끗한 물로 씻어낸다. 물린 부위를 심장보다 낮게 하고, 심장 쪽을 향해 5~10센티미터 떨어진 곳에 손가락이 들어갈 정도로 묶는다. 물린 부위가 심장 아래쪽으로 향하게 한 후 119가 오기를 기다리거나 병원으로 후송한다. 이때 뱀의 종류를 의사에게 알려주면 치료에 도움이 되므로 사진을 찍어 두는 것도 좋다.

- 뱀에 물렸을 때, 얼음찜질을 하는 것은 혈관을 수축시켜 피부괴사를 가져올 수 있으므로 하지 않는 것이 좋다.

벌에 쏘였을 때

조심해야 할 시기 봄꽃이 피고 가을비가 내리기 전

예방법 긴옷을 입고 화려한 색깔의 옷이나 향수는 자제한다. 음식은 가급적 숲에 가져가지 않으며, 먹고 남은 음식은 반드시 가방 안에 넣는다. 벌이 접근하면 놀라지 말고 제자리에서 움직이지 않고 낮은 자세를 취한다.

응급처치 방법 신용카드 등 모서리가 있는 물건을 이용해 벌침을 살살 제거한다. 벌침을 손으로 빼면 독이 손에 묻을 수 있으므로 피한다.

벌침을 제거한 후 과산화수소로 소독한 뒤 약을 바른다.

부종을 방지하기 위해 얼음찜질을 해 주는 것도 좋다. 단, 벌침에 알레르기 반응이 있어 어지럼증이나 두통을 호소할 경우에는 병원을 찾는다.

벌집을 만졌을 때에는, 모자나 윗옷으로 최대한 머리를 보호하고 옷소매를 내려 손을 보호한 후 머리를 감싼다. 옷 속으로 벌이 들어가는 것을 방어하여 최대한 바닥에 엎드려 움직이지 않는다.

밤 가시에 찔렸을 때

조심해야 할 시기 밤 열매가 맺히는 가을에서 이듬해 봄까지

예방법 발목까지 올라오고 밑창이 두꺼운 신발이나 등산화를 신는다.

응급처치 방법 가시에 찔린 부위를 소독한 뒤 돋보기가 달린 집게를 이용해 가시를 제거하고 연고를 바른다. 단, 피부 속에 가시가 남아 있어 통증이 지속되면 병원을 찾는다.

- 가시를 쉽게 제거하는 방법 따뜻한 물에 가시 찔린 부위를 담그면 가시를 빼기 수월하다.
- 가시 표면이 부드러울 경우 집게를 이용해 뺄 수 있지만, 표면이 까칠한 경우에는 빼면서 오히려 잔가시에 더 찔리거나 잔가시가 피부에 남아 있을 경우가 있으니 반드시 병원에 가서 제거하는 게 좋다.

옻독에 올랐을 때

조심해야 할 시기 5월에서 겨울까지
예방법 옻나무 사진으로 보고 사전 교육 후 손으로 만지지 않는 것이 좋다.
응급처치 방법 옻독이 오른 피부에 빨갛게 반점이 생기고 무척 가렵다. 옻독이 올랐을 때에는 긁지 말고 병원으로 찾아가서 치료를 받는다.

버섯을 만지거나 먹었을 때

조심해야 할 시기 여름에서 가을까지
예방법 유아들이 버섯을 함부로 만지거나 먹지 않도록 주의를 준다.
응급처치 방법 물을 많이 마신 뒤 목젖을 자극하여 먹은 것을 모두 토해 내고, 병원에 가서 치료를 받는다.

열사병과 일사병

조심해야 할 시기 여름
예방법 긴 시간 동안 여름 볕에서 노출되지 않도록 하며, 나무그늘에서 자주 휴식할 수 있도록 한다.

응급처치 방법

폭염 관련 질환	대처 방법
일사병	시원한 물이나 음료를 마신다. 시원한 물로 목욕을 한다. 밝고 가벼운 옷을 입는다. 휴식을 취한다.
열사병	열사병 증상을 보이는 영유아가 있으면 비상상황이므로 빨리 응급실에 연락한다. 구급차를 기다리는 동안 응급처치를 한다. - 시원한 물로 몸을 닦아 재빨리 체온을 내리는 것이 가장 중요하다. - 구급차 도착이 늦어지면 병원 응급실로 연락해서 더 자세한 응급처치를 받는다. - 때때로 근육이 뻣뻣해질 수 있는데, 이러한 증상이 있으면 음식물을 섭취하지 않는 게 좋다.
열경련	의학적인 치료가 필요하지 않은 경우에는 다음의 행동을 취한다. - 모든 활동을 중단하고 시원한 장소로 이동한다. - 시원한 음료를 마신다. - 경련이 멈추었다고 해도 몇 시간 동안은 활동을 자제하는 게 좋다. - 만약 1시간 뒤에도 경련이 멈추지 않으면 병원에 연락하여 응급조치를 받는다.
피부 그을림	반복적인 햇빛 노출을 피한다. 피부가 그을린 부분을 차가운 물로 적신다. 손상된 피부에 수분이 많은 로션을 바르고, 연고는 바르지 않는다. 물집은 터트리지 않는다.

코에 이물질이 들어갔을 때

조심해야 할 시기 사계절

예방법 숲에서 나무열매나 작은 돌멩이 등 코에 넣지 않도록 안전교육을 실시한다.

응급처치 방법 이물질이 들어 있지 않은 콧구멍과 입을 막고, 코를 푼다. 이때 코 안에 이물질을 손가락으로 빼려고 하면 오히려 이물질이 더 깊이 들어 갈 수 있으니 주의한다.

귀에 이물질이나 벌레가 들어갔을 때

조심해야 할 시기 사계절

예방법 귀를 덮을 수 있는 모자 착용

응급처치 방법 어두운 곳에서 손전등을 비춘다.

빛을 싫어하는 곤충인 경우, 베이비오일을 귀에 한두 방울 떨어뜨리면 곤충이 질식을 한다. 베이비오일을 두 방울 이상 떨어뜨리면 절대 안 된다. 귀를 아래쪽으로 향하게 하여 이물질을 밖으로 빼낸다. 절대로 면봉 등으로 이물질을 억지로 빼내려 하면 안 된다. 고막에 상처나 염증이 있을 경우에 베이비오일을 사용하면 안 된다.

외상이 생겼을 때

조심해야 할 시기 사계절

예방법 숲복, 숲모자 착용. 숲신발

응급처치 방법

1. 긁히거나 출혈이 있는 경우

출혈이 심하지 않은 경우, 깨끗한 물로 상처 부위를 씻어 낸 뒤 소독거즈를 덮고 압박하여 지혈한다. 지혈 후 연고를 바르고 일회용밴드를 붙인다. 메디폼을 붙일 경우 연고를 바르지 않는다.

2. 삐었을 때

환자가 가장 편안한 자세로 있게 하고, 다친 부위를 심장보다 높게 둔다. 가능한 움직임을 적게 하는 것이 좋으며 얼음찜질을 한다.

3. 신체 일부를 나뭇가지나 유리 등에 찔렸을 때

상처 부위를 깨끗한 물로 씻어 내고 찌른 물체가 남아 있는지 살펴본다. 이물질을 외부에서 건드리면 위험하니 현장에서 빼지 말고 병원으로 간다. 단, 꿰매야 할 경우를 생각해 연고를 바르면 안 된다.

응급처치를 위한 준비물

의료용 재료	바르는 약	먹는 약
붕대, 거즈, 소독솜	베타딘, 포비돈	어린이용 설사약
삼각붕대, 탄력붕대	상처용 외용연고	멀미약
칼, 가위, 핀셋, 면봉	근육용 마사지 연고	진통제
돋보기 달린 족집게, 반창고	화상용 바세린 거즈 약	해열제
설압자(또는 숟가락)	진통제	소화제
일회용 장갑	벌레 물린 데 바르는 연고나 파스	
일회용 밴드	바세린 로션	
각종 부목		
얼음 주머니		
소형전등		

숲활동을 할 때, 무엇보다 중요한 것은 안전한 숲활동이다. 미리 정해둔 약속과 규칙을 잘 지키는 것만으로 대부분 안전사고를 막을 수 있다. 안전에 대한 예방교육은 반드시 해야 한다. 안전사고가 발생했을 때에는 정확한 응급조치를 하고 환자를 병원으로 옮긴다. 위급 상황일 때에는 119 또는 1339에 도움을 받는다. 활동 장소에서 가까운 병원과 미리 협약을 한다.

건강주치의를 통한
업무협약서

○○숲유치원(이하 "○○유치원"이라 한다)과 ○○병원(이하 "○○병원"이라 한다)은 다음과 같이 건강주치의제 협약을 체결한다.

제1조 (목적) ○○숲유치원과 ○○병원 간의 협력 체계를 구축하여 상호 협조함으로써 영유아의 건강 증진을 위하여 상호 간의 유기적 연대를 확립하고 상호 성장 발전과 건강한 구현을 그 목적으로 한다.

제2조 (지정병원) ○○숲유치원은 ○○병원을 유아, 교직원, 유아 및 교직원 가족(직계 및 건강보험 등재자)의 지정 병원으로 선정한다. 단, 직계 가족일 경우 직계 가족임을 증명할 수 있는 서류를 제출하여야 한다.

제3조 (관계에 따른 의무) ○○병원은 ○○숲유치원에게 의료 영역에서의 최상의 진료 서비스를 제공하고 ○○숲유치원은 교직원, 유아 및 보육 교직원 가족들에게 ○○병원의 진료 정보를 홍보하는 데 최선을 다한다.

제4조 (협약에 대한 혜택) ○○병원은 ○○숲유치원의 유아, 교직원, 유아 및 교직원 가족(직계 및 건강보험 등재자)에게 진료 절차의 편의 제공 및 진료의 일정 부분에 대한 혜택을 부여하며, 또한 건강한 생활을 영위할 수 있도록 건강 관련 강좌나 관련 자료 등을 제공할 수 있다.

제5조 (업무 진행 방법)○○숲유치원과 ○○병원은 업무 협력을 위해 필요한 담당자를 선정하여 제휴 업무를 효과적으로 추진할 수 있도록 한다.

제6조 (협약의 효력)이 협약은 ○○숲유치원 대표와 ○○병원의 대표가 서명한 날로부터 그 효력을 가지며, 그 기간은 1년으로 한다. 다만, 이 협약을 성실히 수행하지 않을 경우에는 일방으로부터 해지의 의사를 서면으로 통보할 수 있으며, 서면 통보가 없는 한 자동적으로 1년씩 연장되는 것으로 한다.

제7조 (협약서 보관)○○숲유치원과 ○○병원은 이 협약의 성립을 증명하기 위하여 협약서 2통을 작성하여 각각의 대표가 기명날인 후 한 통씩 보관한다.

년   월   일

○○숲유치원 원장   직인
○○병원 병원장   (인)

숲유치원에서 누리과정을 쏙쏙 뽑는다?

유아들의 신체 건강뿐만 아니라 창의성, 사회성, 협동력, 인지력 등 교육 효과가 높은 새로운 유아교육으로 사회적 관심을 받고 있다. 그래서인지, 숲유치원에 자녀를 보내고 싶어 하는 학부모님들도 현저히 증가하고 있는 추세이다. 이미 숲유치원운영을 시작한 기관(미인가 포함)의 신청자와 대기자 수가 이런 현상을 입증해 주고 있다.

하지만 대다수 유아교육기관에서는 막상 숲유치원을 어떻게 설립하고 운영하려면 좋을지 모르는 상황에서 국가 수준 유아교육 과정인 누리과정은 또 어떻게 해야 하는지 막막하기만 하다는 소리가 자주 들린다. 여러 해 동안 어려움 속에서 숲유치원을 운영한 경험을 토대로 설립을 위한 준비 단계에서부터 운영에 대한 실제적인 내용까지를 고스란히 담아 보았다. 숲에서의 활동이 녹록하지 않기에 교사를 채용하고 교육은 또 어떻게 하는 게 좋은지 나름의 의견을 이 책에 제시해 보았다.

숲유치원 교사는 아이를 인정하고 격려하는 가운데 신뢰감을 갖게 하여야 한다. 신뢰감을 가지고 주고받는 관계 속에서 유아는 주체적이며 자발적인 의욕을 보여준다. 교사의 인정과 기다림속에 아이는 행복하게 성장할 수 있다 유아들이 숲에서 보고 느낀 많은 활동을 사후활동으로 이어간 사례에서는 누리과정에서 필요로 하는 실내 활동과 연계할 수 있는 가능성이 매우 높다. 학부모 참여 숲 행사를 할 때 함께한 교사들이 이구동성으로 한 말이 떠오른다. 지금까지 해 온 그 어떤 참여 수업에서보다도 만족도가 높았다는 것이다. 행사를 마치면서 집으로 돌아가는 길에, 무척 행복한 하루였다는 내용의 문자 메시지를 보내오는 부모님들이 많이 계셔서 교사들도 흡족한 그런 행사였다. 숲에서 찾을 수 있는 여유로움이고, 느낄 수 있는 평온함이 서로를 이렇게 보듬을 수 있구나! 하는 생각을 했다. 무엇보다도 부모님들이 받은 숲에서의 그러한 느낌을 자녀들이 누린다는 믿음을 가질 수 있다는 게 중요하다. 참여 수업을 마친 뒤, 자녀에게서 느낀 점에 대한 공통적인 내용은 아이들이 재미있어 하고, 얼굴이 밝아졌다는 것이다. 이렇게 부모님들은 자녀의 변화를 바로 느낄 수 있다.

연간 숲활동에서 누리과정과 관련된 요소들을 분리했고, 주 1회 발간되는 주간저널에서는 숲활동을 소개하면서 가정과 연계했다. 사물 탐색 후 표상하기에서는 실물에 가까운 표현에서 뛰어난 관찰력이 그대로 드러난다. 일일활동일지와 일일교육계획안을 숲유치원 활동과 누리과정을 연계하여 제시해서 처음 숲유치원을 운영하는 데 큰 도움이 될 것이다.

숲유치원은 유아교육의 통상적인 관념으로는 상상할 수 없는 교육이지만, 그 틀을 벗어나는 시도가 시작되었다. 다시 한 번 언급하지만, 이 책에서 밝히려고 노력한 것은 지극히 주관적인 관점에서 숲유치원에서 자연을 사랑하는 마음과 자율적인 모험, 탐색, 도전으로 체험 체득하는 살아 있는 경험들이 누리과정에서 요구하는 세부 내용과 연계성이 있다는 점이다.

이 책을 통해 우리나라 유아교육기관에서도 누리과정을 장벽으로 여기지 않고 "숲반(숲유치원)"을 자유롭게 할 수 있는 계기가 되길 기대해 본다.

미래 트렌드Trend는 융합인재교육(STEAM)이라고 한다. 융합적 소양은 주체적인 다양한 활동이 기반이 될 때 발현될 수 있는 것이다. 교육의 핵심 유아들이 여름에는 여름 더위와 그리고 겨울에는 겨울 추위와 함께 살아가는 법을 배우며 강인하게 주체적으로 성장할 수 있는 그런 교육이 제공되는 데 기여할 수 있는 책이 될 것을 기대해 본다.

2014년 1월 햇살 드는 창가에서
박인기

산림청 유아숲체험원

순번	조성주체	개소
1	서울관리소(북부청)	경기도 의정부시 천보로 412
2	평창관리소(동부청)	강원도 평창군 대관령면 횡계리 71-1
3	구미관리소(남부청)	경상북도 구미시 금오산로 433-3
4	보은관리소(중부청)	충청북도 청주시 상당구 용정동 241-2
5	방장산휴양림	전라남도 장성군 북이면 방장로 353
6	인천시청	인천광역시 남동구 장수동 272번지
7	광주시청	광주광역시 서구 내방로 152
8	부산시청	부산광역시 사상구 모라로192번길 151
9	홍천국(북부청)	강원도 홍천군 화천면 풍천리 산77
10	태백국(동부청)	강원도 태백시 연화산길 155
11	양산국(남부청)	부산광역시 해운대구 장산로 427-289(좌동)
12	함양국(서부청)	경상남도 함양군 함양읍 죽림리 산364
13	용현산휴양림	충청남도 서산시 운산면 마애삼존불길 339

서울시 유아숲체험장

순번	조성주체	개소
1	용산구청 공원녹지과	서울시 용산구 한남동 산8-1 (응봉공원)
2	강서구청 공원녹지과	서울시 강서구 내발산동 산19-1 (우장공원)
3	관악구청 공원녹지과	서울시 관악구 청룡동 산175-36 (관악산공원, 청룡산 지구)
4	서울시 중부공원녹지사업소	서울시 용산구 한남동 772-1 (남산공원)
5	종로구청 공원녹지과	서울시 종로구 삼청동 산2-1 (삼청공원)
6	동대문구청 공원녹지과	서울시 동대문구 휘경동 산6-83 (배봉산공원)
7	성북구청 공원녹지과	서울시 성북구 돈암동 산6-1 (개운산공원)
8	강북구청 푸른도시과	서울시 강북구 번동 산23-17 (오동공원)
9	노원구청 공원녹지과	서울시 노원구 상계동 산155-1 (수락산공원, 동막골 지구)
10	마포구청 공원녹지과	서울시 마포구 상암동 산26-38 (상암공원)
11	금천구청 공원녹지과	서울시 금천구 독산동 산199-1 (관악산공원, 독산 지구)
12	송파구청 푸른도시과	서울시 송파구 장지동 851 (장지공원)

참고 문헌

김경숙, 주성순, 김도연, 최지연 옮김(2010), 「움직임 교육의 이해」

김영식(2005), 「주희의 자연철학」

교육과학기술부·보건복지부(2012), 5세 누리과정 해설서

(사)한국숲유치원협회/(사)나를만나는숲(2010), 제2회 숲유치원 국제세미나 자료집

(사)한국숲유치원협회/(사)나를만나는숲(2011), 제3회 숲유치원 국제세미나 자료집

(사)한국숲유치원협회/(사)나를만나는숲(2012), 제4회 숲유치원 국제세미나 자료집

(사)한국숲유치원협회/(사)나를만나는숲(2013), 제5회 숲유치원 국제세미나 자료집

서울특별시유아교육진흥원(2012), 5세 누리과정 평가도구

장희정(2010), 「숲유치원: 설립에서 프로그램까지」, 도서출판 호미

장희정(2011), 흙에서 자라는 아이들」, 도서출판 호미

장희정(2012), 「숲으로 가자」, 도서출판 호미

최현석(2009), 「인간의 모든 감각」

한국교육개발원, 한국교육과정평가원, 한국교원대학교(2012), 제6회 청람교육포럼

국외

Annette Reiners (2007), Praktische Erlebnispaedagogik 1, Verlag Ziel

Ingrid Miklitz (2007), Der Waldkindergarten, Verlag Berlin Luchterhand

Michael-Hagedorn R. und Freiesleben K.(2003),

Kinder unterm Bl tterdach, Verlag Borgmann publishing GmbH

Monika Petra und Ursula Bezdek (2007), Spielraum Wald, Verlag Don Bosco